교재 머릿말만 여덟번 읽고, 쓰고,
漢子를 배우면 自信感이 생기면서 쉽게 배울 수 있다.

대한민국 한자급수(자격) 검정대비
급수검정 한자교본

韓國漢子能力檢定會 施行 · 韓國 語文會 選定

경필쓰기 겸용

학생 · 공무원 · 직장인 · 사회단체
인사고과 점수반영
수능 및 각종 시험 자격인정

배정한자 훈음 + 배정한자 연습용 습자
한자에 훈음쓰기 + 훈음에 한자쓰기
실전예상문제 20회분 + 기출문제 5회분

전국 유치원 · 초 · 중 · 고등학교
서예 한자학원에서
가장 많이 선택하여 사용하는 교재

2급 (550子)

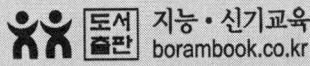

머 리 말

國際化 世界化 時代에 뒤지지 않는 國際文字인 漢字敎育에 對한 國民的 關心도 誘導하고 情報化 時代에 對應하면서 進學과 就業에 對備하고 平生 學習의 하나로 배우고자 하는 사람을 爲하여 누구나 쉽게 익힘으로써 漢字에 對한 두려움을 未然에 防止하고 自然스럽게 接할 수 있도록 現代 感覺에 맞게 字源을 풀이하여 字源 풀이만 읽어보아도 누구나 쉽게 익힐 수 있도록 編輯되어 있으며 그로 因해 本人이 익힌 漢字 實力을 客觀的으로 評價하여 21世紀는 資格證 時代인 만큼 누구나 本人이 익힌 만큼 級數 資格 試驗을 볼 수 있도록 8~2級까지 級數別로 編輯하였습니다

　아무쪼록 이 冊으로 因하여 本人이 願하는 漢字級數資格 試驗에 合格하시길 바랍니다.

　　　　　　　　　　　　　　　著者 씀

◇ 이 級數 漢字 敎材의 特徵은! ◇

1. 本 敎材에 나온 漢字의 部首를 먼저 익히도록 하였습니다.

2. 漢字 排列은 總 劃數가 적은 것부터 總 劃數가 많은 것으로 하였습니다.

3. 音(소리) 順序는 가·나·다 順으로 하였습니다.

4. 漢字語(낱말)는 앞에서 배운 漢字와 지금 배우고 있는 漢字로 이루어졌으므로 앞에서 배운 漢字를 自然스럽게 反復 익힐 수 있습니다.

※ (:) 긴소리와 짧은소리(長音·短音). : 긴소리(長音)

아울러 漢字의 部首도 익히고 總 劃數도 익히며, 배운 漢字와 배우는 漢字의 合成字인 漢字語(낱말)도 꼭 익혀야 우리 日常生活에 큰 도움이 됩니다. 부디 熱心히 學習하여 좋은 結果 있기를 바랍니다.

지은이 朴 遇 夏

目　　次

1. 머리말 / 3

2. 敎材의 特徵 / 4

3. 目　次 / 5

4. 8級~2級까지 配定漢字 / 7

5. 2級本文 / 22

6. 附　錄 / 115

　　① 故事成語 및 四字成句 / 117

　　② 漢字語 첫 音節에서 長音으로 발음하는 例 / 128

　　③ 첫 音節에서 長短 두 가지로 發音하는 漢字 / 132

　　④ 類義語 / 反對語·相對語 / 134

　　⑤ 一字多音語字 / 142

　　⑥ 틀리기 쉬운 漢字 / 144

　　⑦ 頭音法則 / 149

　　⑧ 略字 / 150

7. 練習問題 / 153

8. 解答編 / 213

8급 배정한자 (50字)

校 : 학교 교 :52	母 : 어미 모 :40	小 : 작을 소 :30	弟 : 아우 제 :46
敎 : 가르칠 교 :54	木 : 나무 목 :34	水 : 물 수 :34	中 : 가운데 중 :38
九 : 아홉 구 :24	門 : 문 문 :48	室 : 집 실 :52	靑 : 푸를 청 :50
國 : 나라 국 :54	民 : 백성 민 :40	十 : 열 십 :24	寸 : 마디 촌 :32
軍 : 군사 군 :50	白 : 흰 백 :40	五 : 다섯 오 :36	七 : 일곱 칠 :26
金 : 쇠 금 / 성 김 :48	父 : 아비 부 :34	王 : 임금 왕 :36	土 : 흙 토 :32
南 : 남녘 남 :52	北 : 북녘 북 / 달아날 배 :42	外 : 바깥 외 :44	八 : 여덟 팔 :28
女 : 계집 녀 :28	四 : 넉 사 :42	月 : 달 월 :36	學 : 배울 학 :56
年 : 해 년 :44	山 : 메(산) 산 :30	二 : 두 이 :26	韓 : 한국/나라 한 :56
大 : 큰 대 :28	三 : 석 삼 :30	人 : 사람 인 :26	兄 : 형 형 :44
東 : 동녘 동 :48	生 : 날 생 :42	一 : 한 일 :24	火 : 불 화 :38
六 : 여섯 륙 :32	西 : 서녘 서 :46	日 : 해(날) 일 :38	
萬 : 일만 만 :54	先 : 먼저 선 :46	長 : 긴 장 :50	

보기 : 校(배정한자) 학교(훈:뜻) 교(음:소리) 52(쪽수)

7급 배정한자 (100字)

家 : 집 가 :78	林 : 수풀 림 :66	時 : 때 시 :80	住 : 살 주 :62
歌 : 노래 가 :92	立 : 설 립 :44	食 : 밥 식 :72	重 : 무거울 중 :74
間 : 사이 간 :86	每 : 매양 매 :60	植 : 심을 식 :88	紙 : 종이 지 :82
江 : 강 강 :50	面 : 낯 면 :72	心 : 마음 심 :40	地 : 따 지 :56
車 : 수레 거/차 :58	名 : 이름 명 :52	安 : 편안 안 :54	直 : 곧을 직 :70
工 : 장인 공 :30	命 : 목숨 명 :66	語 : 말씀 어 :94	川 : 내 천 :34
空 : 빌 공 :64	文 : 글월 문 :38	然 : 그럴 연 :88	千 : 일천 천 :34
口 : 입 구 :32	問 : 물을 문 :84	午 : 낮 오 :42	天 : 하늘 천 :42
氣 : 기운 기 :78	物 : 물건 물 :66	右 : 오른 우 :46	草 : 풀 초 :82
記 : 기록할 기 :80	方 : 모 방 :38	有 : 있을 유 :54	村 : 마을 촌 :62
旗 : 기 기 :92	百 : 일백 백 :52	育 : 기를 육 :70	秋 : 가을 추 :74
男 : 사내 남 :58	夫 : 지아비 부 :38	邑 : 고을 읍 :60	春 : 봄 춘 :76
內 : 안 내 :36	不 : 아니 불 :38	入 : 들 입 :30	出 : 날 출 :48
農 : 농사 농 :90	事 : 일 사 :68	自 : 스스로 자 :54	便 : 편할 편/오줌똥 변 :76
答 : 대답 답 :86	算 : 셈 산 :94	子 : 아들 자 :34	平 : 평평할 평 :48
道 : 길 도 :90	上 : 윗 상 :32	字 : 글자 자 :56	下 : 아래 하 :36
動 : 움직일 동 :84	色 : 빛 색 :52	場 : 마당 장 :88	夏 : 여름 하 :82
同 : 한가지 동 :50	夕 : 저녁 석 :32	電 : 번개 전 :90	漢 : 한수 한 :94
洞 : 골 동 :72	姓 : 성씨 성 :68	全 : 온전 전 :56	海 : 바다 해 :84
冬 : 겨울 동 :42	世 : 인간 세 :44	前 : 앞 전 :74	話 : 말씀 화 :92
登 : 오를 등 :86	少 : 적을 소 :40	正 : 바를 정 :46	花 : 꽃 화 :70
來 : 올 래 :64	所 : 바 소 :68	祖 : 할아비 조 :80	活 : 살 활 :76
力 : 힘 력 :30	手 : 손 수 :40	足 : 발 족 :62	孝 : 효도 효 :64
老 : 늙을 로 :50	數 : 셈 수 :96	左 : 왼 좌 :46	後 : 뒤 후 :78
里 : 마을 리 :60	市 : 저자 시 :44	主 : 주인 주 :48	休 : 쉴 휴 :58

보기 : 家(배정한자) 집(훈:뜻) 가(음:소리) 78(쪽수)

6급 배정한자 (150字)

한자	훈	음	쪽	한자	훈	음	쪽	한자	훈	음	쪽	한자	훈	음	쪽
角	뿔	각	46	樂	즐길	락	118	孫	손자	손	80	昨	어제	작	74
各	각각	각	36	例	법식	례	54	樹	나무	수	120	作	지을	작	50
感	느낄	감	106	禮	예도	례	122	術	재주	술	90	章	글	장	92
强	강할	강	96	路	길	로	106	習	익힐	습	90	才	재주	재	26
開	열	개	98	綠	푸를	록	114	勝	이길	승	102	在	있을	재	44
京	서울	경	52	理	다스릴	리	86	始	비로소	시	58	戰	싸움	전	120
界	지경	계	64	利	이할	리	46	式	법	식	42	庭	뜰	정	82
計	셀	계	64	李	오얏	리	48	信	믿을	신	70	定	정할	정	60
高	높을	고	74	明	밝을	명	54	身	몸	신	50	第	차례	제	94
苦	쓸	고	64	目	눈	목	32	新	새	신	106	題	문제	제	122
古	옛	고	30	聞	들을	문	116	神	귀신	신	82	朝	아침	조	102
公	공평할	공	26	米	쌀	미	40	失	잃을	실	34	族	겨레	족	92
功	공	공	30	美	아름다울	미	68	愛	사랑	애	108	注	부을	주	60
共	한가지	공	38	朴	순박할	박	40	野	들	야	90	晝	낮	주	94
科	과목	과	66	反	돌이킬	반	28	夜	밤	야	58	集	모을	집	104
果	실과	과	52	半	반	반	32	弱	약할	약	82	窓	창	창	94
光	빛	광	38	班	나눌	반	78	藥	약	약	124	淸	맑을	청	94
交	사귈	교	38	發	필	발	100	洋	큰바다	양	70	體	몸	체	124
球	공	구	84	放	놓을	방	56	陽	볕	양	104	親	친할	친	120
區	구분할	구	86	番	차례	번	100	言	말씀	언	50	太	클	태	28
郡	고을	군	76	別	다를	별	48	業	업	업	108	通	통할	통	96
根	뿌리	근	76	病	병	병	78	英	꽃부리	영	70	特	특별할	특	84
近	가까울	근	54	服	옷	복	56	永	길	영	34	表	겉	표	62
今	이제	금	26	本	근본	본	32	溫	따뜻할	온	108	風	바람	풍	74
急	급할	급	66	部	떼	부	88	勇	날랠	용	72	合	합할	합	44
級	등급	급	76	分	나눌	분	28	用	쓸	용	36	幸	다행	행	62
多	많을	다	40	社	모일	사	56	運	옮길	운	110	行	다닐	행	44
短	짧을	단	98	使	부릴	사	58	園	동산	원	110	向	향할	향	46
堂	집	당	96	死	죽을	사	42	遠	멀	원	112	現	나타날	현	96
代	대신	대	30	書	글	서	78	由	말미암을	유	36	形	모양	형	52
對	대할	대	114	石	돌	석	34	油	기름	유	60	號	부르짖을	호	112
待	기다릴	대	66	席	자리	석	80	銀	은	은	116	和	화할	화	62
圖	그림	도	114	線	줄	선	118	音	소리	음	72	畵	그림	화	104
度	법도	도	68	雪	눈	설	88	飮	마실	음	110	黃	누를	황	104
讀	읽을	독	124	成	이룰	성	48	意	뜻	의	112	會	모일	회	112
童	아이	동	98	省	살필	성	68	醫	의원	의	122	訓	가르칠	훈	84
頭	머리	두	118	消	사라질	소	80	衣	옷	의	42				
等	무리	등	100	速	빠를	속	88	者	놈	자	72				

보기 : 角(배정한자) 뿔(훈:뜻) 각(음:소리) 46(쪽수)

5급 배정한자 (200字)

한자	훈	음	쪽	한자	훈	음	쪽	한자	훈	음	쪽	한자	훈	음	쪽	한자	훈	음	쪽	한자	훈	음	쪽
價	값	가	:98	吉	길할	길	:30	比	견줄	비	:16	熱	더울	열	:104	辛	마칠	졸	:50
可	옳을	가	:20	念	생각	념	:44	鼻	코	비	:96	葉	잎	엽	:92	種	씨	종	:98
加	더할	가	:22	能	능할	능	:58	費	쓸	비	:84	屋	집	옥	:56	終	마칠	종	:74
改	고칠	개	:34	團	둥글	단	:94	氷	얼음	빙	:24	完	완전할	완	:40	罪	허물	죄	:94
客	손	객	:52	壇	단	단	:106	仕	섬길	사	:24	要	요긴할	요	:56	週	주일	주	:86
擧	들	거	:110	談	말씀	담	:100	士	선비	사	:16	曜	빛날	요	:110	州	고을	주	:32
去	갈	거	:22	當	마땅	당	:92	史	사기	사	:24	浴	목욕할	욕	:62	知	알	지	:50
建	세울	건	:52	德	큰	덕	:100	思	생각	사	:52	雨	비	우	:46	止	그칠	지	:20
件	물건	건	:28	到	이를	도	:44	寫	베낄	사	:102	友	벗	우	:18	質	바탕	질	:106
健	굳셀	건	:68	島	섬	도	:60	査	조사할	사	:54	牛	소	우	:18	着	붙을	착	:88
格	격식	격	:58	都	도읍	도	:80	産	낳을	산	:70	雲	구름	운	:86	參	참여할	참	:76
見	볼	견	:34	獨	홀로	독	:108	相	서로	상	:54	雄	수컷	웅	:86	唱	부를	창	:76
決	결단할	결	:34	落	떨어질	락	:92	商	장사	상	:72	元	으뜸	원	:18	責	꾸짖을	책	:76
結	맺을	결	:78	朗	밝을	랑	:70	賞	상줄	상	:102	願	원할	원	:112	鐵	쇠	철	:114
敬	공경	경	:90	冷	찰	랭	:38	序	차례	서	:38	原	언덕	원	:64	初	처음	초	:42
景	볕	경	:78	良	어질	량	:38	仙	신선	선	:24	院	집	원	:64	最	가장	최	:88
輕	가벼울	경	:94	量	헤아릴	량	:82	鮮	고울	선	:110	偉	클	위	:74	祝	빌	축	:66
競	다툴	경	:114	旅	나그네	려	:60	善	착할	선	:84	位	자리	위	:40	充	채울	충	:32
告	고할	고	:36	歷	지날	력	:108	船	배	선	:72	以	써	이	:26	致	이룰	치	:66
考	생각할	고	:28	練	익힐	련	:102	選	가릴	선	:108	耳	귀	이	:30	則	법칙	칙	:56
固	굳을	고	:42	領	거느릴	령	:96	說	말씀	설	:96	因	인할	인	:30	打	칠	타	:26
曲	굽을	곡	:28	令	하여금	령	:22	性	성품	성	:46	任	맡길	임	:32	他	다를	타	:26
課	과정	과	:100	勞	일할	로	:82	歲	해	세	:92	財	재물	재	:64	卓	높을	탁	:50
過	지날	과	:90	料	헤아릴	료	:60	洗	씻을	세	:54	材	재목	재	:40	炭	숯	탄	:58
關	관계할	관	:112	類	무리	류	:112	束	묶을	속	:40	災	재앙	재	:42	宅	집	댁/택	:34
觀	볼	관	:114	流	흐를	류	:60	首	머리	수	:54	再	두	재	:32	板	널	판	:50
廣	넓을	광	:100	陸	뭍	륙	:70	宿	잘	숙	:72	爭	다툴	쟁	:48	敗	패할	패	:76
橋	다리	교	:106	馬	말	마	:62	順	순할	순	:84	貯	쌓을	저	:86	品	물건	품	:58
舊	예	구	:110	末	끝	말	:62	示	보일	시	:26	的	과녁	적	:48	必	반드시	필	:28
具	갖출	구	:44	望	바랄	망	:70	識	알	식	:112	赤	붉을	적	:42	筆	붓	필	:88
救	구원할	구	:68	亡	망할	망	:16	臣	신하	신	:30	典	법	전	:48	河	물	하	:52
局	판	국	:36	賣	팔	매	:102	實	열매	실	:98	傳	전할	전	:94	寒	찰	한	:88
貴	귀할	귀	:80	買	살	매	:82	兒	아이	아	:46	展	펼	전	:64	害	해할	해	:66
規	법	규	:68	無	없을	무	:82	惡	악할/미워할	악/오	:84	節	마디	절	:104	許	허락할	허	:78
給	줄	급	:80	倍	곱	배	:62	案	책상	안	:62	切	끊을/온통	절/체	:18	湖	호수	호	:90
己	몸	기	:16	法	법	법	:44	約	맺을	약	:56	店	가게	점	:48	化	될	화	:20
基	터	기	:68	變	변할	변	:114	養	기를	양	:104	情	뜻	정	:74	患	근심	환	:78
技	재주	기	:36	兵	병사	병	:38	魚	물고기	어	:72	停	머무를	정	:74	效	본받을	효	:66
汽	물끓을김	기	:36	福	복	복	:96	漁	고기잡을	어	:98	調	고를	조	:106	凶	흉할	흉	:20
期	기약할	기	:80	奉	받들	봉	:46	億	억	억	:104	操	잡을	조	:108	黑	검을	흑	:90

보기 : 價(배정한자) 값(훈: 뜻) 가(음:소리) 98(쪽수)

4-II급 배정한자 (200字)

假	: 거짓	가 :43	斷	: 끊을	단 :75	務	: 힘쓸	무 :45	師	: 스승	사 :39
街	: 거리	가 :51	端	: 끝	단 :63	味	: 맛	미 :28	舍	: 집	사 :29
監	: 볼	감 :63	單	: 홑	단 :52	未	: 아닐	미 :18	寺	: 절	사 :20
減	: 덜	감 :51	檀	: 박달나무	단 :73	密	: 빽빽할	밀 :45	殺	: 죽일	살 :46
康	: 편안	강 :44	達	: 통달할	달 :59	博	: 넓을	박 :52	狀	: 문서	장 :30
講	: 욀	강 :72	擔	: 멜	담 :70	房	: 방	방 :29	床	: 상	상 :25
個	: 낱	개 :37	黨	: 무리	당 :77	防	: 막을	방 :25	常	: 떳떳할	상 :46
檢	: 검사할	검 :73	隊	: 무리	대 :52	訪	: 찾을	방 :45	想	: 생각	상 :59
潔	: 깨끗할	결 :67	帶	: 띠	대 :44	配	: 나눌	배 :38	設	: 베풀	설 :47
缺	: 이지러질	결 :37	導	: 인도할	도 :71	背	: 등	배 :34	誠	: 정성	성 :64
經	: 지날, 글	경 :58	督	: 감독할	독 :59	拜	: 절	배 :34	聖	: 성인	성 :59
境	: 지경	경 :63	毒	: 독	독 :27	罰	: 벌	벌 :64	城	: 재	성 :39
慶	: 경사	경 :68	銅	: 구리	동 :63	伐	: 칠	벌 :20	聲	: 소리	성 :73
警	: 깨우칠	경 :77	豆	: 콩	두 :24	壁	: 벽	벽 :71	星	: 별	성 :35
係	: 맬	계 :33	斗	: 말	두 :17	邊	: 가	변 :76	盛	: 성할	성 :54
故	: 연고	고 :33	得	: 얻을	득 :44	報	: 갚을	보 :52	勢	: 형세	세 :60
功	: 칠	공 :23	燈	: 등	등 :71	寶	: 보배	보 :77	細	: 가늘	세 :47
官	: 벼슬	관 :27	羅	: 벌릴	라 :76	保	: 지킬	보 :34	稅	: 세금	세 :54
求	: 구할	구 :24	兩	: 두	량 :28	步	: 걸을	보 :25	掃	: 쓸	소 :47
究	: 연구할	구 :24	麗	: 고울	려 :76	婦	: 며느리	부 :45	笑	: 웃음	소 :39
句	: 글귀	구 :18	連	: 이을	련 :44	富	: 부자	부 :53	素	: 본디	소 :39
宮	: 집	궁 :37	列	: 벌릴	렬 :20	復	: 회복할 복/다시	부 :53	俗	: 풍속	속 :35
權	: 권세	권 :78	錄	: 기록할	록 :71	副	: 버금	부 :46	續	: 이을	속 :78
極	: 극진할, 다할	극 :58	論	: 논할	론 :68	府	: 마을/관청	부 :29	送	: 보낼	송 :40
禁	: 금할	금 :58	留	: 머무를	류 :38	佛	: 부처	불 :25	收	: 거둘	수 :20
器	: 그릇	기 :70	律	: 법칙	률 :33	備	: 갖출	비 :53	授	: 줄	수 :47
起	: 일어날	기 :38	滿	: 찰	만 :64	悲	: 슬플	비 :53	受	: 받을	수 :30
暖	: 따뜻할	난 :58	脈	: 줄기	맥 :38	非	: 아닐	비 :29	修	: 닦을	수 :40
難	: 어려울	난 :76	毛	: 터럭	모 :17	飛	: 날	비 :34	守	: 지킬	수 :21
努	: 힘쓸	노 :24	牧	: 칠	목 :28	貧	: 가난할	빈 :46	純	: 순수할	순 :40
怒	: 성낼	노 :33	武	: 호반	무 :28	謝	: 사례할	사 :73	承	: 이을	승 :30

4급 배정한자 (250字)

暇 : 틈,겨를 가 : 52	穀 : 곡식 곡 : 60	糧 : 양식 량 : 71	私 : 사사 사 : 23
覺 : 깨달을 각 : 74	困 : 곤할 곤 : 21	慮 : 생각할 려 : 60	射 : 쏠 사 : 39
刻 : 새길 각 : 26	骨 : 뼈 골 : 37	烈 : 매울 렬 : 38	散 : 흩을 산 : 48
看 : 볼 간 : 32	孔 : 구멍 공 : 16	龍 : 용 룡 : 65	象 : 코끼리 상 : 49
簡 : 대쪽 간 : 71	管 : 대롱,주관할 관 : 56	柳 : 버들 류 : 33	傷 : 다칠 상 : 53
干 : 방패 간 : 16	鑛 : 쇳돌 광 : 77	輪 : 바퀴 륜 : 61	宣 : 베풀 선 : 33
甘 : 달 감 : 17	構 : 얽을 구 : 56	離 : 떠날 리 : 73	舌 : 혀 설 : 19
敢 : 감히,구태여 감 : 47	君 : 임금 군 : 22	妹 : 누이 매 : 28	屬 : 붙일 속 : 76
甲 : 갑옷 갑 : 17	群 : 무리 군 : 52	勉 : 힘쓸 면 : 38	損 : 덜 손 : 53
降 : 내릴,항복할 강,항 : 32	屈 : 굽힐 굴 : 27	鳴 : 울 명 : 57	松 : 소나무 송 : 28
更 : 고칠,다시 경,갱 : 21	窮 : 다할 궁 : 60	模 : 본뜰 모 : 61	頌 : 칭송할,기릴 송 : 54
巨 : 클 거 : 18	勸 : 권할 권 : 74	妙 : 묘할 묘 : 22	秀 : 빼어날 수 : 24
據 : 근거 거 : 65	卷 : 책 권 : 27	墓 : 무덤 묘 : 57	肅 : 엄숙할 숙 : 54
拒 : 막을 거 : 26	券 : 문서 권 : 27	舞 : 춤출 무 : 57	叔 : 아재비 숙 : 29
居 : 살 거 : 26	歸 : 돌아갈 귀 : 71	拍 : 칠 박 : 28	崇 : 높을 숭 : 42
傑 : 뛰어날 걸 : 47	均 : 고를 균 : 22	髮 : 터럭 발 : 61	氏 : 성씨 씨 : 17
儉 : 검소할 검 : 59	劇 : 심할 극 : 60	妨 : 방해할 방 : 23	額 : 이마 액 : 72
擊 : 칠 격 : 69	筋 : 힘줄 근 : 47	範 : 법 범 : 61	樣 : 모양 양 : 62
激 : 격할 격 : 65	勤 : 부지런할 근 : 52	犯 : 범할 범 : 18	嚴 : 엄할 엄 : 75
堅 : 굳을 견 : 42	奇 : 기특할 기 : 28	辯 : 말씀 변 : 76	與 : 더불,줄 여 : 58
犬 : 개 견 : 16	機 : 틀 기 : 65	普 : 넓을 보 : 48	易 : 바꿀,쉬울 역,이 : 29
驚 : 놀랄 경 : 77	紀 : 벼리 기 : 32	伏 : 엎드릴 복 : 19	域 : 지경 역 : 43
傾 : 기울 경 : 52	寄 : 부칠 기 : 42	複 : 겹칠 복 : 57	延 : 늘일 연 : 24
鏡 : 거울 경 : 73	納 : 들일 납 : 37	否 : 아닐 부 : 23	緣 : 인연 연 : 62
繼 : 이을 계 : 74	段 : 층계 단 : 32	負 : 질 부 : 33	鉛 : 납 연 : 54
階 : 섬돌 계 : 47	徒 : 무리 도 : 38	憤 : 분할 분 : 66	燃 : 탈 연 : 66
戒 : 경계할 계 : 21	逃 : 도망 도 : 38	粉 : 가루 분 : 39	營 : 경영할 영 : 69
季 : 계절 계 : 26	盜 : 도둑 도 : 48	秘 : 숨길 비 : 39	迎 : 맞을 영 : 29
鷄 : 닭 계 : 76	亂 : 어지러울 란 : 53	批 : 비평할 비 : 23	映 : 비칠 영 : 33
系 : 이어맬 계 : 21	卵 : 알 란 : 22	碑 : 비석 비 : 53	豫 : 머리 예 : 66
孤 : 외로울 고 : 27	覽 : 볼 람 : 76	辭 : 말씀 사 : 73	遇 : 만날 우 : 54
庫 : 곳집 고 : 37	略 : 간략할,약할 략 : 42	絲 : 실 사 : 48	優 : 넉넉할 우 : 69

3급 II 배정한자

佳 :아름다울 가 :26	冠 :갓 관 :31	但 :다만 단 :23	裏 :속 리 :57
脚 :다리 각 :44	貫 :꿸 관 :45	淡 :맑을 담 :45	履 :밟을 리 :68
閣 :집 각 :61	寬 :너그러울 관 :67	踏 :밟을 답 :67	臨 :임할 림 :75
刊 :새길 간 :18	慣 :익숙할 관 :61	唐 :당나라 당 :38	莫 :없을 막 :46
肝 :간 간 :22	館 :집 관 :74	臺 :대 대 :62	幕 :장막 막 :62
幹 :줄기 간 :56	怪 :괴이할 괴 :26	刀 :칼 도 :16	漠 :넓을 막 :62
懇 :간절할 간 :74	壞 :무너질 괴 :78	途 :길 도 :45	妄 :망령될 망 :21
鑑 :거울 감 :81	巧 :공교할 교 :19	陶 :질그릇 도 :45	梅 :매화 매 :46
剛 :굳셀 강 :36	較 :비교 교 :57	突 :갑자기 돌 :32	盲 :소경 맹 :27
綱 :벼리 강 :61	久 :오랠 구 :16	絡 :이을 락 :51	孟 :맏 맹 :27
介 :낄 개 :17	拘 :잡을 구 :27	欄 :난간 란 :80	猛 :사나울 맹 :46
槪 :대개 개 :66	菊 :국화 국 :51	蘭 :난초 란 :80	盟 :맹세 맹 :57
距 :상거할 거 :51	弓 :활 궁 :16	浪 :물결 랑 :38	眠 :잘 면 :39
乾 :하늘 건 :44	拳 :주먹 권 :37	郞 :사내 랑 :38	綿 :솜 면 :62
劍 :칼 검 :67	鬼 :귀신 귀 :37	廊 :사랑채 랑 :57	滅 :멸할 멸 :58
兼 :겸할 겸 :36	克 :이길 극 :22	凉 :서늘할 량 :38	銘 :새길 명 :62
謙 :겸손할 겸 :74	琴 :거문고 금 :51	勵 :힘쓸 려 :74	貌 :모양 모 :62
耕 :밭갈 경 :36	禽 :새 금 :57	曆 :책력 력 :72	慕 :그릴 모 :68
頃 :잠깐 경 :44	錦 :비단 금 :71	聯 :연이을 련 :74	謀 :꾀 모 :72
契 :맺을 계 :31	及 :미칠 급 :17	鍊 :쇠불릴 련 :75	睦 :화목할 목 :58
啓 :열 계 :45	企 :꾀할 기 :20	戀 :그릴 련 :81	沒 :빠질 몰 :23
械 :기계 계 :45	其 :그 기 :27	嶺 :고개 령 :75	夢 :꿈 몽 :63
溪 :시내 계 :56	祈 :빌 기 :32	靈 :신령 령 :82	蒙 :어두울 몽 :63
姑 :시어미 고 :26	畿 :경기 기 :67	露 :이슬 로 :79	茂 :무성할 무 :32
鼓 :북 고 :56	緊 :긴할 긴 :61	爐 :화로 로 :79	貿 :무역할 무 :52
稿 :볏짚 고 :67	諾 :허락할 낙 :71	弄 :희롱할 롱 :23	默 :잠잠할 묵 :72
谷 :골 곡 :22	乃 :이에 내 :16	賴 :의뢰할 뢰 :72	勿 :말 물 :17
哭 :울 곡 :37	耐 :견딜 내 :32	樓 :다락 루 :67	微 :작을 미 :58
供 :이바지할 공 :26	寧 :편안 녕 :61	倫 :인륜 륜 :38	迫 :핍박할 박 :32
恭 :공손할 공 :37	奴 :종 노 :19	栗 :밤 률 :39	薄 :엷을 박 :75
貢 :바칠 공 :37	腦 :골, 뇌수 뇌 :57	率 :비율 률/거느릴 솔 :46	般 :가지,일반 반 :39
恐 :두려울 공 :37	茶 :차 다 :38	隆 :높을 륭 :52	飯 :밥 반 :58
誇 :자랑할 과 :56	丹 :붉을 단 :17	陵 :언덕 릉 :46	培 :북돋울 배 :46
寡 :적을 과 :61	旦 :아침 단 :19	吏 :관리 리 :20	排 :밀칠 배 :47

3급 II 배정한자

한자	뜻	음	쪽
輩	무리	배	:68
伯	맏	백	:23
繁	번성할	번	:75
凡	무릇	범	:16
碧	푸를	벽	:63
丙	남녘	병	:19
補	기울	보	:52
腹	배	복	:58
封	봉할	봉	:32
峯	봉우리	봉	:39
逢	만날	봉	:47
付	부칠	부	:19
扶	도울	부	:23
附	붙을	부	:27
浮	뜰	부	:39
符	부호	부	:47
簿	문서	부	:78
奔	달릴	분	:33
紛	어지러울	분	:39
奮	떨칠	분	:72
妃	왕비	비	:21
肥	살찔	비	:28
卑	낮을	비	:27
婢	계집종	비	:47
司	맡을	사	:19
沙	모래	사	:23
邪	간사할	사	:24
祀	제사	사	:28
詞	말, 글	사	:52
森	수풀	삼	:52
尙	오히려	상	:28
喪	잃을	상	:52
詳	자세할	상	:58
裳	치마	상	:63
像	모양	상	:63
霜	서리	상	:75
雙	두, 쌍	쌍	:75
索	찾을/노	색/삭	:40
徐	천천할	서	:40
恕	용서할	서	:40
署	마을,관청	서	:63
緖	실마리	서	:68
惜	아낄	석	:47
釋	풀	석	:79
旋	돌	선	:47
疎	드물	소	:48
訴	호소할	소	:53
蘇	되살아날	소	:79
刷	인쇄할	쇄	:28
衰	쇠할	쇠	:40
帥	장수	수	:33
殊	다를	수	:40
愁	근심	수	:59
需	쓰일(쓸)	수	:64
壽	목숨	수	:64
隨	따를	수	:73
輸	보낼	수	:72
獸	짐승	수	:78
淑	맑을	숙	:48
熟	익을	숙	:68
旬	열흘	순	:21
巡	돌,순행할	순	:24
瞬	눈깜짝일	순	:76
述	펼	술	:33

3급 배정한자

架 : 시렁	가 : 34	懼 : 두려워할	구 : 82	渡 : 건널	도 : 55	磨 : 갈	마 : 75
却 : 물리칠	각 : 25	驅 : 몰	구 : 82	跳 : 뛸	도 : 60	晚 : 늦을	만 : 48
姦 : 간음할	간 : 34	鷗 : 갈매기	구 : 82	稻 : 벼	도 : 69	慢 : 거만할	만 : 66
渴 : 목마를	갈 : 53	龜 : 거북 터질	구(귀)균 : 74	篤 : 도타울	독 : 75	漫 : 흩어질	만 : 66
鋼 : 강철	강 : 74	厥 : 그	궐 : 54	豚 : 돼지	돈 : 47	蠻 : 오랑캐	만 : 83
皆 : 다	개 : 35	叫 : 부르짖을	규 : 20	敦 : 도타울	돈 : 55	忙 : 바쁠	망 : 22
蓋 : 덮을	개 : 65	閨 : 안방	규 : 65	凍 : 얼	동 : 41	忘 : 잊을	망 : 25
慨 : 슬퍼할	개 : 65	菌 : 버섯	균 : 54	桐 : 오동나무	동 : 471	罔 : 없을	망 : 30
憩 : 쉴	게 : 74	僅 : 겨우	근 : 60	鈍 : 둔할	둔 : 55	茫 : 아득할	망 : 41
肩 : 어깨	견 : 28	謹 : 삼갈	근 : 80	洛 : 물이름	락 : 36	埋 : 묻을	매 : 41
遣 : 보낼	견 : 65	肯 : 즐길	긍 : 29	爛 : 빛날	란 : 82	媒 : 중매	매 : 56
絹 : 비단	견 : 59	忌 : 꺼릴	기 : 25	藍 : 쪽	람 : 80	麥 : 보리	맥 : 48
庚 : 별	경 : 29	豈 : 어찌	기 : 40	濫 : 넘칠	람 : 78	免 : 면할	면 : 26
徑 : 지름길 길	경 : 40	飢 : 주릴	기 : 46	掠 : 노략질할	략 : 47	冥 : 어두울	명 : 41
竟 : 마침내	경 : 46	旣 : 이미	기 : 46	梁 : 들보 돌다리	량 : 47	某 : 아무	모 : 36
卿 : 벼슬	경 : 54	棄 : 버릴	기 : 54	諒 : 살펴알 믿을	량 : 69	募 : 모을 뽑을	모 : 61
硬 : 굳을	경 : 54	幾 : 몇	기 : 54	蓮 : 연꽃	련 : 69	暮 : 저물	모 : 70
癸 : 북방 천간	계 : 35	欺 : 속일	기 : 55	憐 : 불쌍히여길	련 : 69	沐 : 머리감을	목 : 26
桂 : 계수나무	계 : 40	騎 : 말탈	기 : 80	劣 : 못할	렬 : 22	卯 : 토끼	묘 : 20
枯 : 마를	고 : 35	那 : 어찌	나 : 25	裂 : 찢어질	렬 : 56	苗 : 싹	묘 : 36
顧 : 돌아볼	고 : 82	娘 : 계집	낭 : 40	廉 : 청렴할	렴 : 60	廟 : 사당	묘 : 70
坤 : 따	곤 : 29	奈 : 어찌	내 : 29	零 : 떨어질 영	령 : 60	戊 : 천간	무 : 20
瓜 : 외	과 : 20	濃 : 짙을	농 : 74	鹿 : 사슴	록 : 47	霧 : 안개	무 : 81
郭 : 둘레 외성	곽 : 46	惱 : 번뇌할	뇌 : 55	祿 : 녹	록 : 60	墨 : 먹	묵 : 70
掛 : 걸	괘 : 46	泥 : 진흙	니 : 29	雷 : 우레	뢰 : 60	尾 : 꼬리	미 : 26
塊 : 흙덩이	괴 : 59	潭 : 못	담 : 69	了 : 마칠	료 : 17	眉 : 눈썹	미 : 36
愧 : 부끄러울	괴 : 59	畓 : 논	답 : 35	累 : 여러 자주	루 : 47	迷 : 미혹할	미 : 42
郊 : 들	교 : 35	糖 : 엿 사탕	당 : 74	淚 : 눈물	루 : 47	敏 : 민첩할	민 : 48
矯 : 바로잡을	교 : 78	貸 : 빌릴	대 : 55	屢 : 여러	루 : 65	憫 : 민망할	민 : 70
丘 : 언덕	구 : 20	挑 : 돋울	도 : 36	漏 : 샐	루 : 65	蜜 : 꿀	밀 : 66
苟 : 구차할 진실로	구 : 35	倒 : 넘어질	도 : 40	梨 : 배	리 : 48	泊 : 머무를 배댈	박 : 30
狗 : 개	구 : 29	桃 : 복숭아	도 : 41	隣 : 이웃	린 : 70	返 : 돌이킬	반 : 30
俱 : 함께	구 : 40			麻 : 삼	마 : 48	叛 : 배반할	반 : 36

- 15 -

3급 배정한자

盤	: 소반	반 : 70	斜 : 비낄	사 : 49	雖 : 비록	수 : 78
拔	: 뽑을	발 : 30	詐 : 속일	사 : 56	孰 : 누구	숙 : 50
芳	: 꽃다울	방 : 30	斯 : 이	사 : 56	盾 : 방패	순 : 37
邦	: 나라	방 : 26	賜 : 줄	사 : 71		
倣	: 본뜰	방 : 42	削 : 깎을	삭 : 37		
傍	: 곁	방 : 56	朔 : 초하루	삭 : 42		
杯	: 잔	배 : 30	酸 : 실	산 : 67		
栢	: 측백	백 : 42	桑 : 뽕나무	상 : 42		
煩	: 번거로울	번 : 61	祥 : 상서	상 : 49		
飜	: 번역할	번 : 82	嘗 : 맛볼	상 : 67		
汎	: 넓을	범 : 23	償 : 갚을	상 : 78		
辨	: 분별할	변 : 75	塞 : 막힐/변방	색/새 : 61		
屛	: 병풍	병 : 48	庶 : 여러	서 : 49		
竝	: 나란히	병 : 42	敍 : 펼	서 : 50		
譜	: 족보	보 : 81	暑 : 더울	서 : 61		
蜂	: 벌	봉 : 61	昔 : 예	석 : 31		
鳳	: 새	봉 : 66	析 : 쪼갤	석 : 31		
赴	: 갈	부 : 37	禪 : 선	선 : 78		
腐	: 썩을	부 : 66	涉 : 건널	섭 : 43		
膚	: 살갗	부 : 71	召 : 부를	소 : 21		
賦	: 부세	부 : 71	昭 : 밝을	소 : 37		
墳	: 무덤	분 : 71	蔬 : 나물	소 : 71		
弗	: 아닐/말	불 : 20	燒 : 사를	소 : 75		
拂	: 떨칠	불 : 31	騷 : 떠들	소 : 82		
朋	: 벗	붕 : 31	粟 : 조	속 : 56		
崩	: 무너질	붕 : 49	訟 : 송사할	송 : 50		
賓	: 손	빈 : 66	誦 : 욀	송 : 67		
頻	: 자주	빈 : 75	鎖 : 쇠사슬	쇄 : 80		
聘	: 부를	빙 : 61	囚 : 가둘	수 : 21		
巳	: 뱀	사 : 17	須 : 모름지기	수 : 57		
似	: 닮을	사 : 26	遂 : 드디어	수 : 62		
捨	: 버릴	사 : 49	睡 : 졸음	수 : 62		
蛇	: 긴뱀	사 : 49	誰 : 누구	수 : 71		

2급 배정한자(543)

한자	훈	음	한자	훈	음	한자	훈	음	한자	훈	음
伽	절	가:27	隔	사이뜰	격:71	窟	굴	굴:71	尼	여승	니:24
柯	가지	가:39	牽	이끌	견:55	圈	우리	권:56	溺	빠질	닉:71
迦	부처이름	가:39	甄	질그릇	견:80	闕	대궐	궐:103	湍	여울	단:64
軻	수레	가:62	炅	빛날	경:33	軌	바퀴자국	궤:39	鍛	쇠불릴	단:99
賈	성	가:70	儆	경계할	경:85	圭	서옥	규:25	膽	쓸개	담:99
珏	쌍옥	각:39	璟	옥빛	경:93	糾	얽힐	규:33	塘	못	당:72
艮	괘이름	간:25	瓊	구슬	경:107	奎	별	규:39	垈	집터	대:33
杆	몽둥이	간:27	繫	맬	계:107	珪	홀	규:48	戴	일	대:99
葛	칡	갈:71	皐	언덕	고:55	揆	헤아릴	규:63	悳	큰	덕:64
鞨	오랑캐이름	갈:103	雇	품팔	고:62	槿	무궁화	근:86	悼	슬퍼할	도:56
憾	섭섭할	감:93	菓	과자	과:62	瑾	아름다운옥	근:86	塗	칠할	도:72
岬	곶	갑:32	串	꿸	관:27	兢	떨릴	긍:80	燾	비칠	도:103
鉀	갑옷	갑:71	款	항목	관:62	岐	갈림길	기:28	惇	도타울	돈:56
岡	산등성이	강:32	琯	옥피리	관:63	沂	물이름	기:28	頓	조아릴	돈:72
姜	성	강:39	狂	미칠	광:28	耆	늙을	기:48	燉	불빛	돈:94
崗	언덕	강:55	傀	허수아비	괴:63	淇	물이름	기:56	乭	이름	돌:25
彊	굳셀	강:93	槐	느티나무	괴:80	棋	바둑	기:63	棟	마룻대	동:64
疆	지경	강:106	絞	목맬	교:63	琦	옥이름	기:63	董	바룰	동:72
价	클	개:25	僑	더부살이	교:80	琪	아름다운옥	기:64	杜	막을	두:28
塏	높은땅	개:71	膠	아교	교:85	箕	키	기:80	屯	진칠	둔:23
坑	구덩이	갱:27	玖	옥돌	구:28	璣	별이름	기:93	鄧	나라이름	등:86
鍵	열쇠	건:98	邱	언덕	구:33	冀	바랄	기:93	謄	베낄	등:99
乞	빌	걸:23	歐	토할	구:86	騏	준마	기:103	藤	등나무	등:107
杰	뛰어날	걸:33	購	살	구:98	麒	기린	기:107	騰	오를	등:109
桀	하왕이름	걸:47	鞠	기를	국:98	驥	천리마	기:112	裸	벗을	라:72
揭	걸	게:62	掘	팔	굴:58	尿	오줌	뇨:28	拉	끌	랍:33

萊	명아주	래:64	痲	저릴	마:73	玫	이름다운돌	민:34	甫	클	보:29
亮	밝을	량:40	摩	문지를	마:87	珉	옥돌	민:41	輔	도울	보:81
輛	수레	량:86	魔	마귀	마:110	閔	병	민:65	潽	물이름	보:88
樑	들보	량:86	膜	꺼풀	막:87	舶	배	박:57	覆	덮을	복:104
呂	법칙	려:29	娩	낳을	만:48	伴	짝	반:29	馥	향기	복:104
廬	농막집	려:107	灣	물굽이	만:112	搬	운반할	반:73	俸	녹	봉:49
礪	숫돌	려:109	靺	말갈	말:81	潘	쌀뜨물(성)반:88	蓬	쑥	봉:88
驢	나귀	려:112	網	그물	망:81	磻	반계	반:100	縫	꿰맬	봉:100
煉	달굴	련:72	枚	낱	매:34	渤	안개자욱할	발:65	阜	언덕	부:34
漣	잔물결	련:80	魅	매혹할	매:87	鉢	바리때	발:73	釜	가마	부:49
濂	경박할	렴:94	貊	맥국	맥:73	紡	길쌈	방:48	傅	스승	부:65
獵	사냥	렵:104	覓	찾을	멱:57	旁	곁	방:48	敷	펼	부:88
玲	옥소리	령:40	沔	빠질	면:29	龐	높은집	방:107	芬	향기	분:35
醴	단술	레:109	俛	구부릴	면:40	俳	배우	배:49	鵬	붕새	붕:108
魯	노둔할	로:87	冕	면류관	면:57	裵	옷길	배:81	丕	클	비:24
盧	검은빛	로:94	蔑	업신여길	멸:87	賠	물어줄	배:88	毘	도울	비:42
蘆	갈대	로:109	牟	성	모:25	筏	뗏목	벌:65	毖	삼갈	비:42
鷺	백로	로:111	侮	업신여길	모:40	閥	문벌	벌:81	匪	비적	비:49
籠	대바구니	롱:111	茅	띠	모:40	范	법	범:41	彬	빛날	빈:57
僚	동료	료:81	帽	모자	모:65	僻	궁벽할	벽:88	泗	물이름	사:35
遼	멀	료:94	謨	꾀	모:104	卞	성	변:23	唆	부추길	사:49
療	병고칠	료:100	穆	화목할	목:97	弁	고깔	변:24	赦	용서할	사:57
硫	유황	류:64	昴	별이름	묘:40	秉	잡을	병:34	飼	기를	사:82
劉	죽일	류:87	汶	더럽힐	문:29	昞	밝을	병:41	傘	우산	산:65
謬	그르칠	류:104	紊	문란할	문:48	昺	밝을	병:41	蔘	삼	삼:89
崙	산이름	륜:56	彌	미륵	미:100	炳	불꽃	병:41	揷	꽂을	삽:66
楞	네모질	릉:73	旻	하늘	민:34	柄	자루	병:41	庠	학교	상:42
麟	기린	린:111	旼	화할	민:34	倂	아우를	병:49	箱	상자	상:89

舒	펼	서:66	搜	찾을	수:74	躍	뛸	약:111	莞	빙그레할	완:59
瑞	상서	서:73	隋	수나라	수:66	襄	도울	양:101	汪	넓을	왕:30
誓	맹세할	서:82	銖	저울눈	수:82	孃	아가씨	양:110	旺	왕성할	왕:36
晳	밝을	석:66	洵	참으로	순:42	彦	선비	언:43	歪	기울	왜:43
碩	클	석:82	珣	옥이름	순:50	姸	고울	연:43	倭	왜나라	왜:50
奭	클	석:89	荀	풀이름	순:50	衍	넓을	연:43	妖	요사할	요:30
錫	주석	석:94	淳	순박할	순:58	淵	못	연:67	姚	예쁠	요:44
瑄	도리옥	선:74	舜	순임금	순:66	閱	볼	열:89	堯	요임금	요:67
璇	옥	선:89	瑟	큰거문고	슬:74	厭	싫을	염:82	耀	빛날	요:110
繕	기울	선:104	繩	노끈	승:108	閻	마을	염:95	傭	품팔	용:75
璿	구슬	선:105	屍	주검	시:42	燁	빛날	엽:95	溶	녹을	용:76
卨	사람이름	설:57	柴	섶	시:43	盈	찰	영:43	熔	녹을	용:83
薛	설풀	설:100	殖	불릴	식:67	暎	비칠	영:75	瑢	패옥소리	용:83
陝	땅이름	섬:50	湜	물맑을	식:67	瑛	옥빛	영:75	鎔	쇠녹일	용:105
暹	햇살미칠	섬:95	軾	수레앞턱가로나무	식:74	瑩	옥돌	영:89	鏞	쇠북	용:108
蟾	두꺼비	섬:108	紳	띠	신:58	芮	물가	예:36	佑	도울	우:30
纖	가늘	섬:112	腎	콩팥	신:67	預	맡길	예:75	禹	하우씨	우:44
燮	불꽃	섭:100	瀋	즙낼	심:105	睿	슬기	예:82	祐	복	우:51
攝	잡을	섭:110	握	쥘	악:67	濊	흐릴	예:95	旭	아침해	욱:26
晟	밝을	성:58	閼	막을	알:95	吳	큰소리칠	오:30	昱	햇빛밝을	욱:44
貰	세놓을	세:66	癌	암	암:101	墺	물가	오:96	郁	성할	욱:44
沼	못	소:35	押	누를	압:35	沃	기름질	옥:30	頊	삼갈	욱:76
邵	땅이름	소:35	鴨	오리	압:95	鈺	보배	옥:75	煜	빛날	욱:76
紹	이을	소:58	艾	쑥	애:26	穩	편안	온:108	芸	향풀	운:36
巢	새집	소:58	埃	티끌	애:50	邕	막힐	옹:50	蔚	제비쑥	울:90
宋	살	송:29	碍	거리낄	애:74	雍	화할	옹:75	鬱	답답할	울:113
垂	드리울	수:35	倻	가야	야:58	擁	낄	옹:96	熊	곰	웅:83
洙	물가	수:42	惹	이끌	야:74	甕	독	옹:105	苑	나라동산	원:44

袁	옷길	원:51	滋	불을	자:76	彫	새길	조:60	窒	막힐	질:60
媛	계집	원:68	磁	자석	자:90	趙	주창할	조:83	輯	모을	집:97
瑗	구슬	원:76	諮	물을	자:96	琮	옥홀	종:68	遮	가릴	차:91
韋	가죽	위:44	庄	전장	장:26	綜	모을	종:83	餐	밥	찬:97
尉	벼슬	위:59	樟	녹나무	장:90	奏	아뢸	주:45	燦	빛날	찬:101
渭	물이름	위:68	璋	홀	장:90	珠	구슬	주:52	璨	옥빛	찬:101
魏	위나라	위:105	蔣	과장풀	장:90	駐	머무를	주:91	瓚	옥잔	찬:112
兪	대답할	유:45	宰	재상	재:51	疇	이랑	주:108	鑽	뚫을	찬:113
庾	곳집	유:68	沮	막을	저:36	鑄	쇠불릴	주:111	札	편지	찰:24
楡	느릅나무	유:76	甸	경기	전:31	准	비준	준:52	刹	절	찰:37
踰	넘을	유:96	殿	전각	전:77	埈	높을	준:52	斬	벨	참:60
允	맏	윤:23	竊	훔칠	절:112	峻	높을	준:52	昶	해길	창:45
尹	다스릴	윤:23	汀	물가	정:24	浚	깊게할	준:52	敞	시원할	창:69
胤	자손	윤:45	呈	드릴	정:31	晙	밝을	준:60	彰	드러날	창:84
鈗	총	윤:68	偵	염탐할	정:59	濬	깊을	준:101	采	풍채	채:37
融	녹을	융:96	珽	옥이름	정:59	駿	준마	준:101	埰	사패지	채:61
垠	지경	은:45	旌	기	정:59	旨	뜻	지:26	蔡	법	채:91
殷	은나라	은:51	晶	맑을	정:68	址	터	지:31	隻	외짝	척:53
誾	화평할	은:90	艇	큰배	정:77	芝	지초	지:37	陟	오를	척:53
凝	엉길	응:96	楨	단단한나무	정:77	脂	기름	지:53	釧	팔찌	천:61
鷹	매	응:112	鼎	솥	정:77	稙	올벼	직:77	喆	밝을	철:69
伊	저	이:26	禎	상서로울	정:83	稷	피	직:91	撤	거둘	철:92
怡	기쁠	이:36	鄭	나라	정:91	津	나루	진:45	澈	밝을	철:92
珥	귀고리	이:51	劑	약제	제:97	秦	진나라	진:53	瞻	볼	첨:106
翊	도울	익:59	曺	무리	조:51	晋	진나라	진:53	諜	염탐할	첩:97
佾	줄춤	일:36	祚	복	조:52	診	진찰할	진:69	逮	잡을	체:69
鎰	무게이름	일:105	措	둘	조:60	塵	티끌	진:84	遞	갈릴	체:84
妊	아이밸	임:30	釣	낚시	조:60	震	우레	진:91	滯	막힐	체:84

締	맺을	체:92	颱	태풍	태:85	赫	빛날	혁:85	樺	벚나무	화:98
秒	분초	초:46	把	잡을	파:31	爀	불빛	혁:106	幻	헛보일	환:24
哨	망볼	초:53	坡	언덕	파:37	炫	밝을	현:47	桓	굳셀	환:55
焦	탈	초:69	阪	언덕	판:31	峴	고개	현:54	煥	빛날	환:79
楚	초나라	초:77	覇	으뜸	패:109	鉉	솥귀	현:79	滑	미끄러울	활:79
蜀	애벌레	촉:78	彭	성	팽:70	嫌	싫어할	혐:79	晃	밝을	황:55
崔	높을	최:61	扁	작을	편:46	峽	골짜기	협:54	滉	깊을	황:79
楸	가래	추:78	偏	치우칠	편:61	邢	나라이름	형:32	廻	돌	회:47
鄒	추나라	추:78	坪	들	평:37	型	모형	형:47	淮	물이름	회:62
趨	달아날	추:102	抛	던질	포:38	炯	빛날	형:47	檜	전나무	회:102
軸	굴대	축:69	怖	두려워할	포:38	衡	저울대	형:98	后	임금	후:27
蹴	찰	축:109	葡	:포도	포:78	瀅	물맑을	형:106	熏	불길	훈:85
椿	참죽나무	춘:78	鋪	펼	포:92	馨	꽃다울	형:110	勳	공	훈:98
冲	화할	충:26	鮑	절인물고기	포:97	昊	하늘	호:38	壎	질나팔	훈:102
衷	속마음	충:46	杓	북두자루	표:32	祜	복	호:54	薰	향풀	훈:106
炊	불땔	취:37	馮	성	풍:70	晧	밝을	호:61	徽	아름다울	휘:102
聚	모을	취:84	泌	스며흐를	필:38	扈	따를	호:61	休	아름다울	휴:55
峙	언덕	치:46	弼	도울	필:70	皓	흴	호:70	匈	오랭캐	흉:27
雉	꿩	치:78	虐	모질	학:46	浩	넓을	호:92	欽	공경할	흠:70
託	부탁할	탁:54	邯	조나라서울	한:38	濠	호주	호:102	姬	계집	희:47
誕	낳을	탄:84	翰	편지	한:97	壕	해자	호:102	嬉	아름다울	희:93
灘	여울	탄:111	艦	큰배	함:110	鎬	남비	호:106	熹	빛날	희:98
耽	즐길	탐:54	陜	땅이름	합:54	酷	심할	혹:85	憙	기뻐할	희:98
台	별	태:25	亢	높을	항:23	泓	물깊을	홍:38	羲	기운	희:103
兌	바꿀	태:31	沆	넓을	항:32	靴	신	화:79	禧	복	희:103
胎	아이밸	태:46	杏	살구	행:32	嬅	탐스러울	화:92			

2급 부수한자

부추 구

식물인 부추싹(韭)이 땅(__)위로 자라고 있는 모습을 본떠 '부추'를 뜻한 자

부추 구							
韭							

울창주 창

입벌린(凵)단지에 울금초와 검은 기장쌀(米→㐬)을 넣고 발효시켜 제사나 잔치 때 비수(匕)같은 국자로 떠서 쓰는 술을 뜻한 자

울창주 창							
鬯							

 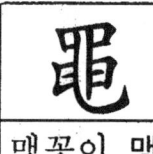
맹꽁이 맹

개구리의 한 종류인 맹꽁이의 모습을 본뜬 상형자로 '맹꽁이'란 뜻을 나타낸 자

맹꽁이 맹							
黽							

빌 걸	부수 : 乙 총 3 획
乞	사람(人→ᄼ)이 새(乙)모양처럼 허리를 굽히며 잘못을 빌다(乞)

乞神(걸신) : 굶주림에 염치불고 하고 음식을 구하는 욕심.　乞人(걸인) : 거지. 비렁뱅이.
門前乞食(문전걸식) : 이 집 저 집 돌아다니며 빌어먹음.
哀乞伏乞(애 : 걸복걸) : 갖은 수단으로 머리 숙여 빌고 원함.

진칠 둔	부수 : ノ 총 4 획
屯	삐칠(ノ)듯 풀 싹난(屮→屯) 것을 베어다 진치다(屯)

屯監(둔감) : 둔토를 감독하던 사람.　屯畓(둔답) : 주둔병의 군량을 자급하기 위한 논.
屯田(둔전) : 주둔병의 군량을 자급하기 위하여 마련 된 밭.
屯營(둔영) : 군사가 주둔한 군영.　美軍駐屯(미군주 : 둔) : 미국군대가 어떤 지역에 머무름.

법(성) 변	부수 : 卜 총 4 획
卞:	점(丶)같은 물체가 아래(下)로 떨어지는 것은 자연의 법(卞)이다.

卞季良(변 : 계량) : 조선 초기 학자.
卞急(변 : 급) : 조급함.
卞射(변 : 사) : 가죽 고깔을 쓰고 활을 쏘는 일.

맏 윤	부수 : 儿 총 4 획
允:	사사(厶)로운 사람 중 어진사람(儿)이 형제 중 맏(允)이다.

允可(윤 : 가) : 임금의 재가.
允許(윤 : 허) : 임금이 허가 함.
允當(윤 : 당) : 진실로 마땅히.

다스릴 윤	부수 : 尸 총 4 획
尹:	손(又→彐)에 삐칠(ノ)듯 회초리를 들고 많은 사람을 다스리다(尹).

判尹(판윤) : 조선시대 한성부의 으뜸 벼슬.

높을 항	부수 : 亠 총 4 획
亢:	머리부분(亠) 같이 생긴 안석(几)이 높다(亢).

亢羅(항 : 라) : 명주, 모시, 무명실 등으로 짠 구멍이 송송 뚫어진 여름 옷감.
亢龍有悔(항 : 룡유회) : 지나치게 높이 올라가면 후회함.　亢鼻(항 : 비) : 높은 코.
亢進(항 : 진) : 자꾸 높아짐.　亢旱(항 : 한) : 극심한 가뭄.

헛보일 환	부수 : 幺　　총 4 획
幻:	작을(幺)정도의 물체를 갈고리(亅→ㄱ)로 찍어도 헛보이다(幻)

幻覺(환:각) : 외계의 자극 없음에도 마치 있는 것처럼 감각하는 일. 幻燈(환:등) : 슬라이드.
幻滅(환:멸) : 허깨비처럼 덧없이 사라짐.　幻想(환:상) : 현실을 떠난 부지 없는 생각.
幻生(환:생) : 형상을 바꾸어 다시 태어남.　幻影(환:영) : 허깨비와 그림자.

여승 니	부수 : 尸　　총 5 획
尼	주검(尸)과 비수(匕)를 두려워 하지 않으니 여승(尼)이다.

尼僧(니승) : 여자 중.
比丘尼(비구니) : 출가해 머리를 깎고 구족계를 받은 여승.
印尼(인니) : '인도네시아'의 한자음 표기.

고깔 변	부수 : 廾　　총 5 획
	사사(厶)롭게 팔짱낄(廾)듯 두 손으로 고이 쓰니 고깔(弁)이다

弁言(변:언) : 책의 머리 말(中).
弁辰(변:진) : 우리나라 고대 삼한 중에 한 나라.
弁韓(변:한) : 삼한의 하나.

클 비	부수 : 一　　총 5 획
丕	두 개가 아닌(不) 한(一)개로 뭉치니 크다(丕)

丕基(비기) : 큰 터전.　　　　　丕業(비업) : 큰 사업. 홍업(洪業).
丕子(비자) : 천자의 적자. 원자. 태자.
丕休(비휴) : 큰 경사. 休는 美의 뜻.

물가 정	부수 : 水(氵) 총 5 획
	물(水→氵)에서 모래를 고무래(丁)로 모을 수 있으니 물가(汀)다

江汀(강정) : 강가.
沙汀(사정) : 바닷가의 모래톱.

편지 찰	부수 : 木　　총 5 획
札	닥나무(木)로 만든 작은 종이에 새(乙→乚) 깃털 같은 붓으로 써 놓은 것이 편지(札)다

簡札(간:찰) : 간지에 쓴 편지.　　　　開札(개찰) : 입찰 결과를 조사함.
名札(명찰) : 성명, 소속 등을 적어 달고 다니는 헝겊 또는 종이, 나무쪽 따위.　書札(서찰) : 편지.
入札(입찰) : 일의 도급이나 물건의 매매의 있어서 희망자에게 예정가격을 경쟁하게 하는 계약체결 방법의 한가지.

별 태	부수 : 口 총 5 획
台	사사(厶)롭게 입(口)벌리고 방긋 웃는 것처럼 밤하늘에 떠 있는 것이 별(台)이다

台命(태명) : 조정의 명령.
台相(태상) : 재상.
天台宗(천태종) : 불교 종파의 하나.

괘이름 간	부수 : 艮 총 6 획
艮	눈을 돌려 사람을 보는 것도 "한정하다" "그치다" 또는 "괘이름"을 나타낸 자

艮時(간시) : 상오 2시 반에서 3시 반 사이.
艮坐坤向(간좌곤향) : 북동에 앉아 남서를 향함.
艮止(간지) : 머물러야 할 곳에 머무름.

클 개	부수 : 人(亻) 총 6 획
价	사람(人→亻)이 낄(介)수 있는 물체 보다 구멍이 크다(价)

价人(개인) : 큰 사람.

서옥 규	부수 : 土 총 6 획
圭	흙(土)과 흙(土)속에서 귀하게 찾아낸 것이 서옥(圭)이다.

圭角(규각) : 홀의 모진데. 모서리.
圭田(규전) : 녹 이외에 별도로 주어 그 수확으로 제사를 지내는 밭.

이름 돌	부수 : 石 총 6 획
乭	돌(石)의 뜻인 "돌"과 새(乙)의 음인 "을" 을 합하여 이름(乭)으로 씀 (한국에서 만든 자)

甲乭(갑돌) : 사람 이름.

소울(성) 모	부수 : 牛 총 6 획
牟	사사(厶)롭게 소(牛)가 소리내니 소울(牟)때다.

牟尼(모니) : 조용히 명상에 잠겨 침묵을 지키는 일.   牟利(모리) : 이익을 탐냄.
牟首(모수) : 지붕이 있는 각도(閣道).   牟食(모식) : 탐식함.
牟然(모연) : 소가 우는 소리.

쑥 애	부수 : ++ 총 6 획
	풀(++)싹 중에서 풀벨(乂)사이 없이 자라는 싹이 쑥(艾)이다 ※ 乂 : 풀벨 예

艾年(애년) : 쉰 살. 오십 세.　　　　　艾老(애노) : 오십 세 이상의 노인
艾服(애복) : 힘써 종사함.　　　　　　艾艾(애애) : 말을 더듬는 모양.
艾葉(애엽) : 쑥 잎. 약재로 씀.　　　　艾康(애강) : 잘 다스리어 편안히 함.

아침해 욱	부수 : 日 총 6 획
	아홉(九)시 전에 날(日)이 밝으니 아침해(旭)가 떴다

旭光(욱광) : 아침 햇빛.　　　　　　　旭旦(욱단) : 아침 해돋을 녘.
旭旭(욱욱) : 나타나는 모양.　　　　　旭日(욱일) : 아침 해.
朝旭(조욱) : 아침 해.　　　　　　　　晴旭(청욱) : 맑은 하늘에 뜬 아침 해.

저 이	부수 : 人(亻) 총 6 획
伊	사람(人→亻)이 다스리(尹)는 쪽이 저(伊)쪽이다.

伊洛(이락) : 이수와 낙수　　　　　　伊昔(이석) : 옛 날.
伊時(이시) : 이 때.
伊優(이우) : 아첨하는 모양.

전장 장	부수 : 广 총 6 획
庄	집(广) 벽을 흙(土)으로 발라 지은 것이 전장(庄)이다 ※ 莊의 속자(俗字)

뜻(맛) 지	부수 : 日 총 6 획
	비수(匕) 쓰는 일을 날(日)마다 하니 그 마음 속에는 뜻(旨)이 있다

旨甘(지감) : 맛이 있음. 맛있는 음식.　　　旨意(지의) : 뜻. 의의.
旨蓄(지축) : 미리 준비하여 둔 맛좋은 음식.　密旨(밀지) : 몰래 내리는 임금의 명령.
聖旨(성 : 지) : 임금의 뜻.　　　　　　　　趣旨(취 : 지) : 근본이 되는 중요로운 뜻.

화할 충	부수 : 冫 총 6 획
	어름(冫)같이 찬 사람도 따뜻한 사람 가운데(中) 있으면 화하다(冲)

冲年(충년) : 어린 나이(10세).　冲妙(충묘) : 오묘함.　冲寂(충적) : 공허하고 조용함.
冲積物(충적물) : 유수에 의하여 운반되어 쌓인 진흙, 모래, 조각돌등의 퇴적물.
冲積土(충적토) : 흙, 모래가 물에 흘러 내려 쌓인 충적층의 흙.

임금 후	부수 : 口　　총 6 획
后:	언덕(厂)같이 높은 자리에서 한(一)마디 입(口)으로 호령이나 명령할 수 있으니 임금(后)이다

后宮(후:궁) : 궁녀가 있는 궁전.　　后妃(후비) : 황후.
后土(후토) : 토지를 맡은 신.　　王后(왕후) : 임금의 아내.
皇后(황후) : 황제의 정궁.

오랑캐 흉	부수 : 勹　　총 6 획
匈	싸(勹)고 있는 흉한(凶)마음 가지고 남을 치니 오랑캐(匈)다

匈奴(흉노) : 중국 북쪽에 살던 한 종족.
匈匈(흉흉) : 세상이 어지러워서 인심이 어수선한 모양.

절 가	부수 : 人(亻)　총 7 획
伽	사람(人→亻)들이 더하(加) 주듯 시주하는 곳이 절(伽)이다.

伽藍(가람) : 절의 별칭.
僧伽(승가) : 중.
阿伽(아가) : 부처에게 바치는 정수(淨水).

몽둥이 간	부수 : 木　　총 7 획
杆	나무(木)로 방패(干)를 때릴 수 있으니 몽둥이(杆)다.

欄杆(난간) : 층계나 다리의 가장자리에 종횡으로 나무나 쇠로 건너 세워 놓은 살.

구덩이 갱	부수 : 土　　총 7 획
坑	흙(土)을 파서 머리부분(亠)처럼 쌓아 안석(几)을 만드니 한 곳은 구덩이(坑)가 생기다.

坑口(갱구) : 갱도의 입구.　　坑內(갱내) : 광산의 구덩이의 안.
坑道(갱도) : 광산의 갱내에 통한 길.　　坑夫(갱부) : 광산에서 채굴 작업에 종사하는 사람
坑殺(갱살) : 구덩이에 파묻어 죽임.　　坑陷(갱함) : 땅이 꺼져서 생긴 구렁.

꿸 관	부수 : ｜　　총 7 획
串	입(口)모양과 입(口)모양처럼 구멍을 뚫어(ㅣ)끈에 꿰다(串)

串童(관동) : 가무에 익숙한 아이.　　串數(관삭) : 익숙하여 자주 함.
長山串(장산곶) : 황해도의 지명.
石串洞(석관동) : 서울 성북구의 동명

미칠 광	부수 : 犬(犭) 총 7 획
狂	개(犬→犭)같은 짓을 임금(王)이 하니 미치다(狂)

狂犬(광견) : 미친 개.　　　　　　　　狂犬病(광견병) : 미친개에게 물려 발생하는 병.
狂氣(광기) : 미친 증세.　　　　　　　狂亂(광란) : 미친 듯이 날뜀.
狂言(광언) : 도에 벗어난 말.　　　　　發狂(발광) : 병으로 미친 증상이 일어남.

옥돌 구	부수 : 玉(王) 총 7 획
玖	구슬(玉→王)을 만들어 오래(久)가지고 놀 수 있으니 옥돌(玖)이다

갈림길 기	부수 : 山 총 7 획
岐	메(산)(山)에서 힘이 빠져 몸을 지탱할(支)수 없을 때 헤매는 길이 갈림길(岐)이다

岐路(기로) : 갈림길.
多岐亡羊(다기망양) : 학문의 길이 다방면으로 갈려 진리를 얻기 어려움.
分岐點(분기점) : 몇 갈래로 갈라지기 시작한 곳.

물이름 기	부수 : 水(氵) 총 7 획
沂	물(水→氵)이 도끼(斤) 모양을 하고 흐르는 지명을 물이름(沂)이라 일컬음

沂水(기수) : 산동성에서 발원하여 사수로 들어가는 강.

오줌 뇨	부수 : 尸 총 7 획
尿	몸에서 나오는 주검(尸)에 물(水)이 오줌(尿)이다

尿道(요도) : 오줌이 나오는 길.　　　　尿精(요정) : 오줌에 정수가 섞이어 나오는 병.
尿血(요혈) : 오줌에 피가 섞이어 나오는 병.　排尿(배뇨) : 오줌을 요도를 통하여 몸 바깥으로 내 보냄.
夜尿症(야뇨증) : 밤에 자다가 무의식중에 오줌을 자주 싸는 증세.

막을 두	부수 : 木 총 7 획
杜	나무(木) 말뚝을 박고 흙(土)을 쌓아 막다(杜)

杜牧(두목) : 만당(晩唐) 때의 시인.
杜門不出(두문불출) : 집 속에만 들어 있고 밖에 나가지 아니함.
杜絕(두절) : 교통, 통신 등이 끊어져 막힘.

법칙 려	부수 : 口　　총 7 획
呂:	입(口)모양처럼 뚫을(丨)것을 입(口)모양처럼 일정하게 하는 것도 법칙(呂)이다

呂覽(여람) : 여씨 춘추에 별칭.　　　　呂氏春秋(여씨춘추) : 책명.
呂律(여율) : 음의 음율과 양의 음율.
呂后(여후) : 한나라 고조의 황후.

빠질 면	부수 : 水(氵)　　총 7 획
沔:	물(水→氵)속이 뵈지않을(丏)정도로 물이 많은 곳에 들어가면 빠지다(沔) ※ 丏 : 뵈지않을 면

沔水(면수) : 섬서성을 흐르는 한수의 지류.
沔川(면천) : 충남 당진군 소재.

더럽힐 문	부수 : 水(氵)　　총 7 획
汶	물(水→氵)위에 글월(文)써 놓은 것처럼 오물이 떠다니며 더럽히다(汶) 　전의 하여 "물이름"으로 씀

汶汶(문문) : 부끄러운 모양.
汶水(문수) : 산동성에 있는 강 셋이 있어 이를 합쳐 삼문 이라 함.

짝 반	부수 : 人(亻)　　총 7 획
伴:	여러 사람(人→亻)들이 반(半)으로 나누어 서로 짝(伴)을 짓다

伴送(반 : 송) : 다른 물건에 붙여서 함께 보냄.　　伴隨(반 : 수) : 따라감.
伴吟(반 : 음) : 따라 읊조림.　　　　　　　　　伴行(반 : 행) : 길을 같이 감.
同伴(동반) : 함께 데리고 감.　　　　　　　　　相伴(상반) : 서로 짝이 됨. 서로 함께 함.

클 보	부수 : 用　　총 7 획
甫	한(一)곳에다 쓸(用)수 있는 점(丶)만한 것도 모으니 모양이 크다(甫)

甫甫(보보) : 큰 모양. 또 많은 모양.
杜甫(두보) : 당나라 시성(詩聖).
章甫(장보) : 유생(儒生).

살 송	부수 : 宀　　총 7 획
宋:	집(宀)을 나무(木)로 짓고 살다(宋). 전의 하여 "성"으로 씀

宋學(송 : 학) : 송나라 시대의 유학.
唐宋(당송) : 당나라와 송나라.

큰소리칠 오	부수 : 口 총 7 획
吳	입(口)을 한(一→㇀)번 큰(大)모양을 하고 큰소리치다(吳) 전의 하여 "성"으로 씀

吳越同舟(오월동주) : 오나라와 월나라와 같이 서로 사이가 대단히 나쁜 자가 같은 장소에 있음을 이름.
吳越之思(오월지사) : 적의를 품고 서로 미워하는 뜻으로 쓰임.
吳音(오음) : 오나라 말.   吳回(오회) : 불의 신.

기름질 옥	부수 : 水(氵) 총 7 획
沃	물(水→氵)에서 삐칠(丿)듯 삽으로 흙을 큰(大)덩이 지게 파낼 수 있으니 땅이 기름지다(沃)

沃野(옥야) : 기름진 들.   沃壤(옥양) : 기름진 땅.
沃沃(옥옥) : 성하고 아름다운 모양.   沃田(옥전) : 기름진 밭.
門前沃畓(문전옥답) : 집 앞 가까이 있는 기름진 논.   肥沃(비 : 옥) : 땅이 걸고 기름짐.

넓을 왕	부수 : 水(氵) 총 7 획
汪(:)	물(水→氵)의 모양이 임금(王)님이 다스리는 땅 만큼이나 넓다(汪)

汪浪(왕 : 랑) : 눈물이 그칠 새 없이 흐르는 모양.   汪洋(왕 : 양) : 넓고 큰 모양.
汪然(왕 : 연) : 눈물이 줄줄 흐르는 모양.
汪汪(왕 : 왕) : 물이 깊고 넓은 모양.

요사할 요	부수 : 女 총 7 획
妖	계집(女)이 삐칠(丿)듯 몸을 기울이고 큰(大)체 하니 요사하다(妖)

妖鬼(요귀) : 요사한 귀신.   妖女(요녀) : 요염한 여자.
妖物(요물) : 요사스러운 물건.   妖婦(요부) : 요사스러운 계집.
妖邪(요사) : 요망스럽고 간사함.   妖精(요정) : 도깨비스러운 귀신.

도울 우	부수 : 人(亻) 총 7 획
佑:	사람(人→亻)을 오른쪽(右)에서 돕다(佑)

保佑(보 : 우) : 보살 피어 도와 줌.
神佑(신우) : 신의 도움.
天佑神助(천우신조) : 하늘과 신령의 도움.

아이밸 임	부수 : 女 총 7 획
妊:	계집(女)이 북방(壬)하늘에 북두칠성을 보고 비니 아이배다(妊)

妊婦(임 : 부) : 아이밴 부녀.   妊産婦(임산부) : 임신부와 해산부.
不妊(불임) : 임신되지 않음.
避妊(피임) : 인위적으로 임신을 피하는 조치를 하는 일.

경기 전	부수 : 田　　총 7 획
甸	사방을 쌀(勹)수 있는 밭(田)들로 이루어진 임금이 사는 곳이 경기(甸)다

甸役(전역) : 사냥.
畿甸(기전) : 서울을 중심으로 하여 사방 500리 이내의 땅.
侯甸(후전) : 후복(侯服)과 전복(甸服).
郊甸(교전) : 서울에 가까운 시골.

드릴 정	부수 : 口　　총 7 획
呈	입(口)으로 말하며 북방(壬)을 지키라고 장군에게 칼을 드리다(呈)

呈納(정납) : 물건을 바침.
呈示(정시) : 나타내 보임.
贈呈(증정) : 남에게 물건을 드림.
呈露(정로) : 드러남. 나타남.
謹呈(근:정) : 삼가 증정함.
贈呈本(증정본) : 남에게 드리는 책.

터 지	부수 : 土　　총 7 획
址	다른 흙(土)을 집짓기 위해 그칠(止)때까지 쌓아 만든 곳이 터(址)다

基址(기지) : 토대.
寺址(사지) : 절 터.
餘址(여지) : 남은 터.
史蹟址(사적지) : 역사에 남은 자취의 터.
城址(성지) : 성 터.
遺址(유지) : 전에 건물이 있었던 터.

바꿀 태	부수 : 儿　　총 7 획
	여덟(八)번 씩이나 입(口)으로 말하니 어진사람(儿)이 되면서 마음을 바꾸다(兌)

兌換(태환) : 교환함.
兌換紙幣(태환지폐) : 정화와 교환하는 지폐.

잡을 파	부수 : 手(扌)　총 7 획
把	손(手→扌)을 뱀(巴)이 몸을 웅크리고 있는 것처럼 하여 물건을 잡다(把)　　※ 巴 : 뱀 파

把守(파수) : 경계하여 지킴.
把持(파지) : 손에 꼭 쥐고 놓지 않음.

언덕 판	부수 : 阜(阝)　총 7 획
阪	언덕(阜→阝)길을 지나 갔다 돌아올(反) 길도 언덕(阪)이다

阪路(판로) : 고개·비탈진 길.
阪田(판전) : 돌이 많은 비탈 밭.

북두자루 표	부수 : 木　　총 7 획
杓	나무(木)를 파내어 쌀(勺)수 있는 등근 모양에 한(一)개의 손잡이가 달린 그릇을 만든 것이 북두자루(杓)다

넓을 항	부수 : 水(氵)　총 7 획
沆	바닷물(水→氵)을 머리부분(亠)같이 높은 안석(几)에 앉아 바라보니 넓다(沆)

沆茫(항망) : 수면이 광대한 모양.

살구 행	부수 : 木　　총 7 획
杏:	나무(木)열매 중 입(口)모양 같이 생긴 것이 살구(杏)다

杏林(행:림) : 살구나무 숲. 의원의 미칭.　　杏子木(행:자목) : 은행나무의 목재.
杏花(행:화) : 살구 꽃.　　杏花村(행:화촌) : 살구나무가 많아 살구꽃이 만발한 마을.
銀杏(은행) : 은행나무의 열매.

나라이름 형	부수 : 邑(阝)　총 7 획
邢	방패(干)와 방패(干)같은 무기를 가지고 고을(邑→阝)을 지키니 나라이름(邢)이 있다

곶 갑	부수 : 山　　총 8 획
岬	메(山)가 갑옷(甲)모양처럼 생긴 데가 곶(岬)다

岬角(갑각) : 바다에 뽀족 나온 육지.
岬寺(갑사) : 충청남도 공주군 계룡면 계룡산에 있는 절.

산등성이 강	부수 : 山　　총 8 획
岡	그물(网→冈)을 물에서 끌어올릴 때 모양처럼 생긴 메(山)가 산등성이(岡)다

岡陵(강릉) : 언덕. 구릉.
岡曲(강곡) : 언덕 모퉁이.

뛰어날 걸	부수 : 木　　총 8 획
杰	나무(木)에 불(火→灬) 붙여 무엇이든 익힌다는 것은 남 다르게 생각이 뛰어나다(杰)　　　　　※ 傑의 俗字

빛날 경	부수 : 火　　총 8 획
炅	날(日)이 어두우니 불(火)빛이 밝게 빛나다(炅)

언덕 구	부수 : 邑(阝)　　총 8 획
邱	언덕(丘)이 고을(邑→阝)을 둘러싸고 있는 모양의 언덕(邱)을 뜻한 자

大邱(대구) : 경상북도의 도시 명.

얽힐 규	부수 : 糸　　총 8 획
糾	실(糸)이 넝쿨(丩) 모양을 하고 있으니 서로 얽히다(糾)　　※ 丩 : 넝쿨 구

糾結(규결) : 서로 얽힘.　　　　　　　糾明(규명) : 죄과를 조사하여 사실을 밝힘.
糾彈(규탄) : 죄상을 조사하여 탄핵함.　糾合(규합) : 흩어진 사람들을 한데 모음.
紛糾(분규) : 뒤얽혀서 말썽이 많고 시끄러움.

집터 대	부수 : 土　　총 8 획
垈	원래 흙 대신(代)다른 흙(土)을 파다 집터(垈)를 만든다

垈地(대지) : 집터로서의 땅.
家垈(가대) : 집의 터전.

끌 랍	부수 : 手(扌)　　총 8 획
拉	손(手→扌)으로 서(立)서 물체를 끌다(拉)

拉枯(납고) : 마른 나무를 꺾음.　　　　拉殺(납살) : 뼈를 부려뜨려 죽임.
拉致(납치) : 강제로 붙들어 감.
被拉(피:랍) : 납치를 당함.

낱 매	부수 : 木　　총 8 획
	나무(木)를 툭툭 치(攴→攵)며 한 개 한 개 세니 낱(枚)이다

枚擧(매거) : 낱낱이 들어 말함.
枚數(매수) : 수효.
枚陳(매진) : 낱낱이 진술함.

하늘 민	부수 : 日　　총 8 획
	날(日)이 밝으면 글월(文) 읽는 소리가 하늘(旻) 멀리 퍼지다

旻天(민천) : 가을 하늘.　　　　高旻(고민) : 높은 하늘.
蒼旻(창민) : 푸른 하늘.　　　　淸旻(청민) : 맑은 하늘.
秋旻(추민) : 가을 하늘.

화할 민	부수 : 日　　총 8 획
旼	날(日)마다 글월(文)을 읽으니 마음이 화하다(旼)

旼旼(민민) : 화락한 모양.

옥돌 민	부수 : 玉(王)　총
	구슬(玉→王)에 글월(文)을 새겨서 만든 것이 옥돌(玟)이다

잡을 병	부수 : 禾　　총 8 획
秉:	벼(禾)를 베기 위하여 벼를 손(⺕→⺻)으로 잡다(秉)

秉公持平(병:공지평) : 공평히 처리함.　　秉權(병:권) : 정권의 고동을 잡음.
秉燭(병:촉) : 촛불을 밝힘.
秉筆之任(병:필지임) : '사필(史筆)을 잡은 소임'이라는 뜻에서 예문관(藝文館)의 검열을 일컫던 말.

언덕 부	부수 : 阜　　총 8 획
	돌이 없고 흙이 계단처럼 포개어진 높고 평평하고 두툼한 "언덕"을 본 뜬자

阜繁(부:번) : 번성함.　　　　　阜成(부:성) : 크게 이룸.
高阜(고부) : 높은 언덕.　　　　曲阜(곡부) : 공자의 탄생지.
大阜(대부) : 큰 언덕.

향기 분	부수 : ++ 총 8 획
芬	풀(++) 밭에서 사방으로 나눌(分) 수 있는 것이 꽃의 향기(芬)다

芬芳(분방) : 향기.　　　　　　　芬芬(분분) : 향기가 많이 나는 모양.
芬烈(분열) : 향기가 강렬함.　　　芬香(분향) : 향기.
芬華(분화) : 화려함.　　　　　　清芬(청분) : 맑은 향기.

물이름 사	부수 : 水(氵) 총 8 획
泗	물(水→氵)이 넉(四) 방향으로 흐르는 곳에 물이름(泗)으로 쓴 자

泗上弟子(사상제자) : 공자의 문인.
泗水(사수) : 사하(泗河).

못 소	부수 : 水(氵) 총 8 획
沼	물(水→氵)을 사람 모을 때 부르(召)듯이 한 곳으로 모아 가둔 곳이 못(沼)이다

沼上(소상) : 못 가.　　　　　沼池(소지) : 늪. 못.
沼澤(소택) : 늪. 못.　　　　　湖沼(호소) : 호수와 늪.

땅이름(성) 소	부수 : 邑(阝) 총 8 획
邵	부를(召) 수 있는 고을(邑→阝)에는 땅이름(邵)이 있다 　전의하여 "성"으로 씀

드리울 수	부수 : 土　총 8 획
垂	삐칠(丿)듯이 한(一)줄기의 풀(卄→艹)이 흙(土)쪽으로 드리우다(垂)

垂範(수범) : 모범을 보임.　　　　　垂楊(수양) : 버드나무의 일종.
垂直(수직) : 직선과 직선이 닿아 직각을 이룬상태.
垂訓(수훈) : 후세에 전하는 교훈.　　懸垂幕(현수막) : 선전문 등을 적어 드리운 막.

누를 압	부수 : 手(扌) 총 8 획
押	손(手→扌)으로 갑옷(甲)이 딱딱한지를 누르다(押)

押署(압서) : 도장을 찍고 이름을 씀.　　押留(압류) : 형사 소송법상 압수의 일종.
押送(압송) : 죄인을 잡아 보냄.　　　　押收(압수) : 관리가 직권으로 인민의 재산을 몰수함.
押韻(압운) : 같은 문자를 써서 시를 지음.　押印(압인) : 도장 따위를 누름.

물가 예	부수 : ⺾ 총 8 획
芮	풀(⺾)싹 안(內)에 물기가 많아 잘 자라는 곳이 물가(芮)다

芮芮(예예) : 풀이 뾰족뾰족 나는 모양. 나라이름.

왕성할 왕	부수 : 日 총 8
旺:	날(日)마다 임금(王)이 나라를 잘 다스리니 백성들의 삶이 왕성하다(旺)

旺盛(왕:성) : 사물이 성함.
旺運(왕:운) : 왕성한 운수.
興旺(흥왕) : 흥하여 왕성함.

향풀 운	부수 : ⺾ 총 8 획
芸	이 풀(⺾)이름을 이를(云) 수 있으니 향풀(芸)이다

芸閣(운각) : 장서 하는 창고.   芸夫(운부) : 풀을 깎는 사람.
芸芸(운운) : 성한 모양.
芸黃(운황) : 아주 노람.

기쁠 이	부수 : 心(忄) 총 8 획
怡	마음(心→忄) 속에 좋은 별(台)이 뜨니 기쁘다(怡)

怡色(이색) : 기뻐하는 빛.
怡顔(이안) : 안색을 부드럽게 함.
怡悅(이열) : 기뻐함.

줄춤 일	부수 : 人(亻) 총 8 획
佾	사람(人→亻) 여덟(八)명이 달(月) 밝은 밤에 한줄로 서서 줄춤(佾) 추다

佾舞(일무) : 사람을 여러줄로 세워 추는 춤.
八佾(팔일) : 주대에 여덟사람이 여덟줄로 늘어서서 춤추던 천자의 무악.

막을 저	부수 : 水(氵) 총 8 획
沮:	물(水→氵)이 또(且) 모여 고이도록 흐름을 막다(沮)

沮止(저:지) : 막아서 못하게 함.   沮澤(저:택) : 습지.
沮敗(저:패) : 저지당하여 패함.   沮廢(저:폐) : 의기가 저상하고 피폐함.
沮害(저:해) : 방해하여 해침.   沮解(저:해) : 사이를 가름. 이간 함.

지초 지	부수 : ++ 총 8 획
芝	풀(++)줄기가 자라 갈(之)때 마다 약초로 베어다 쓰는 것이 지초(芝)다

芝蘭(지란) : 영지와 난초.　　　　　　　芝蘭之交(지란지교) : 친구사이의 청아하고 고상한 교제.
芝眉(지미) : 남의 안색의 경칭.　　　　　芝草(지초) : 모균류(帽菌類)에 속하는 버섯.
靈芝(영지) : 모균류에 속하는 버섯 일종.

절 찰	부수 : 刀(刂) 총 8 획
刹	다섯(五→乂)번씩이나 나무(木)를 칼(刀→刂) 같은 연장으로 잘 다듬어 만든 집이 절(刹)이다

刹鬼(찰귀) : 귀신. 악마.　　　　　　　　刹那(찰나) : 지극히 짧은 시간. 순간.
古刹(고:찰) : 옛 사찰.　　　　　　　　　名刹(명찰) : 이름 난 절.
寺刹(사찰) : 절.　　　　　　　　　　　　僧刹(승찰) : 절. 사찰.

캘 풍채 채	부수 : 采 총 8 획
采	손톱(爪→爫) 같은 도구로 나무(木) 뿌리를 캐다(采)

采毛(채:모) : 빛이 아름다운 털.　　　　采色(채:색) : 고운 색.
采取(채:취) : 골라서 캐어냄.　　　　　　文采(문채) : 문장의 광채.
風采(풍채) : 빛나고 드러나 보이는 사람의 겉모양.

불땔 취	부수 : 火 총 8 획
炊	음식을 할 때 불(火)을 하품(欠)하듯 벌어진 아궁이에다 불때다(炊)

炊米(취미) : 쌀로 밥을 지음.　　　　　　炊婦(취부) : 부엌데기.
炊事(취사) : 밥짓는 일.　　　　　　　　炊湯(취탕) : 숭늉.
炊火(취화) : 밥을 짓는 불.　　　　　　　自炊(자취) : 밥지어 먹는 일을 손수함.

언덕 파	부수 : 土 총 8 획
坡	흙(土)의 가죽(皮)이 울퉁불퉁 높은 곳이 언덕(坡)이다

坡仙(파선) : 송나라 문장가 소동파를 이르는 말.
坡岸(파안) : 제방의 언덕. 제방.

들 평	부수 : 土 총 8 획
坪	흙(土)이 평평할(平)때 농사짓는 들(坪)이다

坪當(평당) : 한 평에 대한 비율.
建坪(건:평) : 건물이 차지한 바닥의 평수.

던질 포	부수 : 手(扌) 총 8 획
抛	손(手→扌)에 물체를 쥐고 절름발이(尤)처럼 한쪽 다리에 힘(力)을 주고 멀리 던지다(抛)

抛棄(포기) : 내버림. 하던 일을 중도에 그만두어 버림.
抛物線(포물선) : 중심을 가지지 않는 원추 곡선.

두려워할 포	부수 : 心(忄) 총 획
怖	마음(心→忄)속으로 죽어서 베(布)로 만든 옷 입기를 두려워하다(怖)

怖懼(포구) : 두려워함.
怖畏(포외) : 두려워함.
恐怖(공포) : 무서움. 두려움.

스며흐를 필 분비할	부수 : 水(氵) 총 8 획
泌	물(水→氵)은 반드시(必) 어디엔가로 스며흐르다(泌) 전의하여 "분비하다"로 씀

泌尿器(비뇨기) : 소변을 배출하는 기관.
分泌(분비) : 선세포의 작용에 의해 특수한 액즙을 만들어 배출하는 기능.

조나라서울 한	부수 : 邑(阝) 총 8 획
	기름진 땅에서 달(甘)콤한 생활을 하는 고을(邑→阝)을 가진 곳이 조나라서울(邯)이다

하늘 호	부수 : 日 총 8 획
昊	날(日)이 밝으니 해가 하늘(天)에 떠 있는 하늘(昊)을 뜻한 자

昊蒼(호:창) : 하늘.　　　　　　　昊天(호:천) 여름 하늘.
昊天罔極(호:천망극) : 부모의 은혜는 넓고 큼이 하늘 같이 한이 없음.
晴昊(청호) : 맑게 갠 하늘.

물깊을 홍	부수 : 水(氵) 총 9 획
	물(水→氵) 고인 곳이 넓고 클(弘) 정도면 물깊다(泓)

泓量(홍량) : 물이 깊어 수량(水量)이 많음.

가지 가	부수 : 木　　총 9
柯	나무(木)가 옳게(可) 자라게 곁 가지(柯)를 자른다

柯葉(가엽) : 가지와 잎.
柯條(가조) : 나뭇가지.
南柯一夢(남가일몽) : 꿈과 같이 헛된 한때의 부귀영화(南柯之夢).

부처이름 가	부수 : 辵(辶) 총 9 획
迦	삶을 더할(加)듯 쉬엄쉬엄가(辵→辶)듯이 사시니 부처이름(迦) 가진 분이다

迦葉(가섭) : 석가의 십대제자의 한사람.

쌍옥 각	부수 : 玉(王) 총 9 획
珏	구슬(玉→王)과 구슬(玉)이 똑 같으니 쌍옥(珏)이다

강할 강	부수 : 女　　총 9 획
姜	양(羊→𦍌)처럼 순하면서도 계집(女)은 강하다(姜)

바퀴자국 궤	부수 : 車　　총 9 획
軌	수레(車)가 아홉(九)자 모양을 내며 가니 바퀴자국(軌)이다

軌道(궤:도) : 기차·전차등이 다니는 길. 레일.
軌範(궤:범) : 법도·본보기.　　軌跡(궤:적) : 수레바퀴 자국.
軌條(궤:조) : 궤도에 깐 철조.

별 규	부수 : 大　　총 9 획
奎	큰(大) 홀(圭) 같이 하늘에 떠 있는 별자리에 별(奎)을 뜻한 자

奎文(규문) : 문물. 또는 문장.
奎章(규장) : 천자의 사문 또는 조칙.
奎章閣(규장각) : 역대임금의 저술·필적·유교(遺敎)·선보(璿譜) 및 정조(正祖)의 진영을 보관한 관아.

밝을 량	부수 : 亠 총 9 획
亮	높을(高→亠) 정도의 어진사람(儿)이 학식을 갖추고 있으니 사리에 밝다(亮)

亮達(양달) : 총명하여 사리에 통달함.　　　亮月(양월) : 밝은 달.
亮察(양찰) : 남의 사정을 잘 살펴줌
亮許(양허) : 허락함.

옥소리 령	부수 : 玉(王) 총 9 획
玲	구슬(玉→王)로 하여금(令) 소리를 내니 옥소리(玲)다

玲玲(영령) : 옥이 울리는 소리.

구부릴 면	부수 : 人(亻) 총 9 획
俛 :	사람(人→亻)이 위험을 면할(免)려고 자기도 모르게 몸을 구부리다(俛)

俛焉(면언) : 힘쓰는 모양.　　　　　俛首(면수) : 고개를 숙임.
俛視(면시) : 굽어 봄.　　　　　　俛仰(면앙) : 굽어 봄과 우러러 봄.
俛仰亭(면앙정) : 조선 명종 때 학자 송순(宋純)의 호.

업신여길 모	부수 : 人(亻) 총 9 획
侮 :	사람(人→亻)이 어질고 착한 사람을 매양(每) 바보처럼 업신여기다(侮)

侮慢(모:만) : 남을 업신여기고 제 스스로만 높은 체함.
侮言(모:언) : 업신여기는 말.　　　侮辱(모:욕) : 깔보고 욕보임.
受侮(수모) : 남에게 모욕을 당함.

띠 모	부수 : ⺿ 총 9 획
茅	풀(⺿)싹 끝이 창(矛) 모양처럼 생긴 것이 띠(茅)다

茅舍(모사) : 띠로 지붕을 인 집.　　　茅屋(모옥) : 띠로 지붕을 인 집.
茅草(모초) : 띠.　　　　　　　　　白茅(백모) : 포아풀과의 다년초.
黃茅(황모) : 누런 띠.

별이름 묘	부수 : 日 총 9 획
 :	날(日) 어두운 밤 하늘에 토끼(卯)모양의 별자리의 별이름(昴)을 뜻한 자

昴星(묘:성) : 28수(宿)의 열 여덟째.
昴宿(묘:수) : 이십팔수의 하나.

옥돌 민	부수 : 玉(王)　　총 9 획
珉	구슬(玉→王)을 만들 수 있는 돌을 백성(民)들이 좋아하는 것이 옥돌(珉)이다

刻珉(각민) : 후세에 전하기 위하여 공덕·위업을 돌에다 새김.

법 범	부수 : ++　　총 9
范	풀(++)모양처럼 물(水→氵)에 젖은 병부(卩→巳)는 임금의 법(范)을 어김이다　　　전의하여 "성"으로 씀

范大成(범대성) : 송(宋)나라 시인으로 자는 '치능'.

밝을 병	부수 : 日　　총 9 획
昞	날(日)이 밝아 오니 남녘(丙)도 밝다(昞)

밝을 병	부수 : 日　　총 9 획
昺	날(日)이 밝아 오니 남녘(丙)도 밝다(昺) (前條와 같음)

자루 병	부수 : 木　　총 9 획
柄	나무(木)에서 남녘(丙)으로 자란 가지를 베어 연장 자루(柄)를 만들다

斗柄(두병) : 북두칠성의 국자모양의 자루에 해당하는 부분.

불꽃 병	부수 : 火　　총 9 획
炳	불(火)빛이 남녘(丙)에 무더운 것과 같으니 불꽃(炳)일 때다

炳然(병 : 연) : 환한 모양.
炳映(병 : 영) : 빛나서 환히 비침.
炳燭(병 : 촉) : 환히 비치는 촛불.

도울 비	부수 : 比　　총 9 획
毘	밭(田)에서 견주(比)듯 서로 밭일 하는 것을 도우다(毘) ※ 毗 와 同字

毘補(비보) : 도와 보충함.
毘益(비익) : 도와 이롭게 함.

삼갈 비	부수 : 比　　총 9 획
毖	견줄(比) 때는 반드시(必) 규칙에 어긋나는 것은 삼가다(毖)

懲毖錄(징비록) : 유성룡(柳成龍)이 지은 임진왜란 야사.

학교 상	부수 : 广　　총 9 획
庠	집(广)에서 양(羊)처럼 순하게 또 글을 가르치는 곳이 학교(庠)다

庠校(상교) : 학교.
庠學(상학) : 향리의 학교.

물가 수	부수 : 水(氵)　총 9 획
洙	물(水→氵)에서 붉은(朱) 색을 띠는 쪽이 물가(洙)다

洙四學(수사학) : 공자와 맹자의 학. 유학(儒學).

참으로 순	부수 : 水(氵)　총 9 획
洵	먹을 물(水→氵)을 열흘(旬)에 한번 뜰 수 있으니 참으로(洵) 살기가 힘들다

주검 시	부수 : 尸　　총 9 획
屍	주검(尸)을 마음에 두고 죽을(死) 수 있으니 이것이 곧 주검(屍)이다

屍身(시 : 신) : 송장.　　　　　　屍體(시 : 체) : 송장.
屍臭(시 : 취) : 시체가 썩는 냄새.　檢屍(검 : 시) : 변사자의 시체를 검사함.
變屍體(변시 : 체) : 변사한 시체.

섶 시	부수 : 木 총 9 획
柴	이(此) 나무(木)에 가지를 베어 섶(柴)으로 쓴다

柴木(시목) : 땔나무.
柴草(시초) : 연료로 쓰는 마른 풀.
柴炭(시탄) : 땔나무와 숯.   柴火(시화) : 섶나무를 피운 불.

선비 언	부수 : 彡 총 9 획
彦	설(立→立)수 있는 언덕(厂)위 정자에서 터럭(彡)이 긴 수염을 하고 글 읽는 사람이 선비(彦)다

彦士(언:사) : 훌륭한 선비.
賢彦(현언) : 어진 선비.

고울 연	부수 : 女 총 9 획
姸:	계집(女)의 얼굴이 평평할(幵) 정도로 반반하니 예쁘고 고우다(姸) ※ 幵 : 평평할 견

姸麗(연:려) : 예쁘고 고움.
姸粧(연:장) : 예쁘게 한 단장.
姸華(연:화) : 아름답고 화려함.

넓을 연	부수 : 行 총 9 획
衍:	자축거리(彳)며 물(水→氵)을 자축거리(亍)며 건너니 넓이가 넓다(衍) ※ 亍 : 자축거릴 촉

衍文(연:문) : 글월 가운데 쓸데없이 끼인 글.
衍衍(연:연) : 풍부한 모양.
衍義(연:의) : 의미를 널리 해설함.

찰 영	부수 : 皿 총 9 획
盈	이에(乃) 또(又) 그릇(皿)에 많이 담으니 가득 차다(盈)

盈貫(영관) : 활을 힘껏 당김.   盈滿(영만) : 가득 참.
盈餘(영여) : 가득차고 남음.   盈月(영월) : 둥근 달.
盈積(영적) : 가득차 쌓음.   盈虛(영허) : 충만과 공허함.

기울 왜	부수 : 止 총 9 획
歪	아닐(不) 수 있다고 생각하면서 바른(正) 쪽으로 기우다(歪)

歪曲(왜곡) : 비뚤게 함. 굳혀 바르지 않게 함.

예쁠 요	부수 : 女 총 9 획
姚	계집(女)이 억조(兆) 같이 많은 것을 몸을 치장하니 예쁘다(姚)

姚姚(요요) : 아름답고 성한 모양.

하우씨 우	부수 : 内 총 9 획
禹:	삐칠(丿)듯 입(口)모양처럼 짐승이 발자국(内)을 내듯 이름을 남긴 하(夏)나라 임금이 하우씨(禹)다 전의하여 "성"으로 씀

禹貢(우:공) : 서경의 편명(篇名).　　　禹門(우:문) : 용문의 이칭.
禹步(우:보) : 한쪽 다리를 끌며 걷는 걸음.
禹王(우:왕) : 중국 고대 하(夏)나라를 세운 제왕.

햇빛밝을 욱	부수 : 日 총 9 획
昱	날(日)이 밝아 해가 높이 떠 서(立) 있는 머리 위에서 비추니 햇빛밝다(昱)

昱昱(욱욱) : 햇빛이 밝은 모양.

성할 욱	부수 : 邑(阝) 총 9 획
郁	있을(有) 수 있는 것들이 고을(邑→阝)에 사람처럼 많으니 성하다(郁)

郁烈(욱렬) : 향기가 대단히 나는 모양.　　　郁文(욱문) : 문물이 융성한 모양.
郁郁(욱욱) : 문물이 융성한 모양.
郁郁靑靑(욱욱청청) : 향기가 대단히 나며 무성한 모양.

나라동산 원	부수 : ++ 총 9 획
苑	풀(++) 밭에서 저녁(夕)에 병부(卩)를 가진 사람들이 오고가니 나라동산(苑)이다

苑樹(원수) : 동산에 심은 나무.　　　苑池(원지) : 동산과 못.
文苑(문원) : 문인들의 사회.
藝苑(예:원) : 예술가들의 사회.

다룸가죽 위	부수 : 韋 총 9 획
韋	짐승가죽이 서로 어긋남을 한 가죽으로 묶은 "다룸가죽"을 뜻한 자 (8급 배정한자 부수)

韋帶(위대) : 가죽띠.　　　韋柔(위유) : 다룸가죽처럼 부드러움.
韋應物(위응물) : 당나라 시인.　　　韋衣(위의) : 부드러운 가죽으로 만든 사냥할 때 입는 옷.
韋編三絶(위편삼절) : 가죽끈이 세 번 끊어졌다는 뜻으로, 독서에 힘씀을 이르는 말.

대답할 유	부수 : 入　　총 9 획
兪	마을로 들(入)어가는 한(一) 척의 배(舟→月)가 큰도랑(巛)을 따라 가는 것은 그러하다(兪) 전의하여 '대답하다'로 씀　　※ 巛 : 큰도랑 괴

兪兪(유유) : 온화하고 공손한 모양.

자손 윤	부수 : 肉(月)　총 9 획
胤	삐칠(丿)듯이 기울 듯이 작을(幺) 정도의 몸(肉→月)으로부터 새(乙→乚) 꼬리처럼 대를 이어가니 자손(胤)이다

枝胤(지윤) : 지족(支族)의 혈통.
皇胤(황윤) : 천자의 자손.
後胤(후윤) : 자손.

지경 은	부수 : 土　　총 9 획
垠	흙(土)을 그칠(艮)정도로 쌓아 만든 둑이 지경(垠)이다

垠界(은계) : 지경. 경계.
垠際(은제) : 가장자리. 끝.
九垠(구은) : 구천(九天)의 끝. 천지의 끝.　　絕垠(절은) : 아주 먼 끝.

아뢸 주	부수 : 大　　총 9 획
奏	두(二)번씩이나 큰(大)소리 내지 못하여 굽힐(夭) 정도로 몸을 굽히고 아뢰다(奏)　　　　　　　　※ 夭 : 굽힐 요

奏上(주상) : 천자에게 아룀.　　　　奏書(주서) : 천자에게 상주하는 문서.
奏疏(주소) : 상소문.　　　　　　　奏樂(주악) : 풍류를 아룀.
奏請(주청) : 상주하여 청원함.　　　獨奏(독주) : 한사람이 주체가 되어 기악을 연주함.

나루 진	부수 : 水(氵)　총 9 획
津	물(水→氵)에서 붓(聿)으로 가로획을 긋듯이 배가 건너 다니는 곳이 나루(津)다

津徑(진경) : 나루터와 길.　　　　　津梁(진량) : 나루터의 다리.
津岸(진안) : 나루.　　　　　　　　津涯(진애) : 배를 대는 언덕.
津液(진 : 액) : 생물체에서 생겨나는 액체.　津津(진진) : 넘쳐 흐르는 모양.

해길 창	부수 : 日　　총 9 획
昶	낮이 길(永)정도의 날(日)이니 해길(昶)다

분초 초	부수 : 禾　　총 9 획
	벼(禾)잎이 말라 모양이 적을(少) 정도로 오그라든 것이 까끄라기(秒)다. 전의하여 "분초"로 씀

分秒(분초) : 시계의 분과 초.

속마음 충	부수 : 衣　　총 9 획
	한(一) 가운데(中) 옷(衣→衤) 안에 깊이 간직한 것이 속마음(衷)이다

衷曲(충곡) : 간절한 마음.　　　　　　　　衷誠(충성) : 진심. 성의.
衷心(충심) : 속에서 진정으로 우러나오는 마음. 衷正(충정) : 지나치거나 모자람이 없이 바름.
苦衷(고충) : 괴로운 심경.　　　　　　　　聖衷(성 : 충) : 임금의 뜻.

언덕 치	부수 : 山　　총 9 획
	산(山)에 있는 절(寺)은 언덕(峙)진 기슭에 있다

峙立(치립) : 우뚝 솟음.
峙積(치적) : 높이 쌓음.
對峙(대치) : 서로 마주 대하여 우뚝섬.

아이밸 태	부수 : 肉(月)　총 9 획
胎	몸(肉→月)에서 사사(厶)롭게 입(口)모양처럼 배가 둥글게 커지니 아이배다(胎)　　　※ 肉(月) : 고기 육. 몸 육

胎敎(태교) : 임부가 언행을 삼가서 태아를 강화시키는 일. 胎氣(태기) : 아이를 밴 기미.
胎夢(태몽) : 아이를 밸 징조의 꿈.　　　　胎盤(태반) : 태아와 모체를 결착하는 조직물.
胎兒(태아) : 뱃속에 있는 아이.　　　　　　胎中(태중) : 아이를 밴 동안.

작을 편	부수 : 戶　　총 9 획
	집(戶)에서 대나무 조각을 내서 책(冊→冊) 만드는 것이 작다(扁)

扁桃(편도) : 담홍색의 꽃이 피는 낙엽 교목.
扁桃腺(편도선) : 임파소결절의 집단으로 편도 모양을 이루고 있는 모양.
扁柏(편백) : 노송나무.　　扁舟(편주) : 작은 배. 거룻배.　　扁平(편평) : 납작함.

모질 학	부수 : 虍　　총 9 획
	호피무늬(虍)를 가진 짐승이 손발톱(爪→ㅌ)으로 할퀴니 사납고 모질다(虐)

虐待(학대) : 가혹하게 부림.　　　　　　　虐殺(학살) : 참혹하게 죽임.
虐政(학정) : 가혹한 정치.　　　　　　　　自虐(자학) : 스스로 자기를 학대함.
殘虐(잔학) : 잔인하고 폭악함.　　　　　　暴虐(포 : 학) : 횡포하고 포악함.

밝을 현	부수 : 火　　총 9 획
炫 :	불(火)빛이 검은(玄) 곳에서 더욱 밝다(炫)

炫怪(현 : 괴) : 기괴한 일을 하여 사람의 눈에 띔.
炫目(현 : 목) : 눈을 부시게 함.　　　炫炫(현 : 현) : 빛나는 모양.
炫惑(현 : 혹) : 자랑하여 남을 현혹하게 됨.

모형 형	부수 : 土　　총 9 획
型	형벌(刑)을 내리듯 흙(土)을 떡매로 쳐서 모형(型)을 만든다

金型(금형) : 금속제의 거푸집.　　　　模型(모형) : 같은 형상의 물건을 만들기 위한 틀.
木型(목형) : 나무로 만든 골.　　　　原型(원형) : 제작물의 본보기.
類型(유 : 형) : 닮은 것 사이에 볼수 있는 공통된 형.　　典型(전 : 형) : 모범이 될 만한 본보기.

빛날 형	부수 : 火　　총 9 획
炯	불(火)이 멀(冂)리서 입(口)만한 크기로 빛나다(炯)

炯朗(형랑) : 밝음. 명랑함.
炯心(형심) : 밝은 마음.
炯眼(형안) : 예리한 눈.　　　　　　炯炯(형형) : 빛나는 모양.

돌 회	부수 : 廴　　총 9 획
廻	돌아올(回) 수 있게 끄(廴)니 돌다(廻)

廻旋(회선) : 빙빙 돎.
廻風(회풍) : 회오리바람.
廻避(회피) : 피함.　　　　　　　　巡廻(순회) : 각처로 돌아다님.

계집 희	부수 : 女　　총 9 획
姬	계집(女)이 뺨과 턱(匝)이 예쁜 계집(姬)을 뜻한 자

姬妾(희첩) : 첩.　　　　　　　　歌姬(가희) : 직업적으로 노래를 부르는 여자.
舞姬(무 : 희) : 춤추는 일을 업으로 삼는 여자.　　美姬(미희) : 아름다운 여자.
侍姬(시 : 희) : 가까이에서 시중을 드는 여자.

횃대 걸	부수 : 木　　총 10 획
桀	어그러지(舛)게 나무(木)막대를 달아맨 것이 횃대(桀)다

桀惡(걸악) : 사납고 악함.

홀 규	부수 : 玉(王) 총 10 획
珪	구슬(玉→王)을 서옥(圭)으로 만든 것이 홀(珪)이다

珪章特達(규장특달) : 출중함.
珪幣(규폐) : 옥과 비단의 폐백.

늙을 기	부수 : 老(耂) 총 10 획
耆	늙을(耂)수록 뜻(旨)을 세우는 것은 젊은 사람보다 대부분 늙다(耆)

耆年(기년) : 노인.　　　　　　　　耆老(기로) : 육칠십세의 노인.
耆蒙(기몽) : 늙은이와 아이.
村耆(촌:기) : 시골 늙은이.

낳을 만	부수 : 女 총 10 획
娩	계집(女)이 심한 고통을 면할(免) 수 있으니 아기 낳다(娩)

娩痛(만:통) : 해산할 때의 진통.
分娩(분만) : 밴 아이를 낳음.

문란할 문	부수 : 糸 총 10 획 필순 :
紊	글월(文)을 실(糸)타래 풀어놓은 것처럼 쓰니 어지럽고 문란하다(紊)

紊亂(문란) : 어지러움.

길쌈 방	부수 : 糸 총 10 획
紡	실(糸)을 사방으로 모(方)가 되게 늘려 놓고 옷감을 길쌈(紡)하다

紡績(방적) : 길쌈.
紡織(방직) : 기계를 이용하여 실을 날아서 피륙을 짜는 일.

곁 방	부수 : 方 총 10 획
旁	설(立→亠)수 있는 물체를 덮어(冖) 모(方)가 되게 하여 곁(旁)에 두다

배우 배	부수 : 人(亻) 총 10 획
俳	사람(人→亻)들이 아닐(非) 정도로 여러 모습을 보여주니 배우(俳)다

俳優(배우) : 연극을 하는 사람.

아우를 병	부수 : 人(亻) 총 10 획
倂	사람(人→亻)들이 나란히(竝→幷) 서로 아우르다(倂)

倂記(병:기) : 나란히 기록함.　　　　　倂起(병:기) : 일을 다투어 봉기함.
倂發(병:발) : 동시에 일어남.　　　　　倂用(병:용) : 같이 씀.
倂合(병:합) : 둘 이상을 합하여 하나로 만듦. 倂行(병:행) : 두 가지 일을 한꺼번에 치름.

녹 봉	부수 : 人(亻) 총 10 획 　필순 :
俸	윗 사람(人→亻)을 잘 받들(奉)면 녹(俸)을 준다

俸給(봉:급) : 직무에 대한 보수로서 주는 급료. 俸祿(봉:록) : 관리에 대한 보수.
俸米(봉:미) : 관리에게 봉급으로 주는 쌀. 減俸(감:봉) : 봉급을 줄임.
薄俸(박봉) : 적은 봉급.　　　　　　　本俸(본봉) : 가봉·수당 등이 아닌 본디 봉급.

가마 부	부수 : 金 총 10 획
釜	아비(父)가 쇠(金→𠆢)로 가마(釜)솥을 만든다

釜中生魚(부중생어) : 오래 밥을 하지 못하여 솥 안에 물고기가 생김.
釜中魚(부중어) : 솥 안에서 노는 물고기. 생명이 오래 남지 않은 사람.

비적 비	부수 : 匚 총 10 획
匪	상자(匚)속에 자기 것이 아닌(非) 물건을 숨겨 놓으니 비적(匪)이다

匪徒(비도) : 도둑의 무리.
匪石之心(비석지심) : 돌과 같이 굳어 움직일 수 없는 마음.
匪賊(비적) : 도둑의 떼.　　　　　　　共匪(공비) : 공산당의 유격대를 비적으로 일컫는 말.

부추길 사	부수 : 口 총 10 획
唆	입(口)으로 맏(允)이에게 천천히걷는(夊)것처럼 말하며 일을 부추기다(唆)

唆弄(사롱) : 부추기며 조롱함.
敎唆(교:사) : 남을 선동하여 못된 일을 하게 함.
示唆(시:사) : 미리 암시하여 일러줌.

고유이름 섬	부수 : 阜(阝) 총 10 획
陝	언덕(阜→阝)진 큰(大) 기슭 아래에 사람이 들(入)어 오고 들(入)어 와서 생긴 고을이름(陝). 전의하여 "땅이름"으로 씀

陝府鐵牛(섬부철우) : 섬주에 있는 철제의 거대한 소. 부동(不動)의 예(例)로 쓰임.
陝西(섬서) : 중국 서북부의 성.
陝輸(섬수) : 침착하지 아니한 모양.

옥이름 순	부수 : 玉(王) 총 10 획
珣	구슬(玉→王)을 열흘(旬)동안 잘 다듬어 만들어 옥이름(珣)을 짓다

풀이름 순	부수 : ++ 총 10 획
荀	풀(++)싹을 열흘(旬)동안 잘 길러 풀이름(荀)을 짓다

荀氏八龍(순씨팔룡) : 이름난 형제가 많음을 이름.
荀子(순자) : 춘추시대 조나라의 유학자.

티끌 애	부수 : 土 총 10 획
埃	흙(土)에 사사(厶)롭게 작은 화살(矢)모양처럼 생긴 것이 티끌(埃)이다

埃及(애급) : 아프리카 동북부에 있는 공화국. 이집트.
埃滅(애멸) : 티끌과 같이 없어짐.
埃霧(애무) : 티끌이 안개와 같이 일어남.

막힐 옹	부수 : 邑 총 10 획
邕	내(巛)가의 물이 고을(邑) 주변으로 흐르다 막아 놓은 곳에서 흐름이 막히다(邕)

邕邕(옹옹) : 조화(調和)한 모양.

왜나라 왜	부수 : 人(亻) 총 10 획
倭	사람(人→亻)에게 믿고 맡길(委) 수 없는 나라가 왜나라(倭)다

倭館(왜관) : 이조 때 일본사람이 우리나라에 건너와서 통상하던 곳.　倭國(왜국) : 일본을 낮게 일컫는 말.
倭女(왜녀) : 일본 여자.　倭人(왜인) : 옛날 중국인이 일본인을 일컫던 말.
倭將(왜장) : 일본의 장수.　倭敵(왜적) : 적국인 일본.

복 우	부수 : 示　　총 10 획
祐	보일(示) 수 있게 차려 놓고 오른(右)손으로 정성을 다하여 신에게 비니 복(祐)을 주다

祐助(우:조) : 신령의 도움.
天祐(천우) : 하느님의 도움.

옷길 원	부수 : 衣　　총 10 획
袁	흙(土)바닥으로 입(口)모양처럼 줄에 걸려 있는 옷(衣→灬)의 쳐진 모양이 옷길다(袁).　　전의하여 "성"으로 씀

은나라 은	부수 : 殳　　총 10 획
殷	몸(身→月)을 뒤돌아갈 듯 움직이며 창(殳)으로 치듯 음악을 즐기던 나라가 은나라(殷)다

殷鑑(은감) : 거울삼아 경계하여야 할 가까운 전례.
殷起(은기) : 은성하게 일어남.

귀고리 이	부수 : 玉(王)　총 10 획
珥:	구슬(玉→王)을 귀(耳)에 거니 귀고리(珥)다

玉珥(옥이) : 옥으로 만든 귀고리.

재상 재	부수 : 宀　　총 10 획
宰:	대궐인 집(宀)안에서 죄인을 매울(辛) 정도로 범할 수 있으니 재상(宰)이다

宰相(재:상) : 제왕을 도와 정무를 총리하는 대신.
主宰(주재) : 책임지고 맡아 처리함.
天宰(천재) : 백관의 장(長).

무리 조	부수 : 日　　총 10 획
曹	한(一)곳으로 말미암을(由) 수 있도록 가로(日)하여 모이게 하니 무리(曹)지다.　　전의하여 "성"으로 씀

曹植(조식) : 삼국시대의 위나라 문제 조비의 아우.
曹操(조조) : 후한사람. 자(字)는 맹덕. 권모에 능하고 시를 잘 하였음.

복 조	부수 : 示　　총 10 획
祚	보일(示) 수 있게 차려놓고 사람(人→⺅)이 뚫을(丨)듯 두(二)번 이상 신에게 비니 복(祚)을 주다

祚慶(조경) : 행복. 경사.　　　　　　　祚命(조명) : 하늘이 복을내려 도움.
祚胤(조윤) : 자손(子孫).　　　　　　　福祚(복조) : 복.
天祚(천조) : 하느님이 내린 복조.

구슬 주	부수 : 玉(王)　총 10 획
珠	구슬(玉→王) 중에서 붉은(朱) 구슬(珠)이 최고다

珠丹(주단) : 진주 빛으로 번쩍이는 연지.　　珠露(주로) : 구슬 같은 이슬.
珠算(주산) : 주판으로 하는 셈.　　　　　珠玉(주옥) : 구슬과 옥. 귀중한 사물의 비유.
眞珠(진주) : 패류의 체내에 형성되는 구슬 모양의 분비물의 덩이.

비준 준	부수 : 冫　　총 10 획　　필순 :
准	얼음(冫)이 얼 때 철 새(隹)의 이름을 기준 하듯이 일을 비준(准)하다

准士官(준 : 사관) : 하사관의 위. 사관의 아래인 군의 계급.　　准將(준 : 장) : 소장의 아래계급.
批准(비 : 준) : 조약의 체결에 대한 당사국의 최종적 확인·동의의 절차.
認准(인준) : 법률에 지정된 공무원의 임명에 대한 입법수의 승인.

높을 준	부수 : 土　　총 10 획
埈	흙(土)을 사사(厶)롭게 어진사람(儿)이 천천히걸(夂)듯이 쌓으니 높다(埈)

높을 준	부수 : 山　　총 10 획
峻	메(산)(山)을 사사(厶)롭게 어진사람(儿)이 천천히걸으(夂)며 오르니 높다(峻)

峻嶺(준 : 령) : 험준한 산봉우리.　　　　峻峯(준 : 봉) : 높고 험한 봉우리.
峻嚴(준 : 엄) : 매우 엄함.　　　　　　峻險(준 : 험) : 산세가 높고 험함.
高峻(고준) : 산이 높고 험준함.　　　　險峻(험 : 준) : 지세가 썩 높고도 가파름.

깊을 준	부수 : 水(氵) 총 10 획
浚	물(水→氵)로 사사(厶)롭게 어진사람(儿)처럼 천천히걸어(夂)들어가니 점점 깊다(浚)

浚急(준 : 급) : 물이 깊고 빨리 흐름.　　浚井(준 : 정) : 우물을 침.
浚則(준 : 칙) : 깊이 본받음.　　　　　浚湖(준 : 호) : 호수를 깊게 팜.

기름 지	부수 : 肉(月), 총 10 획
脂	고기(肉→月)에서 씹을수록 맛(旨) 나는 부분이 기름(脂)진 비게다 ※ 旨 : 뜻 지. 맛 지

脂粉(지분) : 연지와 분.　　　　　　　脂肉(지육) : 기름과 살.
樹脂(수지) : 나무의 진.　　　　　　　油脂(유지) : 동물 또는 식물에서 채취한 기름.
乳脂(유지) : 우유의 지방으로 만든 식품.

진나라 진	부수 : 禾　　총 10 획
秦	한(一)사람의 지아비(夫)가 벼(禾)농사를 잘 짓는 진나라(秦)를 뜻한 자

秦鏡(진경) : 진시황의 궁중에 있던 거울.
秦始皇(진시황) : 진나라의 황제.

진나라 진	부수 : 日　　총 10 획
晉	한(一)곳에서 사사(厶)롭고 사사(厶)롭게 한(一)사람씩 날(日)이 밝으니 밖으로 나아가다(晉). 전의하여 "진나라"의 뜻으로 씀

晉鼓(진:고) : 북의 한가지. 길이 육척육촌이고 양면을 칠 수 있게 되었음.
晉文公(진:문공) : 진나라의 문공.

외짝 척	부수 : 隹　　총 10 획
隻	한 마리의 새(隹) 이외에 또(又) 없으니 외짝(隻)이다

隻劍(척검) : 한자루의 칼.　　　　　　隻句(척구) : 짧은 문구.
隻手(척수) : 한쪽 손.　　　　　　　　隻身(척신) : 홀몸. 단신.
隻言(척언) : 한마디의 말.　　　　　　隻字(척자) : 한 글자.

오를 척	부수 : 阜(阝)　총 10 획
陟	언덕(阜→阝)을 한 걸음(步) 한 걸음 걸어서 오르다(陟)

陟降(척강) : 오름과 내림.
陟罰(척벌) : 관위를 올려 상줌과 관위를 내려 벌줌.
陟升(척승) : 높은데 올라감.　　　　　進陟(진:척) : 일이 진행 되어 감.

망볼 초	부수 : 口　　총 10 획
哨	입(口)모양처럼 닮은(肖) 구멍으로 적의 움직임을 망보다(哨)

哨兵(초병) : 망보는 병정.　　　　　　哨船(초선) : 망보는 배.
哨所(초소) : 보초가 서 있는 곳.　　　步哨(보:초) : 위병근무와 경계근무 등을 맡는 초병.
前哨戰(전초전) : 본격적인 전투전의 소규모 전투.

부탁할 탁	부수 : 言 총 10 획
託	말씀(言)으로 부탁할(乇)것을 부탁하다(託) ※ 乇 : 부탁할 탁

託送(탁송) : 남에게 부탁하여 보냄.　　　　託言(탁언) : 핑계하는 말.
結託(결탁) : 마음을 결합하여 서로 의탁함.　供託(공:탁) : 물건을 제공하고 기탁함.
寄託(기탁) : 부탁하여 맡기어 둠.　　　　　付託(부:탁) : 일을 당부해 맡김.

즐길 탐	부수 : 耳 총 10 획
耽	귀(耳)속으로 덮여(冖) 오는 어진사람(儿→兀)의 말을 듣고 즐기다(耽)

耽讀(탐독) : 다른 것을 잊을 만큼 글을 읽는데 열중함.　　耽樂(탐락) : 주색에 빠지어 마음껏 즐김.
耽美主義(탐미주의) : 미를 최고의 가치로서 추구하는 예술상의 한 주의.　耽耽(탐탐) : 그윽한 모양.
耽惑(탐혹) : 지나치게 즐겨서 정신이 미혹함.　　　　　　　深耽(심탐) : 깊이 탐닉함.

땅이름 합 좁을 협	부수 : 阜(阝) 총 10 획
陜	언덕(阜→阝)이 큰(大) 기슭에 사람(人)과 사람(人)이 모여 사니 땅이름(陜)이 있다

陜川(합천) : 경상남도에 있는 지명.

고개 현	부수 : 山 총 10 획
峴	산(山)을 멀리서 볼(見) 수 있는 곳은 산마루나 고개(峴)다

峴底洞(현저동) : 서대문구에 있는 동 이름.
阿峴洞(아현동) : 마포구에 있는 동 이름.

골짜기 협	부수 : 山 총 10 획
峽	산(山)이 큰(大) 곳에 사람(人)과 사람(人)들이 모이니 골짜기(峽)다

峽谷(협곡) : 험하고 좁은 골짜기.　　　　峽路(협로) : 산 속의 길.
峽水(협수) : 골짜기에 흐르는 물.　　　　峽農(협농) : 두메에서 짓는 농사.
峽間(협간) : 골짜기.　　　　　　　　　　海峽(해:협) : 육지나 섬 사이의 좁고 긴 바다.

복 호	부수 : 示 총 10 획
祜	보일(示) 수 있게 차려놓고 예(古)날이나 지금이나 신에게 빌며 복(祜)을 바란다

굳셀 환	부수 : 木 총 10 획
桓	나무(木) 한(一) 그루에서 아침(旦) 해 뜨는 쪽에 가지가 단단하고 굳세다(桓)

桓雄(환웅) : 단군 신화에 나오는 천 제자.
桓桓(환환) : 굳센 모양. 힘세고 날랜 모양.

밝을 황	부수 : 日 총 10 획
晃	날(日)이 밝아 오니 빛(光)이 사방으로 밝다(晃)

晃朗(황랑) : 밝은 모양.
晃昱(황욱) : 번쩍번쩍 빛남.
光晃(광황) : 빛남.

아름다울 휴	부수 : 火(灬) 총 10 획
烋	쉴(休)때 얼굴에 불(火→灬)빛처럼 화기가 도니 아름답다(烋)

언덕 강	부수 : 山 총 11 획
崗	산(山)의 산등성이(岡)가 언덕(崗)이다

이끌 견	부수 : 牛 총 11 획
牽	검은(玄) 멍에를 목에 덮어(冖) 씌워 소(牛)로 수레를 이끌(牽)다

牽强附會(견강부회) : 말을 억지로 끌어다가 그럴 듯 하게 꾸며댐.　　牽聯(견련) : 서로 켕기어 관련됨.
牽連之親(견련지친) : 먼 친족.　　牽牛(견우) : 은하수 동쪽가의 취좌에 있는 별이름.
牽引(견인) : 끎.　　牽制(견제) : 견인하여 자유 행동을 제지함.

언덕 고	부수 : 白 총 11 획
皐	흰(白)물결이 두(二)번 두(二)번 열(十)번씩 일어나니 모양이 언덕(皐)같다

皐皐(고고) : 완고하고 무식한 모양.　　皐鼓(고고) : 큰 북.
皐蘭草(고란초) : 고사리과의 상록고 등. 은화식물.
皐復(고복) : 초혼(招魂)하고 발상(發喪)하는 의식.

팔 굴	부수 : 手(扌) 총 11 획
掘	손(手→扌)으로 허리를 굽히(屈)고 굴을 파다(掘)

掘檢(굴검) : 시체를 파내어 검증함.
露天掘(노천굴) : 갱(坑)을 만들지 않고 지표에서 바로 광물을 캐내는 일.
發掘(발굴) : 땅 속에 묻힌 물건을 파냄.　　採掘(채:굴) : 땅 속의 물건을 캐내는 일.

우리 권	부수 : 囗 총 11 획
圈	나라(囗) 여덟(八)곳을 지아비(夫)들이 병부(㔾)를 가지고 지키듯 짐승을 가두는 곳이 우리(圈)다

圈內(권내) : 테의 안. 범위 안.　　　　圈外(권외) : 테의 밖.
與圈(여:권) : 여당권.　　共産圈(공:산권) : 2차대전 후 소련의 영토 밑에 공산주의 정권을 수립한 여러 국가들.
野圈(야:권) : 야당권.　　成層圈(성층권) : 대륙권과 중간권 사이에 있는 거의 안정된 대기층.

물이름 기	부수 : 水(氵) 총 11 획
淇	물(水→氵)이 그(其)곳으로 흐르는 냇가의 지명을 물이름(淇)으로 나타낸 자

淇水(기수) : 중국 하남성을 흐르는 강 이름.
淇河(기하) : 기수(淇水).

슬퍼할 도	부수 : 心(忄) 총 11 획
悼	마음(心→忄)에 상처받은 감정이 높을(卓) 때 슬퍼하다(悼)

悼歌(도가) : 죽은 사람을 애도하는 노래.
哀悼(애도) : 사람의 죽음을 슬퍼함.
追悼(추도) : 죽은 사람을 생각하여 슬퍼함.

도타울 돈	부수 : 心(忄) 총 11 획
惇	마음(心→忄)으로 행복을 누릴(享) 때 서로의 감정이 도타우다(惇)

惇大(돈대) : 두텁고 큼.　　　　　　惇德(돈덕) : 두터운 덕. 후덕.
惇信(돈신) : 깊이 믿음.
惇惠(돈혜) : 두터운 은혜.

산이름 륜	부수 : 山 총 11 획
崙	산(山)의 모양을 보고 사람(人)이 한(一)줄 책(冊→冊)에다 써 놓은 산이름(崙)을 나타낸 자

찾을 멱	부수 : 見 총 11 획
	손톱(爪→爫)같은 도구로 눈으로 볼(見) 때까지 약초 뿌리를 찾다(覓)

覓去(멱거) : 찾아 감.
覓得(멱득) : 구해 얻음.

면류관 면	부수 : 冂 총 11 획
冕	어린이 머리수건(冃)쓰듯 백성의 잘 잘못된 일을 면할(免) 수 있게 할 수 있는 제왕이 쓰는 관이 면류관(冕)이다 ※ 冃 : 어린이 머리수건 모

배 박	부수 : 舟 총 11 획
舶	배(舟)에 흰(白) 돛을 단 조금 큰 배(舶)를 나타낸 자

舶載(박재) : 큰배에 실음. 巨舶(거박) : 썩 큰배.
商舶(상박) : 상업상 목적에 쓰이는 선박.
船舶(선박) : 배.

빛날 빈	부수 : 彡 총 11 획
	수풀(林)을 그리고 터럭(彡)인 붓으로 색칠하니 그림이 더욱 빛나다(彬)

彬彬(빈빈) : 문채와 바탕이 함께 갖추어져 찬란한 모양.

용서할 사	부수 : 赤 총 11 획
	붉을(赤) 정도로 볼기를 치(攵)고 죄를 용서하다(赦)

赦免(사면) : 죄를 용서하여 놓아줌.
赦罰(사벌) : 벌받을 자를 용서함.
特赦(특사) : 특별 사면.

은나라 시조이름 설	부수 : 卜 총 11 획
卨	점(卜)을 입삐뚤어지(咼)지 않게 하고 쳐주는 사람이 은나라시조이름(卨) 갖은 사람이다

밝을 성	부수 : 日　총 11 획
晟	해가 떠서 날(日)을 이룰(成) 수 있으니 밝다(晟)

이을 소	부수 : 糸　총 11 획
紹	실(糸)을 칼(刀)로 쓸 만큼 끊어 매듭을 입(口)모양처럼 예쁘게 잇다(紹)

紹介(소개) : 모르는 사이를 서로 알게 함.
紹介所(소개소) : 소개업을 하는 곳.
紹介狀(소개장) : 사람을 소개하는 편지.

새집 소	부수 : 巛　총 11 획
巢	내(巛) 흐르듯 마른풀이나 풀뿌리로 실과(果)모양처럼 나무 가지에 지은 것이 새집(巢)이다

巢林一枝(소림일지) : 작은 새가 숲에 새집을 짓는데는 나뭇가지 하나로 족하다는 뜻.
巢幕燕(소막연) : 천막에 집을 짓는 제비라는 뜻으로, 극히 위태로움의 비유.
卵巢(난 : 소) : 동물의 자성(雌性) 생식기관.

순박할 순	부수 : 水(氵)　총 11 획
淳	물(水→氵)이 흐르듯 행복을 누릴(享)수 있는 마음이니 순박하다(淳)

淳潔(순결) : 순박하고 결백함.　　　淳朴(순박) : 온순하고 질박함.
淳白(순백) : 순결하고 청백함.　　　淳風(순풍) : 순박한 풍속.
淳化(순화) : 순박하게 함.　　　　　淳厚(순후) : 순박하고 인정이 두터움.

띠 신	부수 : 糸　총 11 획
紳	실(糸)을 여러 겹 꼬아 납(申)의 팔처럼 길게 늘어지니 띠(紳)다

紳士(신 : 사) : 교양이 있고 예의가 바른 사람.

가야 야	부수 : 人(亻)　총 11 획
倻	사람(人→亻)들이 어조사(耶)처럼 신라에 붙어사는 나라가 가야(倻)다

伽倻琴(가야금) : 신라 때 우륵이 만든 12줄의 악기.
伽倻山(가야산) : 경남 합천군의 해인사가 있는 산.

왕골 완	부수 : ⺾ 총 11 획
莞	풀(⺾)이 완전히(完) 자란 것으로 자리를 만드니 왕골(莞)이다

莞島郡(완도군) : 전라남도의 군의 이름.

벼슬 위	부수 : 寸 총 11 획
尉	주검(尸)을 보일(示) 수 있다고 한 마디(寸) 큰 소리 치는 사람이 벼슬(尉)아치다

尉官(위관) : 육해공군의 대위·중위·소위.   校尉(교:위) : 관할을 규정하거나 또는 병마를 맡은 무관
大尉(대:위) : 위관의 으뜸 계급.   都尉(도위) : 진한(秦漢)때 각 군에 둔 군사경찰을 맡은 벼슬
少尉(소:위) : 위관의 최하급.   中尉(중위) : 장교계급의 하나(대위의 아래, 소위의 위)

도울 익	부수 : 羽 총 11 획
翊	새가 설(立) 수 있도록 깃(羽)을 펴서 도우다(翊)

翊贊(익찬) : 정치를 도움.

염탐할 정	부수 : 人(亻) 총 11 획
偵	사람(人→亻)의 행실이 곧은(貞)지 몰래 염탐하다(偵)

偵客(정객) : 염탐 군.   偵察(정찰) : 적정을 몰래 살핌.
偵察機(정찰기) : 적정을 정찰하는 비행기. 偵探(정탐) : 몰래 형편을 알아봄.
探偵(탐정) : 비밀히 깊은 사정을 더듬어서 살핌.

옥홀 정	부수 : 玉(王) 총 11 획
珽	구슬(玉→王)처럼 만들어 조정(廷)에서 차고 다니는 것이 옥홀(珽)이다. 전의하여 "옥이름"으로 씀

기 정	부수 : 方 총 11 획
旌	모(方)가 되게 사람(人→⺈)이 만들어 살아 날(生)듯이 펄럭이는 것이 기(旌)다

旌旗(정기) : 기.   旌錄(정록) : 공을 표창하여 기록함.
旌門(정문) : 기를 세워 만든 문.   旌表(정표) : 기치. 선행을 표창함.
銘旌(명정) : 다홍바닥에 흰 글씨로 죽은 사람의 품계·관직·성씨를 기록한 기.

둘 조	부수 : 手(扌) 총 11 획
措	손(手→扌)으로 옛(昔)부터 귀한 것은 잘 두다(措)

措辭(조사) : 신문의 어구의 배치.
措處(조처) : 조치.
措置(조치) : 쌓아 둠. 일을 처리함.

낚시 조	부수 : 金 총 11 획
釣:	쇠(金)로 싸(勹)듯 구부려 점(丶)같은 걸리는 곳을 만들어 쓰는 것이 낚시(釣)다

釣臺(조:대) : 낚시터.
釣船(조:선) : 고기를 낚는 배.
釣魚(조:어) : 물고기를 낚음.

새길 조	부수 : 彡 총 11 획
彫	두루(周) 두루 칼 끝으로 터럭(彡)모양을 내며 새기다(彫)

彫刻(조각) : 파 새김.
彫弓(조궁) : 그림을 조각하여 장식한 활.
彫像(조상) : 조각한 물상.   彫飾(조식) : 조각하여 장식함.

밝을 준	부수 : 日 총 11 획
晙:	날(日)이 밝아 사사(厶)롭게 어진사람(儿)처럼 천천히걷(夂)듯이 햇빛이 사방으로 밝다(晙)

막힐 질	부수 : 穴 총 11 획
窒	구멍(穴) 끝에 이르(至)니 막히다(窒)

窒酸(질산) : 강하게 발연하는 무색의 액체.
窒塞(질색) : 막음.   窒素(질소) : 무색·무미·무취의 기체의 원소.
窒息(질식) : 숨이 막힘.

벨 참	부수 : 斤 총 11 획
斬:	나무를 수레(車)에 싣기 위해 도끼(斤)로 베다(斬)

斬斷(참단) : 베어 끊음.   斬頭(참두) : 목을 벰.
斬首(참수) : 목을 벰.   斬新(참신) : 가장 새로움.
斬罪(참죄) : 참형에 해당하는 죄.   斬刑(참형) : 목을 베는 형벌.

사패지 채	부수 : 土　총 11 획
埰	흙(땅)(土)에다 곡식을 심어 캘(采)수 있는 곳을 임금이 신하나 공이 있는 사람에게 내리니 사패지(埰)다

팔찌 천	부수 : 金　총 11 획
釧	쇠(金)를 내(川) 흐르는 모양처럼 꼬아 만든 것이 팔찌(釧)다

높을 최	부수 : 山　총 11 획
崔	메(산)(山)위로 새(隹)가 나는 모양이 높다(崔)

崔致遠(최치원) : 신라 말기의 학자.

치우칠 편	부수 : 人(亻)　총 11 획
偏	사람(人→亻)이 작을(扁)정도의 이익에도 잘 치우치다(偏)

偏見(편견) : 한쪽으로 치우친 생각.　　　偏傾(편경) : 한쪽으로 치우침.
偏母(편모) : 아버지는 돌아가시고 홀로 있는 어머니　偏食(편식) : 어떠한 음식만을 편벽되게 먹음
偏愛(편애) : 치우친 사랑.　　　　　　　偏頗(편파) : 한쪽으로 치우치어 공정하지 못함

밝을 호	부수 : 日　총 11 획
晧	날(日)이 맑아 고할(告)듯이 널리 빛이 나니 밝다(晧)

뒤따를 호	부수 : 戶　총 11 획
扈	지게(戶)를 지고 고을(邑) 사람들이 들로 나가기 위해 뒤따르다(扈)

扈從(호 : 종) : 임금의 행차에 뒤따라 감.

회수 회	부수 : 水(氵) 총 11 획
淮	물(水→氵) 새(隹)가 많은 회수(淮)를 뜻한 자. 전의하여 "물이름"으로 씀

淮南(회남) : 회수 이남의 땅.

굴대 가 수레 가	부수 : 車 총 12 획
軻	수레(車)에 옳게(可) 단 것이 바퀴 끼우는 굴대(軻)다

丘軻(구가) : 공자와 맹자.
孟軻(맹가) : 맹자의 이름.

걸 게	부수 : 手(扌) 총 12 획
揭	손(手→扌)으로 가로(曰)하여 싸(勹)서 사람(人)이 한(一→乚) 곳에다 걸다(揭)

揭記(게 : 기) : 기록하여 게시함.
揭示(게 : 시) : 여러 사람에게 알리기 위하여 써서 붙이거나 내어 걸어 두고 보게 함.
揭揚(게 : 양) : 높이 걺.　　　　　　揭載(게 : 재) : 글이나 그림이 신문·잡지에 실림.

품팔 고	부수 : 隹 총 12 획
雇	집(戶) 안에 갇혀 있는 새(隹)처럼 머슴 노릇하며 품판다(雇)

雇用(고용) : 삯을 주고 사람을 부림.
解雇(해 : 고) : 고용주가 사용인을 그만 두게 함.

과자 과 실과 과	부수 : ⺾ 총 12 획
菓	풀(⺾) 섶에서 실과(果)를 따다 즙을 내어 과자(菓)를 만든다

菓子(과자) : 밀가루·쌀가루에 설탕·우유를 섞어 만든 기호 본위에 식품.　　茶菓(다과) : 차와 과자.
氷菓(빙과) : 아이스크림. 아이스케이크.　　乳菓(유과) : 우유를 넣고 만든 과자.
製菓(제 : 과) : 과자를 만듦.　　　　　　製菓店(제 : 과점) : 과자를 만들어 파는 가게.

항목 관	부수 : 欠 총 12 획
款	선비(士)인 사나이가 보일(示) 수 있게 하품(欠)하듯 말하며 항목(款)을 나누다

款待(관대) : 정성껏 대우함.　　落款(낙관) : 글씨나 그림에 필자가 자기이름이나 호를 쓰고 도장을 찍는 일.
約款(약관) : 법령·조약·계약 등에 정한 조항.　　定款(정 : 관) : 사단법인·주식회사의 조직과 업무에 관한 기본규칙.
借款(차 : 관) : 국제간의 자금의 대차.

옥피리 관	부수 : 玉(王) 총 12 획
琯	구슬(玉→王) 구르는 소리를 벼슬(官)아치 앞에서 내니 옥피리(琯)다

허수아비 괴	부수 : 人(亻) 총 12 획
傀	사람(人→亻)인 양 귀신(鬼)모습처럼 들판에 세워져 있는 것이 허수아비(傀)다

傀奇(괴:기) : 이상하고 기이함.
傀然(괴연) : 위대한 모양.

목맬 교	부수 : 糸 총 12 획
絞	실(糸)로 서로 사귀(交)듯 얽어 물건의 목매다(絞)

絞死(교사) : 목을 매어 죽음.　　　　　絞殺(교살) : 목을 매어 죽임.
絞首臺(교수대) : 사형수에 대한 교수형을 집행하는 기구.
絞首刑(교수형) : 목을 매어 죽이는 형벌.

헤아릴 규	부수 : 手(扌) 총 12 획
揆	손(手→扌)으로 천간(癸)을 헤아리다(揆)

揆度(규탁) : 헤아림.

바둑 기	부수 : 木 총 12 획
棋	나무(木)판에다 키 살처럼 줄을 그어 그(其)모양처럼 만든 것이 바둑(棋)판이다

棋客(기객) : 바둑 두는 사람.　　　　　棋局(기국) : 바둑판.
棋聖(기성) : 바둑의 명인.　　　　　　棋院(기원) : 바둑시설이나 장소를 제공하는 일을 업으로 삼는 곳
將棋(장:기) : 놀음놀이의 하나.

옥이름 기	부수 : 玉(王) 총 12 획
琦	구슬(玉→王)이 기특할(奇) 정도로 생긴 모양에 붙인 옥이름(琦)

琦辭(기사) : 기이한 말.
琦行(기행) : 기이한 행위.

아름다운옥 기	부수 : 玉(王)　총 12 획
琪	구슬(玉→王)은 다른 그(其)것에 비하여 아름다운옥(琪)이다

琪樹(기수) : 옥과 같이 아름다운 나무.

여울 단	부수 : 水(氵)　총 12 획
湍	물(水→氵)의 흐름이 메(山)모양처럼 말이을(而)듯 거센 물살이 좁은데서 여울(湍)지다

湍流(단류) : 급히 흐르는 물.　　湍水(단수) : 소용돌이치는 물.
湍深(단심) : 물살이 빠르고 깊음.
湍中(단중) : 여울 가운데.

큰　덕	부수 : 心　총 12 획
悳	바르고 곧은(直) 마음(心)을 갖고 살아가면 큰(悳) 공덕을 얻는다 ※ 德의 古字

마룻대 동	부수 : 木　총 12 획
棟	나무(木)를 지붕 위에 동녘(東)에서 서녘으로 가로놓은 것이 마룻대(棟)다

棟幹(동간) : 마룻대가 될만한 재목.　　棟梁(동량) : 마룻대와 들보.
病棟(병:동) : 여러 개의 병실로 된 병원 안의 한 채의 건물.
汗牛充棟(한:우충동) : 썩 많은 장서(藏書).

명아주 래	부수 : ⧺　총 12 획
萊	풀(⧺)싹 중 보리 사이로 올(來)라와 잘 자라는 것이 명아주(萊)다

草萊(초래) : 무성한 잡초.

유황 류	부수 : 石　총 12 획
硫	돌(石) 머리부분(亠)에서 사사(厶)로이 내(川→儿)처럼 흐르는 것이 유황(硫)이다

硫酸(유산) : 무기산의 하나. 무색·유상의 액체.
硫黃(유황) : 화산 지방에서 나는 황록색의 광물.

모자 모	부수 : 巾　　총 12 획
帽	수건(巾)으로 멀(冂)리서 비치는 햇빛을 가리기 위해 두(二)번 접어 눈(目) 위 머리에 쓰니 모자(帽)다

帽子(모자) : 건. 두건.　　　　　　　　禮帽(예 : 모) : 예복을 입을 때 쓰는 모자.
制帽(제 : 모) : 학교·관청 따위에서 제정된 모자.　　　學帽(학모) : 학교의 제 모.
脫帽(탈모) : 모자를 벗음.

병 민	부수 : 門　　총 12 획
閔	문(門) 안에서 글월(文) 읽는 소리를 내듯 신음 소리가 들리니 병(閔)이 난 것이다.　전의하여 "성"으로 씀

閔傷(민상) : 가엾게 여겨 마음 아파함.
憂閔(우민) : 백성의 일을 근심함.

안개자욱할 발	부수 : 水(氵)　　총 12 획
渤	물(水→氵)방울이 열(十)방향을 덮을(冖)정도로 남아(子) 힘(力) 쓰니 안개 자욱하다(渤)　전의하여 "바다이름"으로 씀　※ 子 : 남다 혈

渤海(발해) : 요동반도와 산동반도에 둘러싸인 바다. 고구려의 옛 지역인 만주동부에 고구려
　　　　　 유민들이 세운 나라.

뗏목 벌	부수 : 竹　　총 12 획
筏	대(竹→⺮)나무를 베다(伐) 엮어 만든 물에 띄운 것이 뗏목(筏)이다

筏夫(벌부) : 뗏목을 타는 뱃사공.

스승 부	부수 : 人(亻)　　총 12 획
傅	사람(人→亻)을 클(甫) 수 있게 한 마디(寸) 한마디 잘 가르치니 스승(傅)이다

傅母(부모) : 유모.
傅愛(부애) : 잘 보육하여 사랑함.
師傅(사부) : 스승.

우산 산	부수 : 人　　총 12 획
傘	비가 올 때 사람이 쓰는 우산(傘)을 본뜬 글자 傘 → 傘 → 傘

傘壽(산수) : 80세를 이르는 말.　　　　傘下(산하) : 우산의 밑이라는 뜻으로. 보호를 받는 그 세력의 밑
落下傘(낙하산) : 항공기에서 사람이나 물건이 안전하게 땅 위에 떨어지도록 하는데 쓰는 기구
陽傘(양산) : 볕을 가리기 위한 우산 같은 물건. 雨傘(우 : 산) : 양산 모양으로 생긴 우비.

꽂을 삽	부수 : 手(扌)　총 12 획
插	삽을 손(手→扌)에 들고 일천(千)번씩이나 절구(臼)같은 구덩이를 파기 위해 흙에 꽂다(插)

插入(삽입) : 끼워 넣음.　　　　　　　插紙(삽지) : 인쇄할 때 기계에 종이를 먹음.
插畵(삽화) : 설명을 똑똑히 하기 위하여 서적·잡지·신문 등에 끼워 넣는 그림.
插話(삽화) : 문장. 담화 가운데에 끼워 넣은 본 줄거리와는 직접 관련이 없는 이야기.

펼 서	부수 : 舌　총 12 획
舒	집(舍)안에다 곡식을 말리기 위해 나(予)의 힘으로 골고루 펴다(舒)

舒緩(서:완) : 느린 모양. 천천히 하는 모양.　　舒情(서:정) : 자기의 정서를 그려냄.
舒州(서:주) : 산동성 안에 있는 지명.
舒遲(서:지) : 점잖고 조용함.

밝을 석	부수 : 日　총 12 획
晳	여러 개로 쪼갤(析)듯 햇살이 비쳐 하늘이 푸르니 날(日)이 밝다 (晳)

明晳(명석) : 분명하고 똑똑함.

세놓을 세	부수 : 貝　총 12 획
貰	인간(世)에게 집이나 물건을 조개(貝)로 만든 돈을 받고 세놓다(貰)

貰家(세:가) : 셋집.　　　　　　　　貰物(세:물) : 세를 주는 물건.
朔月貰(삭월세) : 남의 집이나 방을 빌려 살면서 다달이 내는 세.
傳貰(전세) : 일정 금액을 지불하고 남의 부동산을 일정기간 빌려 쓸 경우의 관계의 일컬음.

떨어질 타 수나라 수	부수 : 阜(阝)　총 12 획
隋	언덕(阜→阝)같은 데를 오르다 힘이 드니 왼(左)손에 든 고기(肉→月)가 바닥에 떨어지다(隋)　　전의하여 "수나라"의 뜻으로 씀

隋文帝(수문제) : 수나라의 첫 황제.

순임금 순	부수 : 舛　총 12 획
舜	손톱(爪→爫)이 손끝을 덮을(冖) 수 있는 것처럼 어그러질(舛) 듯한 어수선한 나라를 다스린 임금이 순임금(舜)이다

舜英(순영) : 무궁화 꽃. 미인에 비유함.

아름다운 원 계집	부수 : 女 총 12 획
媛	계집(女)의 얼굴에 손톱(爪→爫)자국이 한(一) 곳도 없어 벗(友)을 만들고 싶을 정도니 아름답다(媛)

媛女(원녀) : 아름다운 여자. 미녀.
才媛(재원) : 재주 있는 젊은 여자.

물이름 위	부수 : 水(氵) 총 12 획
渭	물(水→氵)이 밥통(胃)같이 생긴 내를 물이름(渭)으로 나타낸 글자

渭城(위성) : 한(漢)나라의 현명(縣名).
渭水(위수) : 황하로 들어가는 지류.
渭濁(위탁) : 흐림.

곳집 유	부수 : 广 총 12 획
庾	집(广)에다 절구(臼→臼)에 찧거나 찧지 않은 곡식을 사람(人)이 보관하는 곳이 곳집(庾)이다

庾積(유적) : 한데 쌓아 둔 곡식.

창 총 원윤	부수 : 金 총 12 획
銳	쇠(金)로 사사(厶)로운 사람을 위해 어진사람(儿)이 쓰게 만든 것이 창(銳)이다

맑을 정	부수 : 日 총 12 획
晶	날(日) 밝고 날(日)이 밝고 날(日)이 밝아 햇빛 비치듯 수정 같이 맑다(晶)

晶光(정광) : 번쩍번쩍하는 빛.
結晶(결정) : 물질이 일정한 법칙에 따라 몇 개의 평면으로 둘러 싸여 규칙적 형태를 이룬 고체
水晶(수정) : 6각 주상인 석영의 하나.   紫水晶(자:수정) : 자줏빛의 수정.

옥홀 종	부수 : 玉(王) 총 12 획
琮	구슬(玉→王)로 만들어 마루(宗)에 두고 천자 이하 공경 사대부가 조복 입을 때 띠에 끼고 다니는 것이 옥홀(琮)이다

琮花(종화) : 아름다운 꽃.

불릴 식	부수 : 歹 총 12 획
殖	살발린뼈(歹)처럼 잘 마른 씨앗을 심으니 곧을(直) 정도로 싹들을 점점 불리다(殖)

殖民(식민) : 국외의 미개지에 국내의 인민을 이주시켜 영주하게 하는 일.
殖産(식산) : 생산을 늘림.　　　　　繁殖(번식) : 붙고 늘어서 많이 퍼짐.
生殖器(생식기) : 생물의 유성생식을 하는 기관.　養殖(양식) : 어개·해조등을 인공적으로 길러서 번식 시키는 일.

물맑을 식	부수 : 水(氵) 총 12 획
湜	물(水→氵)이 하얀 이(是)것처럼 깨끗하니 물맑다(湜)

淸湜(청식) : 물이 맑음.

콩팥 신	부수 : 肉(月) 총 12 획
腎	신하(臣)처럼 또(又)한 몸(肉→月)에 중요한 것이 콩팥(腎)이다 ※ 肉(月) : 고기 육, 몸 육, 살 육

腎經(신:경) : 한방에서 신장의 경락을 이름.
腎不全(신:부전) : 신장의 생리기능이 상실되어 생체를 유지하는데 장애를 나타내고 있는 상태
腎腸(신:장) : 콩팥과 창자.　　　　腎臟(신:장) : 오장의 하나. 콩팥.

쥘 악	부수 : 手(扌) 총 12 획
握	손(手→扌)으로 집(屋)에 대문을 열기 위해 문고리를 쥐다(握)

握力(악력) : 물건을 쥐는 힘.
握手(악수) : 두 사람이 서로 손을 마주 잡아 친밀함을 이름.
掌握(장:악) : 손안에 잡아 쥠.　　　把握(파악) : 잡아 쥠. 확실히 이해함.

못 연	부수 : 水(氵) 총 12 획
淵	물(水→氵)이 조각(片)낸 한(一)개의 나무조각(爿)처럼 물결이 잔잔하니 못(淵)이다

淵深(연심) : 깊음.　　　　　淵源(연원) : 사물의 근원.
淵泉(연천) : 깊은 샘.　　　　淵澤(연택) : 깊은 못.
淵海(연해) : 깊은 못과 큰 바다.

높을 요 요임금 요	부수 : 土　총 12 획
堯	흙(土)위에 흙(土)위에 흙(土)을 한(一)곳에다 어진사람(儿) 마음으로 무너지지 않게 쌓으니 높다(堯). 전의하여 "요임금"으로 씀

堯舜(요순) : 성제인 당요와 우순.
堯舜之君(요순지군) : 요임금과 순임금과 같은 성군.
堯天(요천) : 요임금 시대와 같은 태평한 세상.

진찰할 진	부수 : 言　　총 12 획
診	말씀(言)과 더불어 사람(人)을 터럭(彡)쓰담 듯이 몸을 만져가며 의원이 진찰하다(診)

診斷(진단) : 의사가 진찰하여 병의 상태를 단정함.　　診脈(진맥) : 병자의 손의 맥박을 짚어 봄.
檢診(검:진) : 병이 걸렸나 검사하는 진찰.　　誤診(오:진) : 진단을 잘못함.
往診(왕:진) : 의사가 환자 집에 가서 진찰함.　　聽診器(청:진기) : 청진 하는 데에 사용하는 기구.

시원할 창	부수 : 攵(攴)　　총 12 획
敞:	작을(小)정도로 멀(冂)리서 불어오는 바람이 입(口)같은 구멍으로 치(攴→攵)듯이 들어오니 시원하다(敞)

高敞(고창) : 지세가 높고 평평하여 앞이 탁 트임.
寬敞(관창) : 넓고 앞이 탁 트임.

밝을 철	부수 : 口　　총 12 획
喆	길하(吉)고 길한(吉) 일이 겹치니 앞날이 밝다(喆)

※ 哲과 同字

잡을 체	부수 : 辵(辶)　　총 12 획
逮	손이 미칠(隶)때 까지 쉬엄쉬엄가(辵→辶)서 물체를 잡다(逮)

逮捕(체포) : 죄인을 쫓아가서 잡음.

탈 초	부수 : 火(灬)　　총 12 획
焦	새(隹)를 불(火→灬) 위에 올려 놓으니 털이 타다(焦)

焦勞(초로) : 속을 태움.　　　　　　　焦心(초심) : 마음을 졸여 태움.
焦點(초점) : 관심·흥미가 집중되는 가장 중요로운 곳.
焦燥(초조) : 애를 태워서 마음을 졸임.

굴대 축	부수 : 車　　총 12 획
軸	수레(車)가 말미암을(由)듯 바퀴를 끼우는 곳이 굴대(軸)다

主軸(주축) : 몇 개의 축을 가진 도형 및 물체의 축 중에서 가장 주되는 축.
中軸(중축) : 물건의 중심부의 가장 중요한곳　　地軸(지축) : 지구 자전의 회전축.

총소리 팽	부수 : 彡 　　총 12 획
彭	열(十)자 방향으로 콩(豆)같은 둥근 물체를 묶어 놓고 터럭(彡)달린 채로 치니 총소리(彭)같은 소리가 난다. 전의하여 "성"으로 씀

彭祖(팽조) : 신선의 이름.

탈 빙/풍	부수 : 馬 　　총 12 획
馮	얼음(冫)에 미끄러져 가듯 잘 달리는 말(馬)을 타다(馮)　전의하여 "성"으로 씀

馮氣(빙기) : 뽐내는 마음.　　　　　　　馮隆(빙륭) : 높은 모양.
馮河(빙하) : 황하를 걸어 건넘. 무모한 용기를 냄.
馮異(풍이) : 후한 광무제의 공신.

도울 필	부수 : 弓 　　총 12 획
弼	활(弓)을 일백(百)개 만들어 활(弓) 쏘는 군사들을 돕다(弼)

弼導(필도) : 도와서 인도함.
弼成(필성) : 도와서 이루게 함.
保弼(보필) : 도움.

흴 호	부수 : 白 　　총 12 획
皓	흰(白)색 기가 고하(告)듯 바람에 펄럭이니 햇빛에 더욱 희다(皓)

皓白(호:백) : 아주 흼.
皓齒(호:치) : 희고 깨끗한 이.
皓皓白髮(호:호백발) : 온통 하얗게 센머리.

공경할 흠	부수 : 欠 　　총 12 획
欽	쇠(金)같이 값 있는 어른 말씀을 듣고 하품(欠)이 나와도 못하고 마음으로 공경하다(欽)

欽念(흠념) : 공경하여 생각함.　　　　　欽慕(흠모) : 인격을 존경하여 우러러 따름.
欽仰(흠앙) : 공경하여 앙모함.
欽定(흠정) : 황제가 친히 만들거나 명령하여 제정함.

장사 성 고/가	부수 : 貝 　　총 13 획
	덮어(襾)놓고 조개(貝)를 파니 장사(賈)하다. 전의하여 "성"으로 씀

賈島(가도) : 중당(中唐)의 시인.
賈人(고인) : 장사하는 사람.
賈船(고선) : 장사하는 배.　　　　　　商賈(상고) : 장수.

칡 갈	부수 : ⺾ 총 13 획
葛	풀(⺾)이 날(日)마다 잎이 쌀(勹)듯이 자라 사람(人)이 한(一→乚) 끈으로 만들어 쓸 수 있는 것이 칡(葛)이다

葛巾(갈건) : 갈포로 만든 두건.
葛根(갈근) : 칡 뿌리.
葛布(갈포) : 칡의 섬유로 짠 베.　　　　葛花(갈화) : 칡의 꽃.

갑옷 갑	부수 : 金 총 13 획
鉀	쇠(金)로 만든 갑옷(甲)이 진짜 갑옷(鉀)이다 ※ 甲과 同字

높은땅 개	부수 : 土 총 13 획
塏	흙(土)이 메(뫼)(山)처럼 콩(豆)모양 같이 생겼으니 높은땅(塏)이다

勝塏(승개) : 경치가 좋은 높고 밝은 곳.

사이뜰 격	부수 : 阜(阝) 총 13 획
隔	언덕(阜→阝)에 둘러싸여 오지병(鬲)속 같이 외부와 막히다(隔). 전의하여 "사이뜨다"로 씀

隔離(격리) : 사이를 떼어 놓음.　　　　隔世之感(격세지감) : 다른 세대 같이 달라진 느낌.
隔月(격월) : 한 달씩 거름.　　　　　　隔日(격일) : 하루씩 거름.
隔差(격차) : 동떨어진 차이.　　　　　間隔(간격) : 물건 사이의 거리.

굴 굴	부수 : 穴 총 13 획
窟	구멍(穴)에 몸을 굽힐(屈) 정도로 구부리고 들어가니 굴(窟)이다

窟居(굴거) : 굴에 삶.　　　　　　　　窟穴(굴혈) : 굴.
洞窟(동:굴) : 깊고 넓은 굴.　　　　　石窟(석굴) : 바위에 뚫린 굴.
土窟(토굴) : 흙을 파낸 큰 구덩이.

빠질 닉	부수 : 水(氵) 총 13 획
溺	물(水→氵)에서 힘이 약할(弱) 때 빠지다(溺)

溺沒(익몰) : 물 속에 빠짐.　　　　　溺死(익사) : 물 속에 빠져 죽음.
溺信(익신) : 신앙에 빠짐.
耽溺(탐닉) : 어떤 일을 몹시 즐겨서 거기에 빠짐.

못 당	부수 : 土 총 13 획
塘	흙(土)을 황당할(唐) 정도로 파내니 물이 고여 못(塘)이 되다

塘池(당지) : 저수지.

칠할 도	부수 : 土 총 13 획
塗	물(水→氵)에다 나(余)가 흙(土)을 넣어 진흙을 만들어 물체에 칠하다(塗)

塗工(도공) : 미장이.　　　　　　　塗料(도료) : 물건의 거죽에 바르는 재료.
塗色(도색) : 색을 칠함.　　　　　　塗裝(도장) : 칠 따위를 발라서 치장함.
塗炭(도탄) : 진흙과 숯. 몹시 곤란한 경우.　中塗(중도) : 하던 일의 도중.

조아릴 돈	부수 : 頁 총 13 획
	삐칠(丿)듯 싹(屮→屯)이 땅에서 구부리고 나오듯 어른 앞에서 머리(頁)를 조아리다(頓)

整頓(정 : 돈) : 가지런히 하여 바로잡음.

바를 동	부수 : ⺿ 총 13 획
	풀(⺿)을 무거울(重) 정도로 많이 베어다 퇴비 장에 쌓아 놓은 모습이 바르다(董)

董督(동독) : 맡아서 감독함.　　　　董正(동정) : 바로잡음.
骨董(골동) : 여러 물건을 한 데 섞는 것.
骨董品(골동품) : 오래 되고 희귀한 세간이나 미술품.

벗을 라	부수 : 衣(衤) 총 13 획
裸	옷(衣→衤)입은 실과(果)에 껍질을 벗기다(裸)

裸身(나 : 신) : 벌거벗은 몸.　　　　裸體(나 : 체) : 벌거벗은 몸.
裸體畵(나 : 체화) : 벌거벗은 사람을 그린 그림.
赤裸裸(적나라) : 아무 숨김없이 본디모습 그대로 드러남.

달굴 련	부수 : 火 총 13 획
煉	불(火)을 피우기 위해 그물(㓁→罒)처럼 나무(木)를 얼기설기 쌓아 놓고 솥을 달구다(煉)

煉丹(연 : 단) : 장생 불사약을 만듦.　　煉獄(연 : 옥) : 천국과 지옥의 사이.
煉瓦(연 : 와) : 벽돌.　　　　　　　　煉乳(연 : 유) : 달이어서 진하게 만든 우유.
煉肉(연 : 육) : 으깨어 갠 물고기의 살.　煉炭(연 : 탄) : 가루석탄에 흙을 넣어 반죽하여 굳힌 연료.

네모질 릉	부수 : 木 총 13 획
楞	나무(木)를 그물(쩌→皿)모양처럼 모(方)가 되게 만드니 네모지다(楞)

楞角(능각) : 모.

저릴 마	부수 : 疒 총 13 획
痲	병들어기댈(疒) 정도로 삼(麻)잎을 말려서 담배 피우니 온 몸이 저리다(痲)

痲藥(마약) : 마취약.
痲醉(마취) : 수술할 때 통증을 없애기 위한 조치.

맥국 맥	부수 : 豸 총 13 획
貊	해태(豸)모양을 일백(百)개 정도 만들어 세워 놓은 부족 국가가 맥국(貊)이다

九貊(구맥) : 많은 오랑캐.

운반할 반	부수 : 手(扌) 총 13 획
搬	손(手→扌)으로 일반(般)적인 물건을 운반하다(搬)

搬送(반송) : 운반하여 보냄.   搬入(반입) : 운반하여 들여옴.
搬出(반출) : 운반하여 냄.
運搬(운반) : 사람이나 화물을 옮겨 나름.

바리때 발	부수 : 金 총 13 획
 鉢	쇠(金)가 아닌 나무로 만든 근본(本)적인 그릇이 바리때(鉢)다

沙鉢(사발) : 사기로 만든 국그릇이며 밥그릇.
沙鉢通文(사발통문) : 주모자를 숨기기 위하여 관계자의 성명을 삥 둘려적은 통문.
周鉢(주발) : 위가 약간 벌어진 뚜껑이 있는 놋쇠로 만든 밥그릇. 托鉢(탁발) : 중이 경문을 외면서 집집이 다니며 동냥하는 일

상서 서	부수 : 玉(王) 총 13 획
瑞	구슬(玉→王)을 산(山)에서 말이을(而)듯이 많이 캐내니 상서(瑞)롭다

瑞光(서:광) : 상서로운 빛.   瑞氣(서:기) : 상서로운 기운.
瑞相(서:상) : 상서로운 조짐.   瑞玉(서:옥) : 옥으로 만든 홀.
瑞鳥(서:조) : 상서로운 새.   瑞兆(서:조) : 상서로운 조짐.

도리옥 선	부수 : 玉(王)　총 13 획
瑄	구슬(玉→王)로 만든 것을 정종일품(正從一品)의 관원이 베풀(宣)듯 붙이던 옥관자가 도리옥(瑄)이다

찾을 수	부수 : 手(扌)　총 13 획
搜	손(手→扌)으로 확구(臼→臼)같이 뚫을(丨) 곳이 또(又) 있나 없나 찾다(搜)

搜檢(수검) : 수사하여 조사함.　　搜査(수사) : 찾아 조사함.
搜索(수색) : 수사하여 탐색함.　　搜集(수집) : 찾아 모음.
搜所聞(수소문) : 떠도는 풍설을 더듬어 살핌.

큰거문고 슬	부수 : 玉(王)　총 13 획
瑟	쌍옥(珏→珏) 부딪치는 소리처럼 반드시(必) 나게 만든 악기가 큰거문고(瑟)다

瑟居(슬거) : 쓸쓸한 살림.
瑟瑟(슬슬) : 바람이 쓸쓸하게 부는 소리.
琴瑟(금슬) : 거문고와 비파. 다정하고 화목한 부부 사이.

수레가로나무 식	부수 : 車　총 13 획
軾	수레(車) 앞에다 법(式)대로 예를 갖출 때 기대거나 잡을 수 있게 만든 것이 수레가로나무(軾)다

伏軾(복식) : 수레 위에서 경례하기 위하여 수레 앞쪽의 가로나무를 어루만지며 기대어 섬.
蘇軾(소식) : 당송 팔대가의 한사람.

거리낄 애	부수 : 石　총 13 획
碍	돌(石)을 아침(旦)부터 마디(寸)처럼 작게 깨라니 일하기를 마음 속으로 거리끼다(碍)

碍子(애자) : 전기의 절연체로 쓰는 사기 통.　拘碍(구애) : 거리낌.
無碍(무애) : 일에 막힘이 없음.　　障碍(장애) : 막아서 거치적거림.

이끌 야	부수 : 心　총 13 획
惹	나와 같은(若) 마음(心)이 되도록 내 쪽으로 이끌다(惹)

惹起(야:기) : 끌어 일으킴.
惹端(야:단) : 떠들썩하게 벌어진 일.

비칠 영	부수 : 日　　총 13 획
暎	날(日)이 밝아지며 햇살이 꽃부리(英)처럼 사방으로 비치다(暎) ※ 映와 同字

옥빛 영	부수 : 玉(王)　총 13 획
瑛	구슬(玉→王)에 빛이 비치니 꽃부리(英)처럼 사방으로 옥빛(瑛)을 낸다

맡길 예	부수 : 頁　　총 13 획
預	나(予)의 머리(頁) 속에다 생각을 모두 맡기다(預)

預金(예:금) : 금전을 금융 기관에 맡김.　　預貸(예:대) : 예금과 대출.
預備(예:비) : 미리 준비함.　　　　　　　　預入(예:입) : 맡겨 둠.
預置(예:치) : 맡기어 둠.　　　　　　　　　預託(예:탁) : 미리 부탁함.

보배 옥	부수 : 金　　총 13 획
鈺	쇠(金)도 구슬(玉)처럼 잘 다듬으면 보배(鈺)가 된다

화할 옹	부수 : 隹　　총 13 획
雍	머리부분(亠)위로 작을(幺→纟)정도의 새(隹)떼들이 높이 날으는 모습이 화하다(雍)

雍睦(옹목) : 화목.
雍容(옹용) : 온화한 용모.
雍和(옹화) : 화목함. 온화함.

품팔 용	부수 : 人(亻)　총 13 획
傭	사람(人→亻)이 떳떳한(庸)마음으로 남의 일을 해 주며 품팔다(傭)

傭兵(용병) : 고용한 군사.　　傭船(용선) : 의장한 선복의 일부 또는 전부를 운송용으로 차입 하는 일.
傭聘(용빙) : 불러 고용함.　　　　　　　　傭員(용원) : 관청에서 임시로 채용한 사람.
雇傭(고용) : 삯을 받고 남의 일을 하여 줌.　日傭(일용) : 날품팔이.

녹을 용	부수 : 水(氵) 총 13 획
溶	소금이나 설탕을 물(水→氵)로 만들기 위해 얼굴(容)모양처럼 둥근 그릇에 넣고 녹이다(溶)

溶媒(용매) : 물질을 녹이어 용액으로 만드는 물질.
溶液(용액) : 용해한 액체.　　　　　溶溶(용용) : 물이 도도히 흐르는 모양.
溶解(용해) : 녹음. 녹임.

삼갈 욱	부수 : 頁　총 13 획
頊	구슬(玉→王)같은 보배 갖기를 머리(頁)속으로 삼가다(頊)

頊頊(욱욱) : 정신이 멍한 모양.

빛날 욱	부수 : 火　총 13 획
煜	불(火)꽃이 날(日)밝은 햇살처럼 서(立)니 더욱 빛나다(煜)

煜煜(욱욱) : 광위를 발하는 모양.

구슬 원	부수 : 玉(王) 총 13 획
瑗	구슬(玉→王)을 손톱(爪→爫)끝으로 한(一)개 씩 벗(友)들이 가지고 노는 구슬(瑗)을 뜻한 자

느릅나무 유	부수 : 木　총 13 획
楡	나무(木)잎이 대답할(兪)때 입 모양 비슷하게 생긴 것이 느릅나무(楡)다

楡里木(유리목) : 오리나무.
楡錢(유전) : 느릅나무 열매의 깍지.

불은 자	부수 : 水(氵) 총 13 획
滋	물(水→氵)이 이(茲)곳으로 흘러드니 점점 많아져 양이 붇다(滋)

滋甚(자심) : 더욱 심함.
滋液(자액) : 몸의 영양이 되는 액체.
滋雨(자우) : 초목을 알맞게 적셔 무성하게 하는 비.

전각 전	부수 : 殳　총 13 획
殿	주검(尸)을 무릎쓰고 여러사람이 한가지(共)일에만 창(殳)같은 도구로 큰 집을 지은 것이 전각(殿)이다

殿閣(전:각) : 궁전.　　　　　　　　　殿堂(전:당) : 신체·불상 등을 안치하는 건물.
殿下(전:하) : 궁전 아래. 이후에는 제후의 존칭.　　聖殿(성:전) : 신성한 전당.
神殿(신전) : 신령을 모신 전각(殿閣).　　勤政殿(근정전) : 경복궁 안에 있는 정전.

큰배 정	부수 : 舟　총 13 획
艇	배(舟)를 조정(廷)에서 관리 하니 큰배(艇)다

飛行艇(비행정) : 수상 비행기에 하나.　　小艇(소:정) : 작은 배.
水雷艇(수뢰정) : 수뢰 발사기를 장비해 적함을 습격하는 작고 속력이 빠른 배.
快速艇(쾌속정) : 속도가 썩 빠른 배.

단단한나무 정	부수 : 木　총 13 획
楨	나무(木)가 절개처럼 곧을(貞)정도니 단단한나무(楨)다

楨幹(정간) : 담을 치는데 담의 두 끝에 세우는 나무와 양쪽에 있는 기둥.

솥 정	부수 : 鼎　총 13 획
鼎	눈(目)알 같은 것을 걸어 놓고 나무조각(爿→뉘)을 조각(片→片) 내서 밑에다 불을 때니 솥(鼎)이다

鼎談(정담) : 세 사람이 마주 앉아서 하는 이야기.
鼎立(정립) : 솥발과 같이 세 곳에 나누어 섬.

올벼 직	부수 : 禾　총 13 획
稙	벼(禾)가 곧을(直)정도로 잘 자라 추석 전에 벨 수 있으니 올벼(稙)다

초나라 초	부수 : 木　총 13 획
楚	수풀(林)에서 나뭇가지를 꺾어다 발(疋)위쪽 종아리를 때릴 수 있으니 회초리(楚)다. 전의하여 "초나라"로 씀

苦楚(고초) : 괴로움과 어려움.
四面楚歌(사면초가) : 사면이 모두 적에게 포위 된 경우와 고립된 경우를 이르는 말.
酸楚(산초) : 고초(苦楚).

애벌레 촉	부수 : 虫 총 13 획
蜀	그물(网→罒)같은 것에 싸(勹)여 있는 벌레(虫)가 애벌레(蜀)다 전의하여 "나라이름"으로 씀

蜀相(촉상) : 촉나라의 재상. 특히 제갈양의 일컬음.
蜀漢(촉한) : 나라이름. 유비가 세운 왕조.

가래 추	부수 : 木 총 13 획
楸	나무(木)에 벼(禾)가 불(火)색을 띠는 모양과 같은 열매가 열리니 가래(楸)다

추나라 추	부수 : 邑(阝) 총 13 획
鄒	싸(勹)놓은 데서 싹난(屮)것처럼 싸(勹)놓은 데서 싹난(屮)것처럼 맹자의 사상이 발전한 고을(邑→阝)인 추나라(鄒)를 뜻한 자

鄒馬(추마) : 추양과 사마상여.

참죽나무 춘	부수 : 木 총 13 획
椿	나무(木)에서 봄(春)에 순을 따서 나물로 해 먹을 수 있는 것이 참죽나무(椿)다

椿堂(춘당) : 아버지의 일컬음.
椿府丈(춘부장) : 남의 아버지의 일컬음.

꿩 치	부수 : 隹 총 13 획
雉	화살(矢) 모양처럼 꼬리에 몇 개의 긴 털을 지닌 새(隹)가 꿩(雉)이다

雉經(치경) : 목 매어 죽음.
雉岳山(치악산) : 강원도 원주에 있는 산.
雉鷄(치계) : 꿩.

포도 포	부수 : ++ 총 13 획
葡	풀(++)잎 밑에 싸(勹)여 여러 열매가 큰(甫) 송이로 달리는 것이 포도(葡)다

솥귀 현	부수: 金　　총 13 획
鉉	쇠(金)로 만든 솥 주위에 검게(玄)나오게 한 것이 솥귀(鉉)다

三鉉(삼현) : 삼공(三公)으로 태사(太師), 태부(太傅), 태보(太保)의 세 지위.

싫어할 혐	부수: 女　　총 13 획
嫌	계집(女)이 맵시와 마음씨를 겸할(兼)수 없을 때 주위에서 싫어하다(嫌)

嫌忌(혐기) : 싫어하여 꺼림.　　　　　嫌惡(혐오) : 싫어하고 미워함.
嫌怨(혐원) : 미워하고 원망함.
嫌疑(혐의) : 의심스러움.

신 화	부수: 革　　총 13 획
靴	가죽(革)을 발 모양이 될(化)수 있게 만든 것이 신(靴)이다

軍靴(군화) : 군인용 편상화.　　　　　短靴(단:화) : 목이 짧은 구두.
洋靴(양화) : 구두.　　　　　　　　　長靴(장화) : 목이 무릎 까지 올라오는 가죽신이나 고무신.
製靴(제:화) : 구두를 만듦.

빛날 환	부수: 火　　총 13 획
煥:	불(火)을 사람(人→ケ)이 들고 있으니 그물(冂)모양처럼 사방으로 크(大)게 빛나다(煥)

煥發(환:발) : 환이 빛남.

미끄러울 활	부수: 水(氵)　　총 13 획
滑	물(水→氵)기 같은 기름기가 뼈(骨)주위에 있으니 손으로 만지기가 미끄럽다(滑)

滑降(활강) : 비탈진 곳을 미끄러져 내려옴.　　滑石(활석) : 매끄러운 돌.
滑空(활공) : 비행기의 발동을 끄거나 느린 비행으로 추진력을 없애고 지면을 향해 강하 하는 비행.
滑走(활주) : 미끄러져 달아 감.　　　　　　　圓滑(원활) : 일이 거침 없이 잘 되어 나감.

깊을 황	부수: 水(氵)　　총 13 획
滉	물(水→氵)이 밝은(晃) 낮에 푸른색을 띠니 깊다(滉)

李滉(이황) : 조선시대의 학자.

질그릇 견	부수 : 瓦　　총 14 획
甄	덮을(襾)수 있는 굴속에 흙(土)으로 만든 것을 기와(瓦)처럼 구워 낸 것이 질그릇(甄)다

甄拔(견발) : 인재를 견별하여 발탁.
甄別(견별) : 명확히 나눔.

느티나무 괴	부수 : 木　　총 14 획
槐	마을 앞에 나무(木)를 심어 놓고 귀신(鬼)도 못 들어오게 하니 느티나무(槐)다

槐木(괴목) : 홰나무.
槐山郡(괴산군) : 충청북도의 군의 이름.
槐實(괴실) : 홰나무 열매.

더부살이 교	부수 : 人(亻)　총 14 획
僑	사람(人→亻)이 어여쁘(夭)게 보이며 신분이 높은(高→喬)집에서 더부살이(僑)한다

僑民(교민) : 외국에 살고 있는 동포.
僑胞(교포) : 외국에 사는 동포.
華僑(화교) : 해외에 정주(定住)하는 중국 사람.

떨릴 긍	부수 : 儿　　총 14 획
兢 :	열(十)명의 형(兄)과 열(十)명의 형(兄)들이 서로 싸우니 주위 사람들이 떨다(兢)

兢兢(긍:긍) : 굳고 강한 모양. 두려워하고 삼가다.
戰戰兢兢(전:전긍긍) : 매우 두려워 조심함.

키 기	부수 : 竹　　총 14 획
箕	대(竹)나무를 쪼개어 그(其) 곡식을 까부르는 그릇을 만든 것이 키(箕)다

箕子(기자) : 은나라의 태사.
箕風(기풍) : 바람의 별칭.

잔물결 련	부수 : 水(氵)　총 14 획
漣	물(水→氵)이 이을(連)듯 끊길 듯 움직이니 잔물결(漣)일 때다

漣漣(연련) : 눈물이 줄줄 흐르는 모양.
漣川郡(연천군) : 경기도에 있는 군 이름.

동료 료	부수 : 人(亻)　총 14 획
僚	사람(人→亻)들이 한(一)개의 불(火→灬)이 날(日) 밝히는 것처럼 작을(小)정도의 마음을 서로 써 주니 동료(僚)다

閣僚(각료) : 내각을 조직하는 각 장관.　　官僚(관료) : 관리들.
同僚(동료) : 같은 곳에서 같은 일을 하는 사람들.
幕僚(막료) : 일반적으로 중요한 계획에 참여하는 부하.

말갈 말	부수 : 革　총 14 획
靺	가죽(革)을 갈래갈래 찢어 나무 끝(末)에 매어 말 채찍으로 쓰던 족속이 말갈(靺)이다.

그물 망	부수 : 糸　총 14 획
網	실(糸)로 물속에 있을지 없을(罔)지 모르는 물고기를 잡기 위해 짠 것이 그물(網)이다

網巾(망건) : 상투 있는 사람이 머리에 두르는 그물처럼 생긴 물건.　　網球(망구) : 정구.
網羅(망라) : 남기지 않고 모두 휘몰아 들임.　漁網(어망) : 물고기 잡는 그물.
投網(투망) : 쟁이.　　　　　　　　　　　一網打盡(일망타진) : 한꺼번에 모조리 잡음.

옷길 배	부수 : 衣　총 14 획
裵	웃 옷(衣)이 아닌(非) 두루마기니 옷길다(裵) 전의하여 "성"으로 씀　　　※ 裴와 同字

裵裵(배배) : 옷이 긴 모양.
裵回(배회) : 서성거림.(徘徊).

문벌 벌	부수 : 門　총 14 획
閥	남의 문(門)중도 칠(伐)수 있는 권세 있는 집안이 문벌(閥)이다

軍閥(군벌) : 군인의 파벌.　　　　　　　門閥(문벌) : 대대로 내려오는 가문의 지체.
財閥(재벌) : 재계에서 세력 있는 자본가·기업가의 일단.　學閥(학벌) : 학문을 닦은 지체.
派閥(파벌) : 출신지·학력이나 이해 관계에 의해 결합된 배타적 분파.

도울 보	부수 : 車　총 14 획
輔	수레(車)를 다른 수레 보다 클(甫)정도로 만들어 물건 나르는 것을 돕다(輔)

輔國安民(보:국안민) : 나라를 돕고 백성을 편안하게 함.
輔導(보:도) : 도와 인도함.　　　　　　輔佐(보:좌) : 도움.
輔行(보:행) : 남을 도와서 행함.

기를 사	부수: 食　　총 14 획
飼	먹을(食)수 있는 먹이로 짐승을 맡아(司)서 기르다(飼)

飼料(사료) : 가축의 먹이.　　　　　　　飼養(사양) : 짐승을 기름.
飼育(사육) : 가축을 기름.　　　　　　　放飼(방사) : 가축을 놓아 먹임.

맹세할 서	부수: 言　　총 14 획
誓:	꺾을(折)듯 서로 말씀(言)하여 굳게 맹세하다(誓)

誓文(서:문) : 맹세하는 글.　　　　　　誓約(서:약) : 맹세함. 약속함.
盟誓(맹서) : 신불 앞에서 약속함.　　　宣誓(선서) : 성실할 것을 맹서함.
宣誓文(선서문) : 성실할 것을 맹세한 글.

클 석	부수: 石　　총 14 획
碩	돌(石)모양처럼 머리(頁)통이 크다(碩)

碩士(석사) : 덕이 높은 선비.
碩座敎授(석좌교:수) : 기업이나 개인이 기부한 기금으로 연구 활동을 하도록 대학에서 지정 된 교수.
碩學(석학) : 큰 학자. 대학자.

저울눈 수	부수: 金　　총 14 획
銖	쇠(金)막대에 붉은(朱)색으로 그어 만든 것이 저울눈(銖)이다

銖兩(수량) : 무게가 얼마 안 나가는 저울.

싫어할 염	부수: 厂　　총 14 획
厭:	언덕(厂)밑 굴에서 날(日)밝음도 달(月)밝음도 못보게 개(犬)를 가두니 짖어 대며 어둠을 싫어하다(厭)

厭忌(염:기) : 싫어하고 꺼림.　　　　　厭世(염:세) : 세상이 괴롭고 귀찮아서 비관함.
厭世主義(염:세주의) : 인생을 고통으로 생각하며 싫어하는 나머지 현세를 벗어나려고 하는 주의.
厭症(염:증) : 싫증.

슬기 예	부수: 目　　총 14 획
睿:	살발린뼈(歹(歺)→⿱)처럼 골(谷→⿱)진곳 까지도 눈(目)으로 잘 살피니 슬기(睿)가 있다

睿德(예:덕) : 왕세자의 덕망.
叡智(예:지) : 사리에 통하여 깊고 밝은 슬기.
睿哲(예:철) : 재주와 슬기가 뛰어남.

녹을 용	부수 : 火　　총 14 획
熔	불(火)위에다 얼굴(容)같은 그릇을 놓고 굳은 동물성 기름 덩어리를 넣으니 녹다(熔)

熔巖(용암) : 화산에서 분출한 바위.
熔解(용해) : 고체가 불에 녹음.

패옥소리 용	부수 : 玉(王)　총 14 획
瑢	구슬(玉→王)로 얼굴(容)모양처럼 만들어 금관조복(金冠朝服)에 차고 가니 부딪치는 소리가 패옥소리(瑢)다

곰 웅	부수 : 火(灬)　총 14 획
熊	능할(能)정도의 불(火→灬)같은 성질을 가진 동물이 곰(熊)이다

熊女(웅녀) : 전설상의 단군의 어머니.
熊虎之將(웅호지장) : 곰이나 범 같이 용맹한 장수.

상서로울 정	부수 : 示　　총 14 획
禎	보일(示)수 없는 곧은(貞)정신으로 신에게 대하니 마음이 상서롭다(禎)

禎祥(정상) : 상서. 길조.

추창할 조	부수 : 走　　총 14 획
趙	달리(走)때 허리 급히듯 작은 사람 닮은(肖)모양을 하고 사람 앞을 추창하다(趙)　전의하여 "나라"의 뜻으로 씀

趙光祖(조광조) : 조선 중종 때의 문신.

모을 종	부수 : 糸　　총 14 획
綜	실(糸)만들 재료를 마루(宗)에 모으다(綜)

綜括(종괄) : 총괄.
綜合(종합) : 모두 합침.

티끌 진	부수:土 총 14 획
塵	사슴(鹿)이 떼지어 달릴 때 흙(土)이 패이며 먼지와 티끌(塵)이 일다

塵土(진토) : 먼지와 흙.　　　　　落塵(낙진) : 죽음에 재.　　　　粉塵(분진) : 티끌.
塵肺症(진폐증) : 오랫 동안 폐에 먼지가 끼어 있어서 호흡기능에 장애를 일으키는 병.
集塵(집진) : 쓰레기를 한 곳에 모음.　　　　　　　　風塵(풍진) : 비바람에 날리는 티끌.

드러날 창	부수:彡 총 14 획
彰	글(章)을 터럭(彡)인 붓으로 써서 세상에 드러내다(彰)

彰德(창덕) : 사람의 미덕을 세상에 나타내어 널리 알림.　　　彰明(창명) : 밝음.
彰彰(창창) : 밝은 모양.　　　　　　　　　　　　　　　彰顯(창현) : 뚜렷하게 나타냄.
表彰(표창) : 남의 아름다운 일을 세상에 드러내어 밝힘.

갈마드일 체	부수:辵(辶) 총 14 획
遞	범(虎)들이 언덕(厂)밑 굴로 쉬엄쉬엄가(辵→辶)듯이 어슬렁어슬렁 서로 갈마들다(遞)

遞加(체가) : 차례로 다함.　　　　　　遞減(체감) : 차례로 덜.
遞夫(체부) : 우편물을 배달하는 사람.　遞信(체신) : 순차적으로 여러곳을 거쳐서 음신(音信)을 통하는일.
遞增(체증) : 수량이 차례로 점차 늚.　 驛遞(역체) : 역참에서 공문을 전체함.

막힐 체	부수:水(氵) 총 14 획
滯	물(水→氵)흐름이 띠(帶)같은 둑에 막히다(滯)

滯納(체납) : 납세를 지체함.　　　　　滯念(체념) : 엉김 마음. 쌓인 마음.
滯留(체류) : 머물러 있음.　　　　　　滯拂(체불) : 지급이 연체됨.
延滯(연체) : 늦추어 지체함.　　　　　停滯(정체) : 사물이 한곳에 그쳐서 쌓임.

모을 취	부수:耳 총 14 획
聚	가질(取)것을 원하는 사람만 나란히설(乑)수 있게 하여 한곳에 모으다(聚) ※乑 : 나라히설 임

聚落(취:락) : 마을. 촌락.　　　　　　聚散(취산) : 모임과 흩어짐.
聚集(취:집) : 모아 들임.　　　　　　聚合(취:합) : 한데 모아 합침.

낳을 탄	부수:言 총 14 획
誕	말(言)같지 않은 소리를 늘일(延)정도로 신음하다 여자가 아기를 낳다(誕)

誕生(탄:생) : 출생 함.　　　　　　　誕辰(탄:신) : 생일.
誕日(탄:일) : 탄신.
聖誕節(성:탄절) : 임금이나 귀인 성인이 탄생한 날. 크리스마스.

태풍 태	부수 : 風　　총 14 획
颱	바람(風)이 별(台) 반짝이듯 사방으로 기운차게 불어가니 태풍(颱)이다

颱風(태풍) : 남지나해에서 일어나는 폭풍.

빛날 혁	부수 : 赤　　총 14 획
赫	붉은(赤)불과 붉은(赤)불이 사방으로 빛나다(赫)

赫赫(혁혁) : 빛나는 모양.
朴赫居世(박혁거세) : 신라의 시조.

심할 혹	부수 : 酉　　총 14 획
酷	새벽 닭(酉)울기 전에 일어나라고 고할(告)정도로 하니 너무 심하다(酷)

酷毒(혹독) : 대단히 심함.　　　　酷烈(혹렬) : 격렬함.
酷使(혹사) : 혹독하게 부림.　　　酷暑(혹서) : 심한 더위.
酷寒(혹한) : 지독한 추위.　　　　冷酷(냉혹) : 인정이 없고 혹독함.

불길 훈	부수 : 火　　총 14 획
熏	삐칠(丿)듯이 한(一)곳으로 부터 검은(黑)연기가 나며 불길(熏)이 일다

熏燒(훈소) : 태움. 사름.
熏藥(훈약) : 마취제.
熏風(훈풍) : 동남풍.

경계할 경	부수 : 人(亻) 총 15 획
儆	사람(人→亻)을 공경할(敬)때도 항상 주위를 경계하다(儆)

아교 교	부수 : 肉(月) 총 15 획
	새 고기(몸)(肉→月)에서 깃(羽)을 뽑아 사람(人)이 터럭(彡)으로 붓을 만들기 위해 서로 아교(膠)로 붙이다

膠固(교고) : 아교로 붙인 것 같이 굳음.　　膠沙(교사) : 바다 밑에 달라 붙은 개흙이 섞인 모래.
膠着語(교착어) : 언어의 문법적 기능을 어근과 접사와의 결합 연속에 의하여 나타내는 언어.
阿膠(아교) : 갖풀.

토할 구	부수 : 欠　　총 15 획
歐	지경(區)된 곳에 가서 음식물을 하품(欠)하듯 입벌리고 토하다(歐)

歐美(구미) : 유럽주와 아메리카주.　　歐陽修(구양수) : 송나라의 학자.
歐洲(구주) : 구라파주.　　　　　　　歐吐(구토) : 뱃속에 있는 음식을 게움.
歐風(구풍) : 서양풍. 유럽식.　　　　東歐(동구) : 동구라파.

무궁화 근	부수 : 木　　총 15 획
槿	나무(木)중에서 진흙(堇)이나 아무 흙에서 자라니 무궁화(槿)나무다 ※ 堇 : 진흙 근

槿花(근화) : 우리나라를 달리 이르는 말. 무궁화.

아름다운옥 근	부수 : 玉(王)　총 15 획
瑾	구슬(玉→王)이 진흙(堇)속에서도 변하지 않고 빛나니 아름다운옥(瑾)이다

나라이름 등	부수 : 邑(阝)　총 15 획
鄧	오를(登)수 있는 고을(邑→阝)이 있으니 등나라(鄧)다 전의하여 "나라이름"으로 씀

鄧林(등:림) : 초나라 북경(北境)있는 대숲을 이름.
鄧小平(등소평) : 1904~1997년 모택동의 뒤를 이은 중국의 정치 지도자.

수레 량	부수 : 車　　총 15 획
輛	수레(車)에 두(兩)개의 바퀴가 달린 수레(輛)를 뜻한 자

車輛(차량) : 차 종류를 통털어 이르는 말.

들보 량	부수 : 木　　총 15 획
樑	집 질 때 나무(木)를 돌다리(梁)놓듯이 기둥과 기둥 사이를 가로 지른 것이 들보(樑)다

上樑文(상량문) : 상량식의 축문.

노둔할 로	부수 : 魚 총 15 획
魯	물고기(魚)이 처럼 입만 벙긋벙긋하고 가로(曰)를 못하니 사람이 노둔하다(魯)

魯鈍(노둔) : 재주가 둔함. 미련함.

죽일 류	부수 : 刀(刂) 총 15 획
劉	토끼(卯→卯)를 쇠(金)로 만든 칼(刀→刂)로 죽이다(劉)

劉邦(유방) : 전한(前漢)의 고조.
劉備(유비) : 중국 삼국 시대의 촉한의 임금.

문지를 마	부수 : 手 총 15 획
摩	삼(麻)으로 실을 만들기 위해 돌에다 놓고 손(手)으로 문지르다(摩)

摩滅(마멸) : 닳아서 없어짐.
摩天樓(마천루) : 땅위에 높이 솟은 고층 건물.

꺼풀 막	부수 : 肉(月) 총 15 획
膜	고기(肉→月)살 속에 있는 것이 없다(莫)라고 보이지 않게 싸고 있는 것이 꺼풀(膜)이다

膜外(막외) : 생각 밖. 문제 삼지 않음.   腦膜炎(뇌막염) : 뇌막에 생기는 염증.
角膜(각막) : 안구의 가장 바깥벽,공막의 앞면에 있는 둥근 접시 모양의 투명 부분.
鼓膜(고막) : 외청도와 고실 사이에 있는 얇은 막.

매혹할 매	부수 : 鬼 총 15 획
魅	귀신(鬼)도 믿지 아니(未)할 정도의 모양을 하고 남을 매혹하다(魅)

魅力(매력) : 마음을 호리어 끄는 힘.
魅了(매료) : 완전히 매혹됨.
魅惑(매혹) : 남을 호리어 현혹하게 함.

업신여길 멸	부수 : ⺿ 총 15 획
蔑	쇠뭉치(卝)처럼 굳은 얼굴로 눈(目→罒)을 흘기며 사람(人)을 창(戈)으로 찌르듯 보며 업신여기다(蔑) ※ 卝 : 쇠뭉치 관

蔑視(멸시) : 남을 업신여김.   蔑如(멸여) : 멸시하는 모양.
輕蔑(경멸) : 업신여김.
陵蔑(능멸) : 업신여겨 깔봄.

쌀뜨물 반	부수 : 水(氵) 총 15 획
潘	물(水→氵)로 쌀을 한 차례(番)씻어 낸 것이 쌀뜨물(潘)이다

潘沐(반목) : 뜨물로 머리를 감음.
潘楊之好(반양지호) : 대대로 내려오는 친척 또는 인척간의 두터운 정의.
米潘(미반) : 쌀뜨물

물어줄 배	부수 : 貝 총 획
賠	조개(貝)판 돈으로 서(立)서 입(口)으로 죄송하다고 말하며 손해를 물어주다(賠)

賠償(배상) : 남에게 손해를 갚아줌.
損害賠償(손:해배상) : 법률의 규정에 따라 남에게 끼친 손해를 메꾸어 줌.

궁벽할 벽	부수 : 人(亻) 총 15 획
僻	사람(人→亻)이 주검(尸)에 대하여 입(口)으로 매울(辛)정도로 말하니 사는 곳이 궁벽하다(僻)

僻境(벽경) : 궁벽한 땅.   僻性(벽성) : 편벽 된 성질.
僻字(벽자) : 괴벽한 글자.   僻志(벽지) : 비꼬인 마음.
僻村(벽촌) : 궁벽한 마을.   僻鄕(벽향) : 궁벽한 시골.

물이름 보	부수 : 水(氵) 총 15 획
潽	물(水→氵)의 폭이 넓을(普)정도로 흐르는 곳은 물이름(潽)이 있다

尹潽善(윤보선) : 우리나라 제2대 대통령.

쑥 봉	부수 : ++ 총 15 획
蓬	봄에 풀(++)잎이 서로 만날(逢)듯 쑥쑥 잘 자라는 것이 쑥(蓬)이다

蓬島(봉도) : 봉래산.
蓬頭亂髮(봉두난발) : 쑥대강이 같이 흐트러진 머리.

펼 부	부수 : 攴(攵) 총 15 획
敷	클(甫)수 있게 모(方)가 된 물체를 망치로 치(攴→攵)며 펴다(敷)

敷設(부설) : 펴서 베풀어 놓음.
敷衍(부연) : 알기 쉽게 자세히 늘어 놓아 설명함.
敷地(부지) : 건물이나 도로에 쓰이는 땅.

삼 삼	부수 : ⺾ 총 15 획
蔘	한 줄기에서 풀(⺾)잎이 서(參)너 개씩 나오는 식물이 삼(蔘)이다

白蔘(백삼) : 수삼의 잔뿌리를 따고 껍질을 벗기어 말린 인삼.　　蔘鷄湯(삼계탕) : 계삼탕.
山蔘(산삼) : 깊은 산 중에 야생하는 삼.　　水蔘(수삼) : 캐내어 아직 말리지 않은 삼.
人蔘(인삼) : 오갈피나무과의 다년초.　　紅蔘(홍삼) : 수삼을 쪄서 말린, 붉은 빛깔의 삼.

상자 상	부수 : 竹 총 15 획
箱	대(竹→⺮)나무를 쪼개 서로(相)엮어 속이 비게 만든 것이 상자(箱)다

箱子(상자) : 나무·대·종이 등으로 만든 뚜껑이 있는 손 그릇.

클 석	부수 : 大 총 15 획
奭	큰(大)것이 일백(百)개 또 일백(百)개 있으니 더욱 크다(奭)

李範奭(이범석) : 독립 운동가.

옥 선	부수 : 玉(王) 총 15 획
璇	돌을 구슬(玉→王)처럼 돌(旋)려 가며 잘 다듬어 만들어 놓으니 옥(璇)이다

璇室(선실) : 옥으로 장식한 방.

볼 열	부수 : 門 총 15 획
閱	문(門)안에 여덟(八)동생들의 행동을 형(兄)이 하나하나 살펴 보다(閱)

閱覽(열람) : 내려 훑어 봄.　　閱兵(열병) : 군사를 검열함.
檢閱(검 : 열) : 검사하여 열람함.　　校閱(교 : 열) : 교정하여 검열함.
査閱(사열) : 조사하기 위하여 죽 살펴 봄.

옥돌 영	부수 : 玉 총 15 획
瑩	불(火)과 불(火)처럼 빛나는 흙에 덮여(冖)있는 구슬(玉)도 옥돌(瑩)이다

瑩鏡(영경) : 맑은 거울.
瑩澤(영택) : 밝고 광택이 있음.

제비쑥 울	부수 : ++ 총 15 획
蔚	풀(++)이 벼슬(尉)한 사람처럼 의시대듯 쑥 나온 것이 제비쑥(蔚)이다 전의하여 "고을이름"으로 씀

蔚山(울산) : 경상남도의 도시 이름.
蔚然(울연) : 무성한 모양.

화평할 은	부수 : 言 총 15 획
誾	문(門)안 어른의 말씀(言)을 들으니 마음이 화평하다(誾) 전의하여 "향기"의 뜻으로 씀

誾誾(은은) : 화기애애한 모양.
南誾(남은) : 조선시대 개국 공신.

자석 자	부수 : 石 총 15 획
磁	돌(石)에서 빼낸 광석에 이(玆)쇠 저쇠가 붙게 만든 것이 자석(磁)이다

磁極(자극) : 자석의 음양의 두극.   磁氣(자기) : 자성을 일으키는 원인이 되는 것.
磁器(자기) : 사기 그릇.   磁石(자석) : 쇠를 흡인 하는 성질이 있는 광물.
磁性(자성) : 쇠를 흡인 하는 성질.   磁針(자침) : 나침반의 바늘.

녹나무 장	부수 : 木 총 15 획
樟	나무(木)를 증류하여 글(章)쓸 수 있는 종이 같은 고체를 만드니 녹나무(樟)다

樟腦(장뇌) : 녹나무에서 취하는 백색 결정체로서 강한 향기가 있음.

홀 장	부수 : 玉(王) 총 15 획
璋	구슬(玉→王)에다 좋은 글(章)을 써서 어린 사내에게 준 것이 홀(璋)이다

弄璋之慶(농장지경) : 아들을 낳은 경사.

과장풀 장	부수 : ++ 총 15 획
蔣	물 풀(++)중에서 장수(將)처럼 힘이 있는 것이 과장풀(蔣)이다 전의하여 "성"으로도 씀

蔣介石(장개석) : 1887~1975 대만의 정치 지도자.

정나라 정	부수 : 邑(阝)　총 15 획
鄭	여덟(八)마리의 닭(酉)들이 한번에 큰(大)소리로 우는 고을(邑→阝)을 가진 나라가 정나라(鄭)다

鄭夢周(정몽주) : 고려말의 충신.
鄭重(정중) : 은근함. 점잖고 묵직함.

머무를 주	부수 : 馬　총 15 획
駐	말(馬)를 타고 가다 날이 저물면 주막집 주인(主)한테 맡기고 머무르다(駐)

駐屯(주둔) : 군대가 진영을 짓고 머무름.　　駐美(주:미) : 미국에 주재함.
駐在(주:재) : 한 곳에 머물러 있음.　　駐車(주:차) : 자동차 등을 세워 둠.
常駐(상주) : 언제나 주둔하고 있음.

피 직	부수 : 禾　총 15 획
稷	벼(禾)같은 것이 밭(田)에서 어진사람(儿)처럼 천천히걸을(夊)듯이 자라나는 것이 피(稷)다

稷神(직신) : 곡식을 만드는 신령.
社稷(사직) : 태사(太社)와 태직(太稷). 한 왕조의 기초.

우레 진	부수 : 雨　총 15 획
震	비(雨)올 때 별똥 별(辰)처럼 빛을 내며 벼락치는 소리를 내는 것이 우레(震)다

震怒(진:노) : 하늘이 성내는 일.　　震度(진:도) : 지진등의 강도를 등급으로 나눈것.
震動(진:동) : 흔들어 움직임.　　震天動地(진:천동:지) : 하늘을 진동시키고 땅을 놀라게 함.
震幅(진:폭) : 지반의 진동이 지진계에 감촉·기록되는 그 넓이.　　地震(지진) : 지각이 요동하는 현상.

가릴 차	부수 : 辵(辶)　총 15 획
遮	여러(庶)사람이 쉬엄쉬엄갈(辵→辶)때 서로가 앞을 가리다(遮)

遮光(차:광) : 광선을 막아서 가림.　　遮斷(차:단) : 막아서 끊음.
遮壁(차:벽) : 외부 자계나 전계로부터 장치를 고립 시키기 위한 금속 격벽이나 차폐.
遮陽(차:양) : 학생모·군모 등의 이마 앞에 내민 부분.

법 채	부수 : ⺿　총 15 획
蔡	풀(⺿)이 잘 자란 묘 앞에서 옛날 제사(祭) 법(蔡)대로 제사 지낸다 전의하여 "성"으로 씀

蔡侯紙(채후지) : 후한의 채륜이 발명 하였다는 종이.

걷을 철	부수 : 手(扌) 총 15 획
撤	손(手→扌)에 회초리를 들고 잘 기를(育)려고 종아리를 칠(攴→攵) 때 바지를 걷다(撤)

撤去(철거) : 거두워 치워 버림.   撤兵(철병) : 주둔하였던 군대를 거두어 들임.
撤廢(철폐) : 거두어 치워 그만 둠.   撤回(철회) : 내거나 보낸 것을 도로 돌려 들임.
不撤晝夜(불철주야) : 밤낮을 가리지 않음.

맑을 철	부수 : 水(氵) 총 15 획
澈	물(水→氵)을 회초리로 기르(育)기 위해 때리 듯 치(攴→攵)니 튀는 물방울이 맑다(澈)

鄭澈(정철) : 조선 선조때 문신(1536~1593).

맺을 체	부수 : 糸 총 15 획
締	실(糸)에다 구슬끼워 임금(帝) 쓰는 관에 매달고 빠지지 않게 끝을 맺다(締)

締結(체결) : 얽어서 맺음.
締交(체교) : 교분을 맺음.

펼(가게) 포	부수 : 金 총 15 획
鋪	쇠(金)를 쓰기 클(甫) 정도로 펴다(鋪)

鋪道(포도) : 포장한 길.   鋪裝(포장) : 길에 돌이나 아스팔트를 깖.
老鋪(노:포) : 대대로 물려 내려오는 점포.   典當鋪(전:당포) : 전당을 잡고 돈을 꾸어 주는 것을 업으로 삼는 가게.
店鋪(점:포) : 가게를 벌린 집.   紙物鋪(지물포) : 온갖 종이를 파는 가게.

넓을 호	부수 : 水(氵) 총 15 획
滈	머무를(泊) 수 없이 고한(告) 소리가 퍼져 나가니 넓다(滈)

탐스러울 화	부수 : 女 총 15 획
嫭	계집(女)이 빛날(華) 정도로 몸매가 예쁘니 탐스럽다(嫭)

아름다울 희	부수 : 女　　총 15 획
嬉	계집(女)이 기쁠(喜)때 웃는 모습은 아름답다(嬉)

嬉樂(희락) : 즐거워 함.
嬉笑(희소) : 조롱하며 웃음. 즐거워하며 웃음.
嬉遊(희유) : 즐겁게 놂.　　　　　嬉嬉(희희) : 놀며 즐거워 하는 모양.

섭섭할 감	부수 : 心(忄)　총 16 획
憾	마음(心→忄)으로 안 좋음을 느낄(感)때는 섭섭하다(憾)

憾情(감:정) : 언짢게 여기는 마음.
憾悔(감:회) : 한하고 뉘우침.
遺憾(유감) : 마음에 남아 있는 섭섭한 마음.

굳셀 강	부수 : 弓　　총 16 획
彊	활(弓)처럼 생긴 한(一)밭(田) 한(一)밭(田)이 한(一) 곳에 모여 있으니 보임이 굳세다(彊)

自彊不息(자강불식) : 스스로 힘써 쉬지 않음.

옥빛 경	부수 : 玉(王) 총 16 획
璟	구슬(玉→王)이 볕(景)을 발하니 옥빛(璟)이다

바랄 기	부수 : 八　　총 16 획
冀	북녘(北)과 다를(異)수 있기를 바라다(冀)

冀望(기망) : 소원.
冀願(기원) : 희망.

별이름 기	부수 : 玉(王) 총 16 획
璣	구슬(玉→王)처럼 생긴 빛나는 몇(幾)개의 별들도 별이름(璣)이 있다

불빛 돈	부수 : 火　　총 16 획
燉	불(火)과 도타울(敦) 정도로 가까운 것은 불빛(燉)이다

경박할 렴	부수 : 水(氵) 총 16 획
濂	물(水→氵)흐름 같이 청렴하(廉)지 않으니 경박하다(濂) 전의하여 "물이름"으로 씀

濂溪(염계) : 호남성 도현에 있는 시내로서 주돈이가 살던 곳.

검은빛 로	부수 : 皿　　총 16 획
盧	호피무늬(虍)와 밭(田)무늬를 넣어 만든 그릇(皿)인 항아리가 검은빛(盧)이다　　전의하여 "성"으로도 씀

盧生之夢(노생지몽) : 인생의 영고성쇠는 덧 없음.

멀 료	부수 : 辵(辶) 총 16 획
遼	한(一)개의 횃불(火→火)을 들고 날(日)밝히는 것처럼 작을(小)정도의 불빛으로 쉬엄쉬엄가(辵→辶)니 갈길이 멀다(遼)

遼寧(요녕) : 중국 만주 서남부에 있는 성 이름.
遼東(요동) : 지금의 심양의 동남경.

화목할 목	부수 : 禾　　총 16 획
穆	벼(禾)를 찧어 흰(白) 쌀 만들어 작을(小) 정도의 터럭(彡) 같은 티끌도 없이 밥을 해서 여럿이 먹으니 화목하다(穆)

穆如淸風(목여청풍) : 심사와 언행이 온화함.
穆然(목연) : 조용히 생각하는 모양.
和穆(화목) : 서로 뜻이 맞고 정다움.

주석 석	부수 : 金　　총 16 획
錫	쇠(金)를 손으로 다르기가 쉬울(易) 정도니 주석(錫)이다

錫鑛(석광) : 주석을 파내는 광산.
錫杖(석장) : 중 또는 도사가 짚는 지팡이.
朱錫(주석) : 은백색의 광택이 나는 금속 원소의 한가지.

햇살치밀 섬	부수 : 日　　총 16 획
暹	날(日)이 밝으며 해가 나아갈(進)듯 떠오르며 사방으로 햇살치밀(暹)다

暹羅(섬라) : 태국의 일천구백삼십구년 이전의 국호.

막을 알	부수 : 門　　총 16 획
閼	문(門)앞에서 탄식하(於)듯 입벌려 떠들어대는 것을 가로 막다(閼) ※ 於 : 탄식할 오

閼塞(알색) : 막힘. 옹색.

오리 압	부수 : 鳥　　총 16 획
鴨	갑옷(甲) 비늘처럼 주둥이를 가진 새(鳥)가 오리(鴨)다

鴨脚樹(압각수) : 은행나무.
鴨綠江(압록강) : 평안북도 신의주에 있는 강 이름.

마을 염	부수 : 門　　총 16 획
閻	문(門)안에서 사람(人→𠂉)들이 절구(臼)질을 하니 마을(閻)이다

閻羅大王(염라대왕) : 죽은 사람의 죄를 경중에 따라 처리하는 지옥의 임금.

빛날 엽	부수 : 火　　총 16 획
燁	불(火)이 빛날(華) 정도로 대단히 빛나다(燁)

흐릴 예	부수 : 水(氵)　총 16 획
濊	맑은 물(水→氵)로 해(歲)마다 담그어 마시는 술 색은 흐리다(濊) 전의하여 "종족이름"으로 씀

물가 오	부수 : 土 총 16 획
墺 :	흙(土)으로 집(宀→冂)질 곳을 분별하(采)여 큰(大)재해를 당하지 않기 위해 물가(墺)는 피한다

墺地利(오지리) : 오스트리아의 한자음 표기.

낄 옹	부수 : 手(扌) 총 16 획
擁 :	손(手→扌)으로 뜻이 화할(雍)수 있을 때 서로 끼다(擁)

擁立(옹:립) : 옹호하여 세움.　　擁壁(옹:벽) : 흙이 토압에 의해 무너지지 않도록 만든 벽체.
擁衛(옹:위) : 부축하여 호위함.　　擁護(옹:호) : 부축하여 보호함.
抱擁(포:옹) : 품에 껴안음.

넘을 유	부수 : 足 총 16 획
踰 :	발(足)로 걸어가다 상대방이 위험하다 하니 대답하(兪)고 뛰어 넘다(踰)

踰月(유월) : 달을 넘김.
踰越(유월) : 넘어 감. 자기 분수에 지나침.

녹을 융	부수 : 虫 총 16 획
融 :	다리굽은솥(鬲)에다 벌레(虫) 형상을 그리기 위해 불에 구운 물체가 액체로 녹다(融)

融液(융액) : 고체가 녹아서 액체가 됨.　　融資(융자) : 자본을 융통함.
融通(융통) : 녹아 통함.　　融合(융합) : 녹아서 한가지가 됨.
融解(융해) : 녹음. 녹임.　　金融(금융) : 경제상 자금의 수요와 공급의 관계.

엉길 응	부수 : 冫 총 16 획
凝 :	어름(冫)이 어는 것처럼 서로가 의심할(疑)수록 좋지 않은 감정이 점점 엉기다(凝)

凝結(응결) : 엉김. 기체가 액체로 변하는 것.　　凝固(응고) : 엉기어 굳어짐.
凝視(응시) : 뚫어지게 자세히 봄.　　凝縮(응축) : 엉기어 줄어 둠.
凝集力(응집력) : 물질을 구성하고 있는 분자 또는 원자간에 작용하는 인력.

물을 자	부수 : 言 총 16 획
諮 :	말씀(言)을 듣고 버금(次)가는 일이 무엇인가 입(口)으로 어른께 묻다(諮)

諮問(자문) : 물어 봄. 상의함.
諮議(자의) : 정부의 자문에 응하여 시비를 의논함.

약제 제	부수 : 刀(刂) 총 16 획
劑	가지런할(齊) 정도로 크기가 같게 칼(刀→刂)로 썰어 놓은 것이 약제(劑)다

消化劑(소화제) : 소화를 촉진하는 약제.　　藥劑(약제) : 여러 가지 약제를 섞어서 조제한 약.
營養劑(영양제) : 영양분을 보충하는 약제.　　調劑(조제) : 약제를 조합하여 내복 또는 외용 의약을 지음.
淸凉劑(청량제) : 복용하면 기분이 상쾌해지는 약.　解熱劑(해열제) : 해영하는데 쓰는 약.

모을 집	부수 : 車 총 16 획
輯	수레(車)에다 입(口)으로 말한 것을 귀(耳)로 듣고 그 물건을 싣기 위해 모으다(輯)

輯錄(집록) : 모아서 기록함.　　　　　　輯睦(집목) : 화목함.
編輯(편집) : 여러 가지 재료를 모아서 신문이나 책을 만듦.
特輯(특집) : 신문·잡지 등에서 특정한 문제를 중심으로 하여 편집함.

밥 찬	부수 : 食 총 16 획
餐	살발린뼈(歹)는 버리고 살과 또(又)같이 먹을(食) 수 있는 것이 밥(餐)이다

晩餐(만 : 찬) : 저녁 식사.　　　　　　午餐(오 : 찬) : 잘 차린 점심.
朝餐(조찬) : 아침 밥.
尸位素餐(시위소찬) : 직책을 다하지 못 하면서 녹만 먹음.

염탐할 첩	부수 : 言 총 16 획
諜	말씀(言)은 하지 않고 인간(世)들이 하는 것을 나무(木)처럼 묵묵히 서서 염탐하다(諜)

諜報(첩보) : 사정을 염탐하여 알림.
諜者(첩자) : 첩인(諜人).
間諜(간첩) : 적진 또는 적지에 들어 가서 사정을 정탐하는 사람.

절인물고기 포	부수 : 魚 총 16 획
鮑	물고기(魚)를 종이에 쌀(包) 수 있으니 절인물고기(鮑)다

鮑叔牙(포숙아) : 춘추시대 제나라의 대부.
鮑魚(포 : 어) : 절인 물고기.
鮑石亭(포석정) : 경주에 있는 신라의 고적지.

편지 한	부수 : 羽 총 16 획
翰	열(十)시도 안된 이른(早)아침부터 사람(人)에게 보낼 새 깃(羽)같은 붓으로 편지(翰)를 쓴다

翰林(한 : 림) : 학자 또는 문인의 모임.
翰林院(한 : 림원) : 당나라에서 시작하여 정나라 까지 계속한 관사.
翰墨(한 : 묵) : 붓과 먹.　　　　　　　書翰(서한) : 편지.

저울대 형	부수 : 行 총 16 획
衡	자축거릴(彳)듯 소 뿔(角→魚)같이 생긴 큰(大)나무에 한(一)개의 고무래(丁)모양처럼 갈고리가 달려 움직이니 저울대(衡)다

衡平(형평) : 균형. 평균.   　　　　　均衡(균형) : 어느 한 쪽으로 치우침 없이 쭉 고름.
度量衡(도:량형) : 길이와 양과 무게.
平衡(평형) : 물건을 다는데 저울대가 똑바름.

벗나무 화	부수 : 木 총 16 획
樺	나무(木)에 꽃이 빛나(華)는 것처럼 많이 피니 벗나무(樺)다 전의하여 "자작나무"로도 씀

樺巾(화건) : 자작나무 껍질로 만든 건.

공　훈	부수 : 力 총 16 획
勳	불길(熏) 일어나듯 힘(力)을 써서 많은 일을 하여 공(勳)을 세우다

勳章(훈장) : 나라에 대한 공로를 표창하기 위하여 내리는 휘장.　　功勳(공훈) : 일에 애쓴 공적.
武勳(무:훈) : 무공(武功).　　　　　　　　　　　　　　　　　　賞勳(상훈) : 상과 훈장.
首勳(수훈) : 첫째가는 큰 공훈.　　　　　　　　　　　　　　　報勳處(보:훈처) : 국가 보훈처.

빛날 희	부수 : 火(灬) 총 16 획
熹	기쁨(喜)이 불(火→灬)빛 같이 얼굴에 빛나다(熹)

熹微(희미) : 햇빛이 흐릿함.
朱熹(주희) : 주자(朱子)의 이름.

기뻐할 희	부수 : 心 총 16 획
憙	기쁨(喜)이 다시 마음(心)에 와 닿으니 기뻐하다(憙)

열쇠 건	부수 : 金 총 17 획
鍵	쇠(金)를 세운(建)것처럼 문에 매달려 있는 것이 열쇠(鍵)다

鍵關(건:관) : 열쇠와 빗장. 문단속.　　　鍵盤(건:반) : 풍금·피아노 따위의 건이 늘어 놓인 바닥.
鍵盤樂器(건:반악기) : 피아노·풍금 따위의 건반이 있는 악기.
鍵閉(건:폐) : 열쇠와 자물쇠. 문단속.

살 구	부수: 貝　　총 17 획
購	조개(貝)를 우물(井)에 두(再)번씩 깨끗이 씻은 것만 사람들이 사다(購)

購讀(구독) : 서적 등을 사서 읽음.　　　購買(구매) : 물건을 삶.
購入(구입) : 물건을 사 들임.
購販場(구판장) : 조합에서 공동으로 물품을 구입하여 싸게 판매하는 곳.

기를 국	부수: 革　　총 17 획
鞠	자식을 가죽(革)옷에 싸(勹)고 쌀(米)로 밥을 해 먹여 기르다(鞠)

鞠養(국양) : 기름.
鞠育(국육) : 양육함.

쇠불릴 단	부수: 金　　총 17 획
鍛	쇠(金)를 층계(段) 모양으로 만들기 위해 쇠불리다(鍛)

鍛鍊(단련) : 쇠붙이를 불에 달구어 두드림.
鍛鐵(단철) : 쇠를 달굼.
體力鍛鍊(체력단련) : 몸의 힘을 닦음.

쓸개 담	부수: 肉(月)　총 17 획
膽	고기(肉→月)를 사람(人→勹)이 언덕(厂) 아래서 나눌(八→儿)때 나눌 수 없다고 말씀(言)하니 쓸개(膽)다

膽力(담:력) : 겁이 없고 용감스러운 의지의 힘.　　肝膽(간:담) : 간과 쓸개.
膽石症(담:석증) : 수담관이나 담낭에 결석이 생겨 몹시 통증을 느끼는 병.　嘗膽(상담) : 와신상담.
落膽(낙담) : 일이 뜻대로 되지 않아 마음이 몹시 상함.　　熊膽(웅담) : 곰의 쓸개.

일 대	부수: 戈　　총 17 획
戴	쓸 흙(土)이 다를(異) 때 창(戈) 같은 삽으로 파서 나르기 위해 머리에 이다(戴)

戴白(대:백) : 백발을 인다는 뜻으로 머리가 흰 사람.
男負女戴(남부여대) : 남자는 지고 여자는 이고 감.
不俱戴天(불구대:천) : 한 하늘 아래서 같이 살지 못함.　　推戴(추대) : 윗사람으로 떠 받듦.

베낄 등	부수: 言　　총 17 획
	고기(肉→月)를 나눌(八) 수 있듯이 지아비(夫)의 말씀(言)을 듣고 나누어 베끼다(謄)

謄本(등본) : 원본을 베낀 서류.　　　謄寫(등사) : 베껴 씀.
謄抄(등초) : 원본에서 베껴 냄.
戶籍謄本(호:적등본) : 호적 원본의 전부를 등사한 증명 문서.

병고칠 료	부수 : 疒 총 17 획
療	병들어기댄(疒) 사람을 한(一)곳에 불(火→灬) 밝히듯 날(日)마다 작은(小) 정성으로 보살펴 병고치다(療)

療法(요법) : 병을 치료하는 방법.   療養(요양) : 병을 조섭하며 치료함.
醫療(의료) : 의술로 병을 치료함.   診療(진료) : 진찰과 치료.
治療(치료) : 병이나 상처를 다스려서 낫게함.

오랠 미	부수 : 弓 총 17 획
彌	활(弓)로 한(一)곳을 여덟(八)번 씩이나 멀(冂)리 있는 과녁을 뚫을(丨)듯이 쏘아도 잘 맞지 않아 점괘인 효(爻)와 효(爻)가 나오는 시간이 오래다(彌)

彌久(미구) : 오래 끎.   彌滿(미만) : 가득 참.
彌望(미망) : 멀리 넓게 바라봄.
彌月(미월) : 달을 넘김.

반계 반	부수 : 石 총 17 획
磻	돌(石)이 많아 여러 차례(番) 돌살촉으로 쓸 수 있는 곳이 반계(磻)다

磻溪(반계) : 위수로 흘러들어 가는 섬서성에 있는 강으로서 강태공이 낚시질 하던 곳.

꿰맬 봉	부수 : 糸 총 17 획
縫	실(糸)로 두 쪽의 헝겊이 하나로 만날(逢) 수 있게 꿰매다(縫)

縫機(봉기) : 재봉틀.   縫印(봉인) : 붙인데나 봉한 데에 찍는 도장.
縫織(봉직) : 바느질과 길쌈.   裁縫(재봉) : 옷감 따위를 말라서 바늘질함.
彌縫(미봉) : 빈 구석이나 잘못된 것을 임시 변통으로 이리저리 주선해서 꾸며 댐.   合縫(합봉) : 합하여 꿰맴.

설풀 설	부수 : ⺿ 총 17 획
薛	풀(⺿)이 작은언덕(阝)처럼 소복히 나며 매운(辛)맛을 내니 설풀(薛)이다 전의하여 "성"으로도 씀

薛聰(설총) : 이두문자(吏讀文字)를 집대성 함.

불꽃 섭	부수 : 火 총 17 획
燮	말씀(言)을 불(火)과 불(火)같이 하고 또(又)하니 불꽃(燮)이는 것 같다.

燮理(섭리) : 고르게 다스림.
燮理陰陽(섭리음양) : 천지의 도를 조화함.

암 암	부수: 疒 총 17 획
癌	병들어기댈(疒)정도로 몸에 물건(品)이 산(山)처럼 쌓이듯 굳어가는 병이 암(癌)이다

肝癌(간:암) : 간에 생기는 암. 　　大腸癌(대:장암) : 대장에 생기는 암종.
胃癌(위암) : 위에 생기는 암종.　　乳房癌(유방암) : 유방에 생기는 암종.
子宮癌(자궁암) : 자궁에 생기는 암종.　肺癌(폐:암) : 폐장에 생기는 암종.

도울 양	부수: 衣 총 17 획
襄	머리부분(亠)을 맞대듯 입(口)과 입(口)으로 이야기 하며 우물(井)가 에서 옷(衣→𧘇) 빠는 것을 돕다(襄)

襄陽郡(양양군) : 강원도에 있는 지명.

깊을 준	부수: 水(氵) 총 17 획
濬	물(水→氵)이 살바린뼈(歹→叡)처럼 골(谷→叡)진 곳에 고여 있는 것을 눈(目)으로 보니 깊다(濬)

濬潭(준담) : 깊은 못.
濬川(준천) : 개천을 파서 쳐냄.
濬哲(준철) : 뛰어나게 명철함.

준마 준	부수: 馬 총 17 획
駿	말(馬)중에서 맏(允)이로서 천천히걸(夊)을 수 없이 빨리 달리니 준마(駿)다

駿馬(준:마) : 잘 달리는 좋은 말.　　駿敏(준:민) : 걸출하고 민첩함.
駿逸(준:일) : 뛰어나고 빠름.
駿足(준:족) : 걸음이 대단히 빠름.

빛날 찬	부수: 火 총 17 획
燦	불(火)에다 살발린뼈(歹) 없는 고기를 굽고 또(又) 쌀(米)로 밥을 해 차리니 상이 더욱 빛나다(燦)

燦爛(찬:란) : 빛이 번쩍번쩍하는 모양.
燦然(찬:연) : 번쩍 빛나는 모양.

옥빛 찬	부수: 玉(王) 총 17 획
璨	구슬(玉→王)의 겉이 살발린뼈(歹)처럼 또(又) 쌀(米)처럼 윤기가 나니 옥빛(璨)이다

달아날 추	부수 : 走 총 17 획
趨	달릴(走)듯 베어 싸(勹)놓은 싹난(屮) 풀을 베어 싸(勹)놓은 싹난(屮) 풀을 가지고 달아나다(趨)

趨利(추리) : 영리에 마음을 기울림.   趨勢(추세) : 세상의 돌아가는 형편.
趨進(추진) : 빨리 나아감.
趨向(추향) : 의향. 취향.

해자 호	부수 : 水(氵) 총 17 획
濠	물(水→氵)을 가두어 호걸(豪)도 성안으로 못들어 오게 만든 것이 해자(濠)다 전의하여 나라이름 "호주"로 씀

濠橋(호교) : 성을 빙 둘러 싼 못에 놓은 다리.
濠洲(호주) : '오스트레일리아'의 한자음 표기.

해자 호	부수 : 土 총 17 획
壕	흙(土)을 파내고 물을 가두어 호걸(豪)도 성안으로 못들어 오게 만든 것이 해자(壕)다

待避壕(대:피호) : 적의 공습시 폭탄의 파편 등을 피하기 위해 파 놓은 구덩이.
防空壕(방공호) : 공습 때 대피하기 위하여 땅을 파서 만든 시설.

전나무 회	부수 : 木 총 17 획
檜:	나무(木)중에서 한 곳에 모인(會)것처럼 한 줄기에 잎이 많이 난 것이 전나무(檜)다

檜木(회:목) : 노송나무.
檜風(회:풍) : 시경의 열다섯 국풍의 하나.
檜皮(회:피) : 노송나무 껍질.

질나팔 훈	부수 : 土 총 17 획
壎	흙(土)으로 만들어 불길(熏)에 구워 낸 유일한 악기가 질나팔(壎)이다

아름다울 휘	부수 : 彳 총 17 획
徽	자축거리(彳)며 산(山)을 이어맬(系)듯이 치(攴→攵)듯 힘쓰며 오르니 사방이 아름답다(徽)

徽言(휘언) : 아름다운 말.   徽音(휘음) : 좋은 평판.
徽章(휘장) : 기의 표지.
徽號(휘호) : 기장. 기치.

복 희	부수 : 示 총 17 획
禧	보일(示)수 있게 꾸미고 기쁨(喜)을 주니 자기에게 오는 것이 복(禧)이다

기운 희	부수 : 羊 총 17 획
羲	양(羊→羊)처럼 빼어날(秀)정도로 창(戈)을 자유자재로 쓰니 기운(羲)차 보인다

羲農(희농) : 복희씨와 신농씨.   羲皇(희황) : 복희.
伏羲(복희) : 고대 중국의 전설상의 제왕.
王羲之(왕희지) : 중국 동진의 서예가.

오랑캐이름 갈	부수 : 革 총 18 획
鞨	가죽(革)채칙으로 가로(曰)대 하며 사방을 쌀(勹)정도로 사람(人)들이 한(一→乚)곳에서 나쁜 짓을 하니 오랑캐이름(鞨)을 가진 자다

靺鞨(말갈) : 만주 동북 지방에 있던 퉁구스계의 일족.

대궐 궐	부수 : 門 총 18 획
闕	문(門) 앞에서 갈래진창(屰)을 들고 하품(欠)하며 졸음이 오는 것도 참고 지키니 대궐(闕)이다

闕內(궐내) : 대궐 안.   宮闕(궁궐) : 임금이 거처 하는 집.
大闕(대궐) : 궁궐.
補闕(보궐) : 보결(補缺).

준마 기	부수 : 馬 총 18 획
騏	말(馬)이 많은 가운데서 그(其) 한 마리를 고루니 준마(騏)다

비칠 도	부수 : 火(灬) 총 18 획
燾	목숨(壽)이 살아 있듯이 불(火→灬)이 움직이며 사방으로 비치다(燾)

燾育(도육) : 덮어 잘 보호하여 기름.

사냥 렵	부수 : 犬(犭)　　총 18 획
獵	개(犬→犭)처럼 내(巛)처럼 털이 숨구멍(囟→囚)있는 곳에 나고 털(毛→巤)이 몸에 난 짐승을 사냥(獵)하다

獵官(엽관) : 관직을 얻으려고 서로 다툼.
獵奇(엽기) : 기이한 사물을 즐겨서 좇아 다님.
獵師(엽사) : 사냥꾼.　　　　　　　　獵銃(엽총) : 사냥하는데 쓰는 총.

그르칠 류	부수 : 言　　총 18 획
謬	말씀(言)하신 것을 새깃(羽)으로 사람(人)이 터럭(彡)처럼 만들어 글을 쓰니 잘못 되어 그르치다(謬)

謬見(유견) : 잘못 된 의견.
誤謬(오:류) : 그릇 되어 이치에 어긋남.

꾀 모	부수 : 言　　총 18 획
謨	말씀(言)을 아무도 없을(莫)때 하여 남을 꾀다(謨)

謨訓(모훈) : 국가의 대계 및 후왕의 모범이 될 교훈.
奇謨(기모) : 기이한 꾀.

향기 복	부수 : 香　　총 18 획
馥	향기(香)가 사람(人→亻)한테로 날(日)이 밝아 햇빛 퍼지듯 사방으로 천천히걷(夂)듯이 퍼져 나가니 향기(馥)다

馥氣(복기) : 향기.
馥郁(복욱) : 향기가 많이 나는 모양.
芳馥(방복) : 향내가 남.

덮을 복	부수 : 襾　　총 18 획
覆	덮을(襾) 수 있는 것으로 다시(復) 덮다(覆)

覆蓋(복개) : 덮음.　　　　　　　覆面(복면) : 얼굴을 가림.
覆沙(복사) : 논밭에 모래가 덮이는 일.　覆審(복심) : 다시 조사함.
覆土(복토) : 흙을 덮음.　　　　　　飜覆(번복) : 이리저리 뒤쳐서 고침.

기울 선	부수 : 糸　　총 18 획
繕	실(糸)로 옷 해진 곳을 착한(善) 마음으로 잘 깁다(繕)

繕寫(선:사) : 엮어 베낌.　　　　修繕(수선) : 낡은 것을 손보아 고침.
營繕(영선) : 건축물의 영조와 수선.
補繕(보:선) : 기왕에 되어 있는 곳을 보충하여 수선함.

구슬 선	부수 : 玉(王)　총 18 획
璿	구슬(玉→王)을 슬기(睿)있는 지혜로 만드니 좋은 구슬(璿)이다

璿宮(선궁) : 옥으로 장식한 궁전.

즙낼 심	부수 : 水(氵)　총 18 획
瀋	식물에서 물(水→氵)이 나오나 안 나오나를 살피(審)며 즙내다(瀋)

瀋陽(심:양) : 만주 요동성에 수부.

독 옹	부수 : 瓦　총 18 획
甕	그릇과 화할(雍)수 있게 기와(瓦) 만들 듯 만든 것이 독(甕)이다

甕器(옹:기) : 질그릇.　　　　　　　　甕城(옹성) : 철옹산성(鐵甕山城).
甕天(옹:천) : 항아리의 안을 천지로 한다는 뜻으로 견문이 좁음의 비유.
甕津郡(옹진군) : 인천광역시 안에 있는 고을.　　瓦甕(와옹) : 기와와 독.

쇠녹일 용	부수 : 金　총 18 획
鎔	쇠(金)로 얼굴(容)모양처럼 만들기 위해 먼저 쇠녹이다(鎔)

鎔鑛爐(용광로) : 광석 또는 금속 등에 가열하여 녹여 내는 화로.
鎔巖(용암) : 마그마가 화산의 분화구로부터 분출한 것.　　鎔解(용해) : 금속을 녹임.
鎔接(용접) : 두 금속에 고도의 전열 또는 가열을 주어 접합시킴.

위나라 위	부수 : 鬼　총 18 획
魏	맡길(委)수 있되 귀신(鬼) 같이 잔꾀를 내니 위나라(魏)다

魏武(위무) : 위나라의 무제. 곧 조조.
魏書(위서) : 중국의 정사(正史)의하나.

무게이름 일	부수 : 金　총 18 획
鎰	쇠(金)로 만든 저울추를 더할(益)때 마다 무게이름(鎰)이 다르다

볼 첨	부수 : 目　　총 18 획
瞻	눈(目)으로 사람(人→夕)이 언덕(厂)위에서 여덟(八→儿) 방향을 말씀(言)도 하며 보다(瞻)

瞻望(첨망) : 우러러 봄.
瞻星臺(첨성대) : 경주에 있는 신라시대의 천문 관측대.
瞻仰(첨앙) : 우러러 봄. 숭앙함.

불빛 혁	부수 : 火　　총 18 획
爀	불(火)이 멀리 까지 빛날(赫)수 있으니 불빛(爀)이다

물맑을 형	부수 : 水(氵)　　총 18 획
瀅	물(水→氵)이 불(火)빛과 불(火)빛에 덮여(冖)있는 고운 구슬(玉) 같으니 물맑다(瀅)

汀瀅(정형) : 물이 맑고 깨끗함.

남비 호	부수 : 金　　총 18 획
鎬	쇠(金)불이로 운두가 높을(高)정도로 만들어 음식을 끓이니 남비(鎬)다

鎬京(호경) : 주(周)나라의 서울.
鎬鎬(호호) : 빛나는 모양. 환한 모양.

향풀 훈	부수 : ⺿　　총 18 획
薰	풀(⺿)이 불길(熏)처럼 향내를 내니 향풀(薰)이다

薰氣(훈기) : 훈훈한 기운.　　　　薰陶(훈도) : 덕으로써 사람을 교화함.
薰藥(훈약) : 병에 피우는 약재.　　薰育(훈육) : 덕으로써 교육함.
薰風(훈풍) : 남풍. 첫 여름에 부는 훈훈한 바람.　薰化(훈화) : 덕행으로 남을 감화시킴.

지경 강	부수 : 田　　총 19 획
疆	활(弓)처럼 흙(土)이 한(一)개의 밭(田) 한(一)개의 밭(田)을 한(一)개씩 구분 지니 지경(疆)이다

疆界(강계) : 경계. 국경.　　　　疆內(강내) : 나라의 경계의 안.
疆域(강역) : 강토의 구역.
疆土(강토) : 국토. 영토.

구슬 경	부수 : 玉(王)　총 19 획
瓊	구슬(玉→王)을 사람(人→⺈)이 구멍(穴→⽳)을 눈(目)알처럼 치(攵→攵)듯이 힘써 뚫어 꿰어 놓은 구슬(瓊)을 나타낸 자

맬 계	부수 : 糸　총 19 획
繫	수레(車)에다 메(산)(山)처럼 창(殳) 가득 싣고 실(糸)같은 밧줄로 단단히 매다(繫)

繫留(계:류) : 붙잡아 매어 둠.　　　繫束(계:속) : 묶음. 결박함.
繫屬(계:속) : 맵. 또 매임.
繫泊(계:박) : 배를 매어 둠.

기린 기	부수 : 鹿　총 19 획
麒	사슴(鹿) 같이 그(其) 모양이 비슷하니 기린(麒)이다

등나무 등	부수 : ⺾　총 19 획
藤	풀(⺾)이 자라듯 배(舟→月)가 나누(八)어진 틈난 한(一) 곳으로 큰(大) 물(水→氵) 솟아오르듯 다른 나무를 기어오르니 등나무(藤)다

藤架(등가) : 등나무 시렁.　　　藤家具(등가구) : 등나무로 만든 가구.
葛藤(갈등) : 일이 까다롭게 뒤얽힘.
常春藤(상춘등) : 댕댕이 덩굴.

농막집 려	부수 : 广　총 19 획
廬	집(广)의 모양이 검은빛(盧)을 내니 농막집(廬)이다

廬落(여락) : 민가의 모임.　　　廬幕(여막) : 농막(農幕).
廬舍(여사) : 오두막 집.　　　廬山(여산) : 강서성 구강부에 있는 명산.
草廬(초려) : 초가. 자기 집을 낮추어 일컫는 말.

높은집 방	부수 : 龍　총 19 획
龐	집(广)의 모양이 용(龍)이 솟아오르는 것 같으니 높은집(龐)이다

龐眉皓髮(방미호발) : 눈썹이 크고 머리가 희다는 뜻으로, 노인을 이름.
龐錯(방착) : 뒤섞임. 난잡함.
龐統(방통) : 삼국시대의 촉한 사람.

붕새 붕	부수 : 鳥　　총 19 획
鵬	벗(朋)들과 어울릴 수 없이 큰 새(鳥)가 붕새(鵬)다

鵬圖(붕도) : 붕새가 북쪽에서 남쪽으로 일거에 구만리를 날고자 하는 계획. 곧 큰 계획.
鵬力(붕력) : 붕새 같이 큰 힘.　　　　　鵬飛(붕비) : 붕새처럼 높이 낢.
鵬翼(붕익) : 넓은 구름. 먼바다.　　　　鵬程(붕정) : 붕새가 날아가는 길.

두꺼비 섬	부수 : 虫　　총 19 획
蟾	벌레(虫)중에서 사람(人→⺈)이 언덕(厂)위를 쳐다보며 여덟(八→儿) 방향으로 말씀(言)하시는 것처럼 눈만 껌벅거리니 두꺼비(蟾)다

蟾蛇酒(섬사주) : 두꺼비를 갖 먹은 뱀으로 담근 술.
蟾彩(섬채) : 달빛.

노끈 승	부수 : 糸　　총 19 획
繩	실(糸)을 맹꽁이(黽)모양처럼 감아 놓은 것이 노끈(繩)이다

繩繫(승계) : 끈으로 잡아 맴.　　　　　繩察(승찰) : 살펴 바로 잡음.
結繩(결승) : 문자가 없었던 옛날에 새끼의 매듭 모양과 수로 의사의 소통과 사물의 기억의 방편으로 삼았던 풍습.
火繩(화 : 승) : 불을 붙게 하는데 쓰는 노끈.　捕繩(포 : 승) : 죄인을 잡아 묶는 노끈.

편안할 온	부수 : 禾　　총 19 획
穩	벼(禾)를 손톱(爫)처럼 희게 장인(工)이 손(⺕)으로 만들어 준 쌀로 밥을 해 먹으니 마음(心)이 편안하다(穩)

穩健(온 : 건) : 온당하고 건실함.　　　穩當(온 : 당) : 사리에 어그러지지 않고 알맞음.
穩全(온 : 전) : 흠결이 없이 완전함.
平穩(평온) : 고요하고 안온함.

쇠북 용	부수 : 金　　총 19 획
鏞	쇠(金)중에서 오랫동안 떳떳할(庸)정도로 제몫을 다하니 쇠북(鏞)이다

이랑 주	부수 : 田　　총 19 획
疇	밭(田)에다 목숨(壽)이 있는 씨앗을 뿌리기 위해 만들어 놓은 것이 이랑(疇)이다

疇輩(주배) : 동무. 동배.
範疇(범 : 주) : 분류.

찰 축	부수 : 足 총 19 획
蹴	발(足)이 앞으로 나아갈(就)때 물체를 차다(蹴)

蹴球(축구) : 구기의 한가지.
蹴踏(축답) : 발차고 짓밟음.
一蹴(일축) : 한 번 참.

으뜸 패	부수 : 襾 총 19 획
覇	덮을(襾) 수 있는 가죽(革) 옷을 몸(肉→月)에 입고 다니니 옷 중에 으뜸(覇)이다

覇權(패권) : 한 지방 또는 부류중의 우두머리가 가진 권력.   覇氣(패기) : 패자가 되려고 하는 기강.
覇道(패도) : 패자가 취하는 도.   覇者(패자) : 제후의 두목.
連覇(연패) : 잇따라 우승함.   爭覇(쟁패) : 패권을 다툼.

오를 등	부수 : 馬 총 20 획
騰	배(舟→月)에 타듯 힘이 나누(八)어지지 않게 한(一)번에 큰(大)힘을 주어 말(馬)에 오르다(騰)

騰極(등극) : 즉위 함.   騰落(등락) : 물가의 오름과 내림.
騰馬(등마) : 발정하여 뛰어 오르는 말.   急騰(급등) : 물가나 시세 따위가 갑자기 오름.
上騰(상:등) : 물가 등이 오름.   暴騰(폭등) : 물가·주가등이 갑자기 대폭적으로 오름.

숫돌 려	부수 : 石 총 20 획
礪	돌(石)을 언덕(厂) 밑에서 일만(萬)개나 캐내 쓸 수 있으니 숫돌(礪)이다

礪石(여:석) : 숫돌.
磨礪(마려) : 쇠붙이나 돌등을 문질러 갊.

단술 례	부수 : 酉 총 20 획
醴	새벽 닭(酉)이 울 때까지 풍년(豊)든 곡식으로 빗은 술을 마셔도 취하지 않는 술이 단술(醴)이다

醴酒(예:주) : 단술. 감주(甘酒).
甘醴(감례) : 단술. 감주(甘酒).

갈대 로	부수 : ++ 총 20 획
蘆	풀(++)이 검은빛(盧) 갯벌에서 잘 자라니 갈대(蘆)다

蘆雪(노설) : 갈대 이삭이 눈처럼 힘을 이름.
蘆笛(노적) : 갈대의 잎을 말아 만든 피리.
蘆田(노전) : 갈대 밭.   蘆花(노화) : 갈대의 꽃.

아가씨 양	부수 : 女 총 20 획
孃	어린 계집(女)을 옆에서 도우(襄)며 부르는 호칭이 아가씨(孃)다

빛날 요	부수 : 羽 총 20 획
耀	빛(光)이 깃(羽)에 비치니 새(隹)의 걸 모양이 더욱 빛나다(耀)

耀耀(요요) : 찬란하게 빛나는 모양.
耀翰(요한) : 글을 빛냄.

큰배 함	부수 : 舟 총 20 획
艦	작은 배(舟)를 감시하며 볼(監)수 있으니 큰배(艦)다

艦隊(함대) : 군함 두 척 이상으로 조직한 해군 부대.   艦上(함상) : 군함의 위.
艦船(함선) : 군함과 선박.   艦長(함장) : 군함의 지휘 감독을 하는 사람
艦艇(함정) : 전투력을 가진 온갖 배의 총칭. 艦砲(함포) : 군함에 장치한 대포.

꽃다울 형	부수 : 香 총 20 획
馨	소리(聲→殸)가 울려 퍼지듯 식물에서 향기(香)가 멀리 까지 퍼지니 꽃답다(馨)

馨氣(형기) : 향기.
馨香(형향) : 향기 좋은 냄새.

마귀 마	부수 : 鬼 총 21 획
魔	삼(麻)잎 같이 정신을 혼란하게 만드는 귀신(鬼)이 마귀(魔)다

魔窟(마굴) : 악한 자들이 모인 곳.   魔鬼(마귀) : 못된 잡귀.
魔力(마력) : 마술의 힘.   魔法(마법) : 요술.
魔術(마술) : 요술.   魔王(마왕) : 악마의 왕.

잡을 섭	부수 : 手(扌) 총 21 획
攝	손(手→扌)으로 뜨거운 것을 만지면 귀(耳),귀(耳),귀(耳)를 여러번 잡다(攝)

攝念(섭념) : 마음을 가다듬음.   攝理(섭리) : 대리하여 다스림.
攝生(섭생) : 양생함.   攝政(섭정) : 임금을 대리하여 정사를 맡아
攝取(섭취) : 양분을 빨아 드림.   攝行(섭행) : 대리함.

뛸 약	부수 : 足 총 21 획
躍	발(足)과 깃(羽)을 펴고 새(隹)가 깡충깡충 뛰다(躍)

躍動(약동) : 생기 있게 움직임. 躍進(약진) : 앞으로 뛰어 나감.
跳躍(도약) : 뛰어 오름. 飛躍(비약) : 높이 뛰어 오름.
一躍(일약) : 지위·등급·가격 등이 별안간 높이 뛰어 오르는 모양. 活躍(활약) : 기운차게 뛰어다님.

대바구니 롱	부수 : 竹 총 22 획
籠	대(竹)나무를 쪼개 용(龍) 겉모양처럼 비틀어 만든 그릇이 대바구니(籠)이다

籠球(농구) : 바스켓 보울. 籠羅(농라) : 새장과 그물.
籠絡(농락) : 남을 자기 수중에 넣고 마음대로 조롱함. 籠中鳥(농중조) : 새장에 갇힌 새.
籠城(농성) : 어떤 목적을 위하여 줄곧 한자리에 머물러 떠나지 않음.

쇠불릴 주	부수 : 金 총 22 획
鑄	쇠(金)로 만든 도구가 목숨(壽)이 다 되어 다시 만들기 위해 쇠불리다(鑄)

鑄工(주:공) : 쇠를 다루는 장인. 鑄物(주:물) : 쇠붙이를 녹여 주조한 물건.
鑄錢(주:전) : 쇠를 녹여 돈을 만듦. 鑄造(주:조) : 쇠를 녹여 물건을 만듦.
鑄鐵(주:철) : 갓 파낸 철광에서 잡것을 분리시킨 것. 鑄型(주:형) : 물건을 주조하는데 쓰는 골.

여울 탄	부수 : 水(氵) 총 22 획
灘	물(水→氵) 건널 때 위험하고 어려운(難)곳이 여울(灘)지는 곳이다

灘聲(탄성) : 여울에 흐르는 물소리.
玄海灘(현해탄) : 대한해협의 남쪽. 일본 후구오카현의 서북쪽에 있는 풍파가 심한 바다.

백로 로	부수 : 鳥 총 23 획
鷺	길(路)가 논에 앉아 있는 새(鳥)가 백로(鷺)다

鷺約(노약) : 세속을 떠난 교우.
鷺羽(노우) : 백로의 깃.
白鷺(백로) : 왜가리과의 새를 통틀어 이르는 말.

기린 린	부수 : 鹿 총 23 획
麟	사슴(鹿) 같은 모양의 몸에 쌀(米)모양의 무늬가 있고 어그러질(舛) 듯 천천히 걸어다니는 동물이 기린(麟)이다

麟角(인각) : 대단히 희귀한 물건의 비유.
麒麟(기린) : 포유 동물중 키가 커서 머리끝까지 높이가 6m나 됨.

가늘 섬	부수 : 糸 총 23 획
纖	실(糸)처럼 사람(人)과 사람(人)이 창(戈)끝으로 부추(韭)모양 같이 쪼개니 가늘다(纖)

纖毛(섬모) : 가는 털.　　　　　　　　纖眉(섬미) : 미인의 아름다운 눈썹.
纖細(섬세) : 가늚. 미세함.
纖維(섬유) : 생물체를 조직하는 가는 실 같은 물질.

훔칠 절	부수 : 穴 총 23 획
竊	구멍(穴)을 내고 분별할(釆)수도 점(卜)칠 수 없는 밤에 덮여(⌐)있는 물건을 사람(人)이 발자국(内)내지 않고 훔치다(竊)

竊盜(절도) : 남의 물건을 몰래 훔치는 일.
竊視(절시) : 몰래 봄.
竊取(절취) : 몰래 훔쳐 가짐.

옥잔 찬	부수 : 玉(王) 총 23 획
瓚	구슬(玉→王)처럼 옥으로 만들어 종묘 제사때 도울(贊)수 있는 제기가 옥잔(瓚)이다

圭瓚(규찬) : 종묘에서 쓰는 제기.
玉瓚(옥찬) : 창주(鬯酒)를 담는 구기 비슷한 제기.

매 응	부수 : 鳥 총 24 획
鷹	집(广)에서 사람(人→亻)이 작은 새(隹)를 잡아오도록 기르는 새(鳥)가 매(鷹)다

鷹犬(응견) : 매와 개.
鷹師(응사) : 매를 놓아 새를 잡는 사람.
鷹視(응시) : 매처럼 노려 봄.　　　　　鷹爪(응조) : 매의 발톱.

물굽이 만	부수 : 水(氵) 총 25 획
灣	물(水→氵)이 말씀(言)하듯 실(糸)과 실(糸)같이 길게 활(弓)처럼 굽은 곳을 흐르니 물굽이(灣)이다

灣然(만연) : 물이 활처럼 굽은 모양.　　海灣(해:만) : 바다와 만.
灣入(만입) : 바닷물이나 강물 같은 것이 활처럼 뭍으로 휘어 들어감.
港灣(항:만) : 해안의 만곡한 지점에 방파제·부두·잔교·창고·기중기 등의 시설을 한 수역.

천리마 기	부수 : 馬 총 27 획
驥	말(馬)을 장수가 특별히 바랄(冀)수 있는 것은 천리마(驥)다

驥尾(기미) : 준마의 꼬리.
驥足(기족) : 준마의 발. 뛰어난 재능을 가진 사람의 비유.

뚫을 찬	부수 : 金　　총 27 획
鑽	일할 때 쇠(金)가 또 도울(贊) 수 있으니 구멍 뚫을(鑽)때다

鑽石(찬석) : 질이 떨어지는 금강석.
鑽硏(찬연) : 깊이 연구함.

나귀 려	부수 : 馬　　총 29 획
驪	말(馬)보다 고울(麗)정도가 떨어지니 나귀(驪)다

驪歌(여가) : 송별의 노래.
驪龍之珠(여룡지주) : 검은 용의 턱 밑에 있는 귀중한 구슬.
驪山(여산) : 중국 진시황의 무덤이 있는 산.

답답할 울	부수 : 鬯　　총 29 획
鬱	나무(木)로 장군(缶)처럼 만든 통에 나무(木)를 덮어(冖) 울창주(鬯) 담기 위해 터럭(彡)같은 물체로 싸놓은 모양이 답답하다(鬱)

鬱金(울금) : 생강과에 속하는 다년초.　　　鬱憤(울분) : 쌓여 풀리지 않는 분노.
鬱積(울적) : 쌓여 막힘.　　　　　　　　　鬱寂(울적) : 마음이 답답하고 쓸쓸함.
鬱蒼(울창) : 나무가 빽빽이 들어서 무성하여 푸릇푸릇한 모양.　　鬱火(울화) : 속이 답답하여 나는 심화.

附　　　錄

1. 故事成語 및 四字成句
2. 漢字語 첫 音節에서 長音으로 발음하는 例
3. 첫 音節에서 長短 두 가지로 發音하는 漢字
4. 類義語 / 反對語・相對語
5. 一字多音語字
6. 틀리기 쉬운 漢字
7. 頭音法則
8. 略字

2급 고사성어 및 사자성구

가인박명(佳人薄命) : 아름다운 여자는 명이 짧음.
각골난망(刻骨難忘) : 은혜가 뼈에 새겨져 잊혀지지 않음.
각자무치(角者無齒) : 뿔이 없는 자는 이가 없다는 뜻으로,
　　　　　　　　　　사람이 모든 복을 겸하지 못함을 이름.
각주구검(刻舟求劍) : 미련하고 융통성이 없음의 비유.
간담상조(肝膽相照) : 속마음을 터 놓고 가까이 사귐을 이르는 말.
감불생심(敢不生心) : 감히 생각도 못함.
감언이설(甘言利說) : 남의 비위에 맞도록 꾸민 달콤한 말과 이로운 조건을 내세워 꾀는
　　　　　　　　　　말.
감천선갈(甘泉先竭) : 재능이 출중한 사람은 혹사당하여 빨리 쇠폐함의 비유.
갑남을녀(甲男乙女) : 갑이란 남자와 을이란 여자의 뜻으로, 평범한 사람들.
　　　　　　　　　　(類) 張三李四.
강호연파(江湖煙波) : 호수 위에 안개처럼 보얗게 이는 잔물결.
개과천선(改過遷善) : 지나간 허물은 고치고 착하게 됨.
개세지재(蓋世之才) : 일세(一世)를 뒤덮을 만한 재주.
걸인연천(乞人憐天) : 격에 맞지 않는 걱정함을 이르는 말.
격세지감(隔世之感) : 많은 진보·변화를 겪어서 딴 세상처럼 여겨지는 느낌.
견강부회(牽強附會) : 가당치도 않은 말을 억지로 끌어다 대어 조리에 닿도록함.
견리사의(見利思義) : 눈앞에 이익이 보일 때, 의리를 생각함. (對)見危授命
견위수명(見危授命) : 국가나 군부(君父)의 위급에 즈음하여서는 목숨을 바침.
견물생심(見物生心) : 실물을 보고 욕심이 생김.
견마지로(犬馬之勞) : 임금이나 나라에 충성을 다하는 노력.
견인불발(堅忍不拔) : 굳게 참고 견뎌 마음을 빼앗기지 않음.
결자해지(結者解之) : 맺은 자가 풀어야 한다는 뜻으로,
　　　　　　　　　　자기가 저지른 일은 자기가 해결해야 한다는 말.
결초보은(結草報恩) : 죽은 혼령이 되어도 은혜를 잊지 않고 갚음.
겸인지용(兼人之勇) : 능히 몇 사람을 당해 낼 만한 용기.
경거망동(輕擧妄動) : 경솔하고 분수 없이 행동함.
경국제세(經國濟世) : 나라를 다스리고 백성을 구제함.
경국지색(傾國之色) : 나라안에 으뜸 가는 미인.
　　　　　　　　　　임금이 혹하여 나라가 뒤집혀도 모를 만한 미인.
경천동지(驚天動地) : 세상을 몹시 놀라게 함.

계명구도(鷄鳴狗盜) : 행세하는 사람이 배워서는 아니 될, 천한 기능을 가진 사람.
고립무원(孤立無援) : 고립되어 구원을 받을 데가 없음.
고육지책(苦肉之策) : 적을 속이는 수단으로서 제 몸을 괴롭히는 것도 돌보지 않고 쓰는 계책.
고진감래(苦盡甘來) : 고생 끝에 즐거움이 옴. (對)興盡悲來
고장난명(孤掌難鳴) : 혼자서는 일하기 어려움. 또, 서로 같으니까 싸움이 된다는 뜻.
고침안면(高枕安眠) : 베개를 높이 하여 잘 잠. 근심이 없이 편히 잘 잠.
곡학아세(曲學阿世) : 정도를 벗어난 학문으로 세상 사람에게 아첨함.
골육상잔(骨肉相殘) : 친족간에 서로 해치고 죽이고 함.
공전절후(空前絶後) : 비교할 만한 것이 이전에도 없고 이후에도 없음. (類)前無後無
과유불급(過猶不及) : 정도를 지나침은 미치지 못한 것과 같음.
과전리하(瓜田李下) : 남에게 의심받을 일은 애초부터 하지 않음을 이름.
교각살우(矯角殺牛) : 결점이나 흠을 고치려다가 수단이 지나쳐 일을 그르침.
교언영색(巧言令色) : 남의 환심을 사려고 아첨을 하는 교묘한 말과 보기 좋게 꾸미는 얼굴빛.
구곡간장(九曲肝腸) : 굽이굽이 깊이 든 마음 속. 깊은 마음 속.
구밀복검(口蜜腹劍) : 말로는 친한 체하나 속으로 해칠 생각을 가짐.
구사일생(九死一生) : 죽을 고비를 여러차례 겪고 겨우 살아남.
구우일모(九牛一毛) : 많은 가운데 가장 적은 것을 비유.
구상유취(口尙乳臭) : 평범한 사람 가운데의 뛰어난 사람을 이름.
군자불기(君子不器) : 그릇이란 제각기 한가지 소용에 맞는 것이나,
                    덕이 있는 사람은 그렇지 않아, 온갖 방면에 통함을 이름.
궁여지책(窮餘之策) : 궁박한 끝에 나는 한 계책.
궁여일책(窮餘一策) : 궁박한 끝에 나는 한 계책.
권선징악(勸善懲惡) : 착한 일에 권장하고 악한일을 징계함.
권모술수(權謀術數) : 권모와 술수.
권불십년(權不十年) : 권세는 10년을 못 간다는 말. (類)勢不十年
근묵자흑(近墨者黑) : 나쁜 사람과 사귀면 물들기 쉽다는 말.
근주자적(近朱者赤) : 나쁜 사람과 사귀면 물들기 쉽다는 말.
금란지교(金蘭之交) : 극히 친한 사이 (類)水魚之交), 斷金之交, 布衣之交
금상첨화(錦上添花) : 좋은 일에 또 좋은 일이 더함.
금석지감(今昔之感) : 지금과 옛적을 비교해 생각할 때, 그 차이가 심함을 보고 느끼는 점.
금성탕지(金城湯池) : 방비가 아주 견고한 성.
금의야행(錦衣夜行) : 비단 옷을 입고 밤에 간다는 뜻. <아무 보람이 없는 행동>

금의옥식(錦衣玉食) : 호화롭고 사치스런 의식(衣食). (類)好衣好食
금의환향(錦衣還鄕) : 출세를 하고 고향에 돌아옴.
금지옥엽(金枝玉葉) : 임금의 자손이나 집안. 귀여운 자손.
기사회생(起死回生) : 중병으로 죽을 뻔하다가 살아나 회복됨.
기상천외(奇想天外) : 보통 사람이 생각할 수 없는 엉뚱한 생각.
난공불락(難攻不落) : 공격하기가 어려워 좀처럼 함락되지 않음.
난신적자(亂臣賊子) : 나라를 어지럽게 하는 무리와 부모를 해치는 아들.
난형난제(難兄難弟) : '누구를 형이라 아우라 하기가 어렵다'는 뜻
　　　　　　　　　　〈두 사물의 낫고 모함을 분간하기 어려움의 비유〉 (類)莫上莫下
남부여대(男負女戴) : '가난한 사람이나 재난을 당한 사람들이 살곳을 찾아 이리저리 떠돌
　　　　　　　　　　아 다님'을 으르는 말.
내유외강(內柔外剛) : 사실은 마음이 약한데도, 외부에 나타난 태도는 강하게 보임.
　　　　　　　　　　(類)外柔內剛
노갑이을(怒甲移乙) : 어떤 사람에게 당한 노여움을 다른 사람에게 화풀이함.
노발대발(怒發大發) : 몹시 노함. 대단히 성을 냄.
노심초사(勞心焦思) : 애를 쓰고 속을 태움. 몹시 애를 태움.
누란지위(累卵之危) : 알을 쌓아 둔 것처럼 위태로움.
다다익선(多多益善) : 많으면 많을수록 더욱 좋음.
단도직입(單刀直入) : 요점을 바로 풀이하여 들어감.
단금지교(斷金之交) : 정의가 두터운 벗간의 교분.
당구풍월(堂狗風月) : 무식한 사람도 유식한 사람 틈에 있으면 다소 유식해짐.
대경실색(大驚失色) : 크게 놀라 얼굴 색이 변함.
대기만성(大器晚成) : 크게 될 사람은 늦게 이루어짐.
대동소이(大同小異) : 거의 같고 조금 다름.
덕필유린(德必有隣) : 덕을 쌓은 사람은 외롭지 아니하고 반드시 이웃이 있다는 말.
도탄지고(塗炭之苦) : 백성들이 심한 고통에 처했을 때를 가리킴.
독불장군(獨不將軍) : 따돌림을 받는 외로운 사람. 무엇이나 혼자 처리하는 사람.
동가홍상(同價紅裳) : '같은 값이면 다홍치마'의 뜻으로,
　　　　　　　　　　같은 값이면 품질이 좋은 것을 택한다는 말.
동문서답(東問西答) : 묻는 말에 당치도 않는 대답을 함.
동분서주(東奔西走) : 이리저리 바삐 다님.
동병상련(同病相憐) : 같은 병의 환자끼리 서로 가엽게 여김.
　　　　　　　　　　어려운 사람끼리 동정하고 도움.
동상이몽(同床異夢) : 기거를 함께 하면서 서로 다른 생각을 함.

동족방뇨(凍足放尿) : 그 효력이 없어질 뿐 아니라 더 악화된다는 말.
등고자비(登高自卑) : 지위가 높을수록 스스로를 낮춤.
등하불명(燈下不明) : 등잔 밑이 어둡다.
마이동풍(馬耳東風) : 남의 의견이나 충고의 말을 귀담아듣지 아니하고 흘려버림을 이르는
　　　　　　　　　말.
막상막하(莫上莫下) : 우열의 차가 없음.
막역지우(莫逆之友) : 아주 허물없는 벗. (類)水魚之交, 知己之友, 斷金之交
만시지탄(晩時之歎) : 시기에 뒤늦었음을 원통해 하는 탄식.
망양지탄(亡羊之歎) : 갈래지 길에서 양을 잃고 탄식한다는 뜻으로,
　　　　　　　　　학문의 길도 여러 갈래라 길을 잡기 어렵다는 말.
맹모단기(孟母斷機) : 맹자의 어머니가 아들이 학업을 중단하고 돌아왔을 때,
　　　　　　　　　짜던 베를 칼로 잘라서 훈계한 고사.
맹모삼천(孟母三遷) : 맹자의 어머니가 맹자를 가르치기 위해 세 번 이사했다는 고사.
면종복배(面從腹背) : 표면으로는 복종하는 체하면서 내심(內心)으로는 배반함.
명경지수(明鏡止水) : 맑은 거울과 조용한 물.
　　　　　　　　　맑고 고요한 심경을 이름.
목불식정(目不識丁) : 글자를 한 자도 모름. 아주 무식함.
목불인견(目不忍見) : 차마 눈뜨고 볼 수 없음.
무릉도원(武陵桃源) : 신선이 살았다는 전설적인 중국의 명승지.
문방사우(文房四友) : 종이·붓·먹·벼루의 네 문방구.
문전성시(門前成市) : 권세가나 부자가 되어 집 앞이 방문객으로 저자를 이루다시피 함.
물실호기(勿失好機) : 좋은 기회를 놓치지 않음.
박람강기(博覽强記) : 많은 글을 읽고 기억을 잘 함. (類)博學多識
박학다식(博學多識) : 많은 글을 읽고 기억을 잘 함.
발본색원(拔本塞源) : 폐단의 근원을 아주 뽑아서 없애버림.
발산개세(拔山蓋世) : 웅명함이 천하에 으뜸가는 것.
방약무인(傍若無人) : 제 세상인 듯이 함부로 버릇없이 행동하는 모양.
배수지진(背水之陣) : 물을 등지고 치는 진법(陳法)의 하나.
　　　　　　　　　목숨을 걸고 싸우는 경우의 비유.
백가쟁명(百家爭鳴) : 많은 학자·문화인 등의 활발한 논쟁.
백계무책(百計無策) : 있는 꾀를 다 써 봐도 별 수 없음.
백골난망(白骨難忘) : 영원히 잊혀 버리지 않음.
백년하청(百年河淸) : 아무리 오래 되어도 사물이 이루어지기 어렵다는 뜻.
백면서생(白面書生) : 글만 읽고 세상일에 경험이 없는 사람.

| 백발백중(百發百中) | : 총·활 등이 겨눈 곳에 꼭꼭 맞음.
앞서 생각한 일들이 꼭꼭 들어 맞음.
| 백절불굴(百折不屈) | : 수 없이 꺾어도 굽히지 않음.
| 백중지간(伯仲之間) | : 서로 어금 버금 맞서는 사이라는 뜻으로 우열을 가리기 어렵다는 말.
| 부지기수(不知其數) | : 너무 많아서 그 수효를 알 수가 없음.
| 부화뇌동(附和雷同) | : 일정한 견식이 없이 남의 말에 찬성해 같이 행동함.
| 북창삼우(北窓三友) | : '거문고·술·시'의 일컬음.
| 빈자일등(貧者一燈) | : 가난한 사람이 어려운 가운데서 정성 들여 신 불에게 바치는 등.
| 사생결단(死生決斷) | : 죽고 삶을 돌보지 않고 끝장을 냄.
| 사필귀정(事必歸正) | : 만사는 반드시 정리(正理)로 돌아감.
| 산자수명(山紫水明) | : 산수의 경치가 썩 좋음.
| 삼라만상(森羅萬象) | : 우주 사이에 벌려 있는 수 많은 현상.
| 살신성인(殺身成仁) | : 절개를 지켜 목숨을 버림.
| 삼순구식(三旬九食) | : 서른 날에 아홉 끼니 먹음. (몹시 가난함)
| 삼천지교(三遷之敎) | : 맹자의 어머니가 맹자를 가르치기 위해 집을 세 번 옮긴 일.
| 상전벽해(桑田碧海) | : 세상일이 덧없이 변천함이 심함을 비유하는 일.
| 새옹지마(塞翁之馬) | : 모든 것이 전전하여 무상하므로 인생의 길흉·
화복을 예측할 수 없다는 뜻.
| 생불여사(生不如死) | : 삶이 죽음만 같지 못하다는 뜻으로 몹시 곤란을 당하고 있음의 비유.
| 생이지지(生而知之) | : 배우지 않아도 스스로 통해서 앎.
| 선견지명(先見之明) | : 일을 미리 짐작하는 밝은 지혜.
| 설상가상(雪上加霜) | : 불행이 엎친데 덮쳐 일어남.
| 설왕설래(說往說來) | : 서로 변론하여 말로 옥신각신함.
| 세불십년(勢不十年) | : 권세는 10년을 못 간다는 말.
| 소인묵객(騷人墨客) | : 시문과 서화를 일삼는 사람.
| 수구초심(首邱初心) | : 고향을 그리워하는 마음을 일컫는 말.
| 수불석권(手不釋卷) | : 손에서 책을 놓지 않고 늘 글을 읽음.
| 수어지교(水魚之交) | : 아주 친밀하여 떨어질 수 없는 사이.
| 수어지구(水魚之友) | : 매우 친밀하게 사귀어 떨어질 수 없는 사이.
| 수주대토(守株待兎) | : 변통성이 없이 어리석게 고집하여 지키기만 함.
| 수즉다욕(壽則多辱) | : 오래 살면 욕됨이 많음.
| 숙호충비(宿好衝鼻) | : 잠자는 호랑이의 코를 찌름에서 자기 스스로가 불리(不利)를 꾀함의
비유.
| 순망치한(脣亡齒寒) | : 가까운 사이의 하나가 망하면 다른 한 편도 온전하기 어려움의 비유.

시사여생(視死如生) : 죽음을 삶과 같이 보아 두려워하지 아니함.
시시비비(是是非非) : 공평무사하게 옳은 것은 옳다고 찬성하고 그른 것은 그르다고 반대
                    함.
식자우환(識字憂患) : 글자를 아는 것도 도리어 근심을 사게 된다는 말.
신상필벌(信賞必罰) : 상벌을 공정·엄중히 하는 일.
신언서판(身言書判) : 갖추어야 할 네 가지 조건.
                    곧, 신수·말씨·문필·판단력.
신출귀몰(神出鬼沒) : 자유자재로 출몰하여 그 변화를 헤아릴 수 없음.
실사구시(實事求是) : 사실에 토대를 두어 진리를 탐구하는 일.
아전인수(我田引水) : 제게 이롭게만 함.
안거위사(安居危思) : 편안할 때에 어려움이 닥칠 것을 잊지 말고 미리 대비해야 함.
안분지족(安分知足) : 편안한 마음으로 제 분수를 지키며 만족함을 앎.
안빈낙도(安貧樂道) : 구차한 중에도 편안한 마음으로 도(道)를 즐김.
안심입명(安心立命) : 안심에 의하여 몸을 천명에 맡기고 생사 이해에 당면하여 태연함.
약육강식(弱肉强食) : 약한 자는 강한 자에게 먹힘.
양두구육(羊頭狗肉) : 겉으론 훌륭하게 내세우나 속은 변변찮음.
양상군자(梁上君子) : 도둑. 쥐.
어부지리(漁父之利) : 쌍방이 다투는 틈을 타서 제삼자가 애쓰지 않고 가로 챈 이득.
억강부약(抑强扶弱) : 강한 자를 누르고 약한 나를 도와 줌.
언어도단(言語道斷) : 어이가 없어 이루 말로 나타낼 수 없음을 이르는 말.
여리박빙(如履薄氷) : 살얼음을 밟는 듯함.
                    곧 매우 위태로움.
여출일구(如出一口) : 여러 사람이 다 같은 말을 함. (類) 異口同聲
역지사지(易地思之) : 처지를 바꾸어 생각함.
연목구어(緣木求魚) : 나무에 올라 고기를 구하듯 불가능한 일을 하려함.
염량세태(炎涼世態) : 세력 있을 때는 붙잡고 권세가 없어지면 푸대접하는 세속 인심.
오거지서(五車之書) : 다섯 수레에 실을 만한 많은 책, 곧 많은 장서(藏書).
오리무중(五里霧中) : 무슨 일에 대해 알 길이 없음의 비유.
오비삼척(吾鼻三尺) : 내 코가 석자다.
                    곧, 내 사정이 급해서 남을 돌볼 겨를이 없음.
오비이락(烏飛梨落) : 우연한 일치로 남의 혐의를 받다.
오합지졸(烏合之卒) : 갑자기 모인 훈련 없는 군사.
오합지중(烏合之衆) : 규율도 통일성도 없는 군중.
온고지신(溫故知新) : 옛 것을 연구해 새 지식이나 견해를 폄.

외유내강(外柔內剛) : 성질이 겉으로 보기에는 순하고 부드러운 것 같으나 속은 꿋꿋하고 굳음.
요산요수(樂山樂水) : 산을 좋아하고 물을 좋아함.
 곧, 산수 자연을 좋아함.
용두사미(龍頭蛇尾) : 처음은 좋으나 끝이 좋지 않음을 비유.
용미봉탕(龍味鳳湯) : 맛이 매우 좋은 음식을 가리키는 말.
우이독경(牛耳讀經) : 가르치고 일러 주어도 알아듣지 못함.
운니지차(雲泥之差) : 썩 심한 차이를 이르는 말.
위기일발(危機一髮) : 조금도 여유가 없이 아슬아슬하게 닥친 위기의 순간.
유유상종(類類相從) : 끼리 서로 내왕하며 사귐.
유유자적(悠悠自適) : 속세를 떠나 아무 속박 없이 자기 멋대로 마음을 편히 삶.
유취만년(遺臭萬年) : 더러운 이름을 먼 장래에까지 끼침.
은인자중(隱忍自重) : 마음 속으로 참으며 몸가짐을 조심함. (對) 輕擧妄動
이구동성(異口同聲) : 여러 사람의 말이 한결 같음.
이란격석(以卵擊石) : 약한 것으로 강한 것을 당해 내려는 일의 비유. (類) 以卵投石
이란투석(以卵投石) : 약한 것으로 강한 것을 당해 내려는 일의 비유.
이심전심(以心傳心) : 마음에서 마음으로 전달 됨.
인면수심(人面獸心) : 마음과 행동이 몹시 흉악함.
인사류명(人死留命) : 그 삶이 헛되지 않으면 방명(芳名)은 길이 남는다는 말.
 (對) 虎死留皮
일거양득(一擧兩得) : 한 가지 일을 하여 두 가지 이익을 거둠. (類) 一石二鳥
일석이조(一石二鳥) : 한 가지 일을 하여 두 가지 이익을 거둠.
일각천금(一刻千金) : 잠깐의 동안도 귀중하기가 천금과 같음.
일구월심(日久月沈) : 날이 오래고 달이 깊어 짐.
일도양단(一刀兩斷) : 칼로 쳐서 두 동강이를 내듯이 사물을 선뜻 결정함.
일련탁생(一連托生) : 좋든 나쁘든 행동·운명을 같이 함.
일망타진(一網打盡) : 어떤 무리를 한꺼번에 죄다 잡음.
일벌백계(一罰百戒) : 한 사람이나 한 가지 죄과를 벌줌으로써 여러 사람을 경계함.
일어탁수(一魚濁水) : 한 사람의 잘못으로 여러 사람이 그 해를 입게 됨의 비유.
일이관지(一以貫之) : 한 이치로써 모든 일을 꿰뚫음.
일일삼추(一日三秋) : 하루가 삼 년 같다는 뜻으로 매우 지루하거나 몹시 애태우며 기다림의 비유.
일일여삼추(一日如三秋) : 하루가 삼 년 같음.
 곧, 몹시 애태우며 기다림.

일의대수(一衣帶水) : 한 줄기의 띠와 같은 좁은 강물이나 바닷물. (類) 指呼之間
일일지장(一日之長) : 하루 먼저 세상에 태어났다는 뜻으로 나이가 약간 위가 되는 일.
                    조금 나음.
일장일단(一長一短) : 장점도 있고 단점도 있음.
일장춘몽(一場春夢) : 한 바탕의 봄꿈처럼 헛된 영화.
일촉즉발(一觸卽發) : 금방이라도 일이 크게 터질 듯한 아슬아슬한 긴장 상태.
일취월장(日就月將) : 날로 달로 진보함.
일패도지(一敗塗地) : 여지없이 패하여 다시는 일어날 수 없게 됨.
일편단심(一片丹心) : 한 조각 붉은 마음.
                    곧, 한결같은 참된 정성.
임기응변(臨機應變) : 그때그때 그 시기에 임하여 적당히 일을 처리함.
입신양명(立身揚名) : 출세하여 세상에 이름을 드날림.
자격지심(自激之心) : 제가 한 일에 대해 제 스스로 미흡하게 여기는 마음.
자업자득(自業自得) : 제가 저지른 일의 과보를 제가 받음.
자중지란(自中之亂) : 자기네 패 속에서 일어나는 싸움질.
자포자기(自暴自棄) : 실망·불만 등 때문에 스스로 자기의 형편·정도를 파괴하고 돌보지
                    않음.
자화자찬(自畵自讚) : 자기가 그린 그림을 스스로 칭찬함.
                    제 일을 제가 칭찬함.
장삼이사(張三李四) : '평범한 보통 사람'을 이르는 말.
적토성산(積土成山) : 흙이 쌓여 산이 된다는 말로, 작은 것도 많이 모이면 커진다는 말.
전광석화(電光石火) : 극히 짧은 시간. 아주 신속한 동작.
전무후무(前無後無) : 전에도 없었고 앞으로도 없음.
전화위복(轉禍爲福) : 재화가 바뀌어 오히려 복이 됨.
절치부심(切齒腐心) : 몹시 분하여 이를 갈고 속을 썩임.
정문일침(頂門一鍼) : 따끔한 충고를 이르는 말.
조삼모사(朝三暮四) : 간사한 꾀로 남을 속여 희롱함을 이르는 말.
조족지혈(鳥足之血) : 새 발의 피.
                    극히 적은 분량의 비유.
족탈불급(足脫不及) : 맨발로도 따라가지 못한다는 뜻으로 능력·역량·재질 따위의 차이가
                    뚜렷함을 이르는 말.
존망지추(存亡之秋) : 존재하느냐 멸망하느냐의 절박한 때.
종두득두(種豆得豆) : 콩을 심어 콩을 거둔다는 말.
                    원인에는 그에 따른 결과가 온다는 뜻.

좌지우지(左之右之) : 제 마음대로 처리함.
　　　　　　　　　　 남을 마음대로 지위함.
좌충우돌(左衝右突) : 이리저리 찌르고 다닥뜨림.
주경야독(晝耕夜讀) : 낮에는 농사 짖고 밤에는 글을 읽음.
주마간산(走馬看山) : 바쁘고 어수선하여 되는 대로 훅훅 지나쳐 봄의 비유.
주지육림(酒池肉林) : 호사스런 술잔치.
죽마고우(竹馬故友) : 어렸을 때부터의 친한 벗. 竹馬舊友
중과부적(衆寡不敵) : 적은 수효가 많은 수효를 대적하지 못함.
중구난방(衆口難防) : 뭇사람의 말을 이루 막기가 어려움.
지기지우(知己之友) : 서로 마음이 통하는 벗.
지록위마(指鹿爲馬) : 윗 사람을 농락하여 권세를 마음대로 하는 것을 가리키는 말.
지리멸렬(支離滅裂) : 갈가리 흩어지고 찢기어 갈피를 잡을 수 없이 됨.
지명지년(知命之年) : 50세를 이름.
　　　　　　　　　　 공자가 50세에 천명을 알았다고 말한 데서 온 말.
지학지년(志學之年) : 15세를 이름.
　　　　　　　　　　 공자가 15세에 학문에 뜻을 두었다는 데에서 연유한다.
지호지간(指呼之間) : 손짓 해 부를 만한 가까운 거리.
진퇴양난(進退兩難) : 앞으로 나아갈 수도, 뒤로 물러날 수도 없이,
　　　　　　　　　　 꼼짝 할 수 없는 궁지에 빠짐.
진퇴유곡(進退維谷) : 앞으로 나아갈 수도, 뒤로 물러날 수도 없이,
　　　　　　　　　　 꼼짝 할 수 없는 궁지에 빠짐. (類) 進退兩難
창해일속(滄海一粟) : 광대한 것 속에 극히 작은 물건.
천고마비(天高馬肥) : 하늘이 높고 말이 살찐다는 뜻으로 가을이 썩 좋은 절기임을 일컫는
　　　　　　　　　　 말.
천려일득(千慮一得) : 어리석은 사람도 많은 생각 가운데는 한 가지쯤 좋은 생각이 미칠 수
　　　　　　　　　　 있다는 말.
천려일실(千慮一失) : 지혜로운 사람도 많은 생각 가운데는 혹간 실책이 있을 수 있다는
　　　　　　　　　　 말.
천방지축(天方地軸) : 어리석은 사람이 종작없이 덤벙대는 일.
천양지차(天壤之差) : 하늘과 땅 사이와 같이 엄청난 차이.
천양지판(天壤之判) : 하늘과 땅 사이.
　　　　　　　　　　 곧, 사물이 엄청나게 다름을 일컫는 말.
천의무봉(天衣無縫) : 시가나 문장 따위가 '꾸밈이 없이 퍽 자연스러움'을 이르는 말.
천재일우(千載一遇) : 좀처럼 만나기 어려운 기회.

천편일률(千篇一律) : 사물이 모두 판에 박은 듯 함을 이르는 말.
청출어람(靑出於藍) : 제자가 스승 보다 나음을 일컫는 말.
초록동색(草綠同色) : 동류끼리 어울린다는 뜻.
　　　　　　　　　　이름은 다르나 따지고 보면 한 가지 것이라는 뜻.
촌철살인(寸鐵殺人) : 간단한 경구로 어떤 일의 급소를 찔러 사람을 감동시킴의 비유.
출람지예(出藍之譽) : 제자가 스승 보다 나음을 일컫는 말.
출장입상(出將入相) : 나아가서 장수가 되고 들어와서는 재상이 됨.
충언역이(忠言逆耳) : 충직한 말은 귀에 거슬려 불쾌함.
취생몽사(醉生夢死) : 아무 의미 없이, 이룬 일도 없이 한평생을 흐리 멍텅하게 살아감.
치지도외(置之度外) : 내버려두고, 문제로 삼지 않음.
　　　　　　　　　　도외시하여 내버려둠.
쾌도란마(快刀亂麻) : 어지럽게 뒤섞인 사물을 명쾌하게 처단함의 비유.
타산지석(他山之石) : 다른 사람의 하찮은 언행일지라도 자기의 지덕을 연마하는데 도움이
　　　　　　　　　　된다는 말.
탁상공론(卓上空論) : 실천성이 없는 허황한 이론.
탐관오리(貪官汚吏) : 욕심이 많고 부정하게 재물을 탐하는 관리.
태산북두(泰山北斗) : 태산과 북두성.
　　　　　　　　　　세상 사람으로부터 가장 존경받는 사람.
파사현정(破邪顯正) : 사도를 깨뜨리고 정도를 나타내는 일.
파안대소(破顔大笑) : 얼굴 빛을 부드럽게 하여 크게 웃음.
파죽지세(破竹之勢) : 대적을 거침없이 물리치고 쳐들어가는 당당한 기세.
팔방미인(八方美人) : 어느 모로 보나 아름다운 여인.
포복절도(抱腹絶倒) : 너무 우스워 배를 안고 몸을 가누지 못할 만큼 웃음.
포의지교(布衣之交) : 선비일 때 사귄 벗.
풍수지탄(風樹之嘆) : 효도하고자할 때에 이미 부모는 죽고 효행을 다하지 못하는 슬픔.
풍전등화(風前燈火) : 매우 위급한 자리에 놓여 있음을 가리키는 말.
필부필부(匹夫匹婦) : 대수롭지 않은 그저 평범한 남녀.
하대세월(何待歲月) : 백년하청(百年河淸)
학수고대(鶴首苦待) : 몹시 기다림.
한우충동(汗牛充棟) : '장서(藏書)가 매우 많음'을 이르는 말.
함흥차사(咸興差使) : 가서 까맘 무소식이거나 또는 회답이 더딜 때의 비유.
항다반사(恒茶飯事) : 예사로운 일.
　　　　　　　　　　일상 있는 일.
허장성세(虛張聲勢) : 실속 없이 허세만 떠벌림.

| 헌헌장부(軒軒丈夫) | : 외모가 준수하고 한가로운 사내.
| 호연지기(浩然之氣) | : 하늘과 땅 사이에 넘치게 가득 찬, 넓고도 큰 원기.
| 호사유피(虎死留皮) | : 호랑이는 죽어서 모피를 남긴다는 뜻.
| 호사다마(好事多魔) | : 좋은 일에는 흔히 탈이 끼어 들기 쉬움, 또는 그런 일이 많이 생김.
| 호의호식(好衣好食) | : 좋은 옷과 좋은 음식.
　　　　　　　　　　　잘 입고 잘 먹음.
| 혼정신성(昏定晨省) | : 조석으로 부모의 안부를 물어서 살핌.
| 홍로점설(紅爐點雪) | : 단 화로에 눈 한송이.
　　　　　　　　　　　곧, 경치가 좋은 때.
| 화사첨족(畵蛇添足) | : 쓸데없는 군일을 하다가 도리어 실패함.
| 화조월석(花朝月夕) | : 꽃 피는 아침과 달뜨는 저녁.
　　　　　　　　　　　곧, 경치가 좋을 때.
| 환골탈태(換骨奪胎) | : 선인의 시(詩)나 문장을 살리되, 자기 나름의 새로움을 보태어 자기 작품으로 삼는 일.
| 황당무계(荒唐無稽) | : 터무니 없이 허황하다.
| 효제충신(孝悌忠信) | : 효도·우애·충성·신의를 아울러 이르는 말.
| 회자정리(會者定離) | : 만나는 자는 반드시 헤어질 운명에 있음.
| 흥망성쇠(興亡盛衰) | : 흥하고 망하고 성하고 쇠함.
| 흥진비래(興盡悲來) | : 즐거운 일이 다하면 슬픈 일이 닥쳐온다는 뜻으로,
　　　　　　　　　　　세상이 돌고 돌아 순환됨을 가리키는 말.

● 漢字語 첫 음절에서 長音으로 발음하는 例

	漢　　字		漢　　字		漢　　字
가	佳：佳人 佳作	괴	壞：壞症 壞敗	람	濫：濫發 濫用
간	姦：姦通 姦淫	교	矯：矯導所	랑	浪：浪費 浪說
개	慨：慨嘆 慨世	구	久：久遠	려	勵：勵精 勵行
	概：概念 概論	권	拳：拳法 拳銃		呂：呂宋煙
	介：介入 介在	귀	鬼：鬼器 鬼神		礪：礪石
	价：价川郡	근	僅：僅僅 僅少	련	練：練習 練兵場
	塏：		謹：謹嚴 謹愼		戀：戀慕 戀愛
	蓋：蓋馬高原		權：權域 權花	례	醴：醴酒 醴泉
거	距：距今 距離		瑾：瑾瑜匿瑕	롱	弄：弄談 弄調
건	鍵：鍵盤 關鍵	금	錦：錦上添花	루	漏：漏水 漏落
검	劍：劍客 劍道	긍	肯：肯定 肯從		屢：屢代 屢次
게	揭：揭揚 揭載		兢：兢懼 兢惕		累：累計 累進
견	遣：遣唐使 遣奠	나	那：那邊		淚：淚水 淚管
경	儆：儆戒 儆備	난	暖：暖衣飽食	류	柳：柳巷 柳眉
	曔：	내	乃：乃公 乃祖	리	吏：吏道 吏讀
	瓊：		耐：耐久 耐火		裏：裏面 裏書
계	癸：癸卯 癸亥	농	濃：濃度 濃淡		履：履霜曲
	桂：桂冠 桂樹	단	但：但書 但只	만	娩：娩澤 分娩
	啓：啓發 啓示	담	膽：膽大 膽石		晚：晚秋 晚學
	繫：繫留 繫援	대	貸：貸金 貸出		慢：慢侮 慢性
고	稿：稿葬 稿車		戴：戴冠式		漫：漫談 漫筆
공	孔：孔雀 孔孟	도	倒：倒產 倒錯的	망	妄：妄念 妄動
	供：供給 供託		途：途中下車		罔：罔極 罔測
	恐：恐龍 恐慌	동	凍：凍結 凍破	맹	孟：孟母三遷
	貢：貢物 貢案		董：董督 董氏		猛：猛犬 猛烈
과	誇：誇示 誇張	등	鄧：鄧小平	면	免：免罪 免職
	寡：寡婦 寡默	라	裸：裸體 裸身		冕：冕旒冠 冕服
괴	愧：愧慙 自愧	란	爛：爛然 爛熟		沔：沔水

	漢	字		漢	字		漢	字
면	俛	：俛焉 俛黙	병	秉	：秉燭 秉權	송	誦	：誦經 誦讀
모	慕	：慕賢	보	譜	：譜所 譜學		宋	：宋氏 宋朝
	某	：某年 某氏		補	：補强 補償	쇄	刷	：刷新
	侮	：侮蔑 侮辱		潽	：		鎖	：鎖骨 鎖國
	暮	：暮鼓 暮商		輔	：輔國安民	시	侍	：侍講 侍女
묘	卯	：卯末 卯飯	봉	鳳	：鳳德 鳳仙花		矢	：矢笴 矢數
	昴	：昴星		俸	：俸給		柴	：柴水 柴草
	苗	：苗木 苗脈	부	付	：付壁書 付與		屍	：屍毒 屍身
	廟	：廟堂 廟議		附	：附記 附錄	신	愼	：愼口 愼言
무	戊	：戊午士禍		簿	：簿記 簿籍		紳	：紳民 紳士
	茂	：茂林 茂盛		阜	：阜傍 阜蕃		腎	：腎經 腎結石
	貿	：貿易政策		傅	：傅愛 傅在	심	甚	：甚急 甚深
	霧	：霧露 霧散	분	奮	：奮發 奮然		瀋	：瀋陽
반	返	：返送 返品	비	卑	：卑賤 卑下	아	我	：我軍 我國
	叛	：叛軍 叛起		匪	：匪賊 匪魁		餓	：餓鬼 餓狼
	伴	：伴侶者 伴行	사	巳	：巳生 巳時		顔	：顔料 顔色
방	旁	：旁錄 旁題		賜	：賜暇 賜金	안	岸	：岸壁
	倣	：倣傚 倣古		似	：似而非 似虎		雁	：雁言 雁行
배	培	：培根 培植		泗	：泗上弟子	앙	仰	：仰望 仰視
범	汎	：汎論 汎神論	서	暑	：暑退	야	也	：也無妨
	范	：范彊		署	：署理 署名		惹	：惹起 惹端
변	辨	：辨別力		緖	：緖論 緖業	양	讓	：讓步 讓渡
	卞	：卞急 卞射		庶	：庶民 庶物		襄	：
	弁	：弁冕 弁言		恕	：恕罪 恕宥	어	御	：御命 御用
병	丙	：丙子 丙年		舒	：書卷 舒川	언	彦	：彦士 彦聖
	竝	：竝用 竝立		瑞	：瑞光 瑞氣	여	汝	：汝等 汝輩
	昞	：		誓	：誓文 誓卷		輿	：輿駕 輿望
	昺	：		繕	：繕補 繕寫	연	硯	：硯床 硯水
	柄	：柄部	세	貰	：貰家 貰器		軟	：軟骨 軟弱
	炳	：炳然	송	訟	：訟官 訟事		宴	：宴樂 宴會

	漢　字		漢　字		漢　字
연	姸：姸人　姸能	우	祐：祐助　天祐	저	沮：沮喪　沮止
	衍：衍文		禹：禹氏	전	殿：殿閣　殿堂
염	染：染病　染色	운	韻：韻文　韻律	정	鄭：鄭氏
	厭：厭世　厭忌	유	悠：悠久	조	照：照明　照會
영	詠：詠歌　詠嘆		裕：裕福		弔：弔客　弔問
	影：影像　影印本	윤	閏：閏年　閏月		趙：趙氏
	暎：		潤：潤色　潤澤		釣：釣臺　釣況
예	濊：濊貊		允：允文　允許	좌	坐：坐高　坐骨
	預：預金		尹：尹氏		佐：佐郞　佐平
	譽：譽望　譽聲	응	凝：凝結　凝固	주	宙：宙合樓
	銳：銳角　銳利		鷹：鷹岩洞		駐：駐在　駐車場
	芮：芮鞠　芮氏	이	貳：貳拾　貳極		奏：奏功　奏請
	睿：睿德　睿賢		已：已往之事		鑄：鑄金　鑄造
오	悟：悟道　悟性		耳：耳笒　耳順	준	俊：駿馬　俊才
	娛：娛樂　娛遊	임	壬：壬午軍亂		遵：遵法　遵守
	汚：汚名　汚染		賃：賃金　賃借		准：准敎師　准將
	墺：		姙：姙娠　姙産婦		準：準備　準例
	傲：傲氣　傲慢	자	恣：恣意　恣行		峻：峻嚴
옹	擁：擁立　擁壁		紫：紫色　紫微宮		浚：浚渫　浚井
	甕：甕器		刺：刺客　刺戟		埈：埈高
와	臥：臥龍　臥病	장	丈：丈母　丈人		澊：澊水
	瓦：瓦屋　瓦解		藏：藏經　藏書		晙：
완	緩：緩急　緩行		章：章句　章奏		駿：駿馬
왕	旺：旺盛　興行		掌：掌匣　掌骨	진	振：振動　振興
외	畏：畏敬　畏縮		葬：葬禮　葬儀		震：震動　震災
우	宇：宇內　宇宙	재	栽：栽培　栽植		晉：晉州　晉陽
	又：又重之　又況		載：載送　載筆	차	借：借用　借入
	羽：羽毛　羽調		宰：宰相　宰殺		且：且置
	偶：偶像　偶數	저	著：著書　著述	찬	贊：贊成　贊助
	佑：佑啓		抵：抵當權　抵抗		燦：燦爛　燦然

	漢　字		漢　字		漢　字
찬	璨 : 璨璨 璨瑳	토	吐 : 吐露 吐血	현	峴 : 峴底洞
창	暢 : 暢達 暢懷	파	罷 : 罷職 罷業		炫 :
	昶 :		把 : 把握	형	瀅 : 瀅澈
	敞 : 敞麗 敞然	패	霸 : 霸權 霸氣	혜	慧 : 慧敏 慧眼
채	菜 : 菜松花 菜蔬		貝 : 貝物 貝塚	호	虎 : 虎口 虎患
	彩 : 彩色 彩雲	폐	幣 : 幣物 幣帛		互 : 互平 互選
	債 : 債權 債務		弊 : 弊家 弊端		浩 : 浩然之氣
	采 : 采色 采芹		蔽 : 蔽一言 蔽罪		昊 : 昊天罔極
	埰 : 埰色		廢 : 廢刊 廢止		晧 : 晧晧
	蔡 : 蔡氏		肺 : 肺結核 肺病		皓 : 皓齒
처	悽 : 悽然 悽絶	포	抱 : 抱擁 抱負		澔 :
천	淺 : 淺見 淺學		捕 : 捕鯨 捕校		扈 : 扈徒
	賤 : 賤視 賤人		鮑 : 鮑尺		鎬 : 鎬京
	踐 : 踐踏 踐行		拋 : 拋棄 拋物線	화	禍 : 禍根 禍難
	薦 : 薦擧 薦新		飽 : 飽食 飽滿	환	換 : 換金 換言
	遷 : 遷都 遷善	피	彼 : 彼我 彼此		幻 : 幻覺 幻想
최	催 : 催眠 催告		被 : 被告 被殺		煥 : 煥然
취	吹 : 吹笛 吹奏	하	賀 : 賀客 賀禮	황	況 : 況且
	臭 : 臭氣 臭敗	한	旱 : 旱災 旱害	회	悔 : 悔改
	醉 : 醉客 醉興		翰 : 翰林別曲		檜 : 檜木 檜皮
	聚 : 聚落	함	陷 : 陷穽 陷沒	효	曉 : 曉示 曉星
	炊 : 炊事	항	項 : 項目 項鎖	후	后 : 后士 后稷
침	浸 : 浸蝕 浸水		巷 : 巷間 巷說	훼	毁 : 毁謗 毁傷
	寢 : 寢室 寢具	행	杏 : 杏仁 杏花 銀杏	흠	欠 : 欠伸 欠缺
	枕 : 枕木	향	響 : 響胴 響鈸		
타	妥 : 妥結 妥協		享 : 享年 享樂		
	墮 : 墮落	헌	獻 : 獻花 獻爵		
탄	誕 : 誕生 誕辰	현	縣 : 縣令 縣監		
탕	湯 : 湯藥 湯材		懸 : 懸賞 懸板式		

● 첫 音節에서 長音 두가지로 發音하는 例

漢字	讀音・漢字語	漢字	讀音・漢字語	漢字	讀音・漢字語
肝	간 肝氣 肝油 肝腸 :간 肝膽 肝要 肝臟	麻	마 麻織物 麻浦 :마 麻雀	掃	소 掃灑 掃蕩 :소 掃除 掃地
癎	간 癎氣 :간 癎症 癎疾 癎風	迷	미 迷兒 迷惑 :미 迷宮 迷夢 迷信	燒	소 燒却 燒失 :소 燒紙
箇	개 箇所 箇數 箇條 :개 箇箇	凡	범 凡節 :범 凡例 凡夫 凡俗	審	심 審理 審査 :심 審議 審判
菓	과 菓子 :과 菓品	逢	봉 逢變 逢賊 :봉 逢着 逢敗	亞	아 亞細亞 亞洲 :아 亞流 亞將 亞獻
貫	관 貫徹 貫通 貫鄕 :관	符	부 符節 :부 符合 符號	若	약 若干 若此 :야 般若
怪	괴 怪常 怪異 :괴 怪物 怪變	脾	비 脾胃 :비 脾髓 脾臟	易	역 易經 易理 :이 易慢 易于
帶	대 帶狀 帶率 :대 帶同 帶妻僧	喪	상 喪家 喪失 喪事 喪主 :상 喪配 喪妻	沿	연 沿岸 沿海 :연 沿革
籠	농 籠中鳥 :농 籠球 籠絡	徐	서 徐羅伐 徐氏 :서 徐步 徐行	燕	연 燕京 燕山君 :연 燕子 燕雀

漢字	讀音・漢字語	漢字	讀音・漢字語	漢字	讀音・漢字語
腕	완 腕力 : 완 腕骨 腕部	津	진 津渡 津夫 : 진 津氣	討	토 討伐 討破 : 토 討論 討議
汪	왕 汪琓 : 왕 汪洋	遮	차 遮額 遮陽 : 차 遮斷	播	파 播多 : 파 播種 播遷
暫	잠 暫間 : 잠 暫時 暫定的	斬	참 斬級 斬新 : 참 斬頭 斬伐	片	편 片影 片肉 : 편 片紙
蔣	장 蔣芽 蔣席 : 장 蔣介石 蔣琬	昌	창 昌寧 昌原 : 창 昌德宮 昌盛	泌	필 泌泏 : 비 泌尿器 泌丘
仲	중 仲介 仲媒 : 중 仲氏 仲兄	倉	창 倉庫 : 창 倉辛	荷	하 荷香 荷花 : 하 荷物 荷役
陳	진 陳久 陳外家 : 진 陳述 陳設 陳列	沈	침 沈沒 沈默 沈着 沈滯 : 심 沈氏 沈淸	汗	한 汗國 汗黨 : 한 汗牛充棟 汗蒸幕
鎭	진 鎭南浦 鎭靜劑 : 진 鎭壓 鎭痛	吐	토 吐하다 吐露 : 토 吐血	虎	호 虎班 : 호 虎口 虎患

● 類義語 / 反對語·相對語

◎ 類義字 - 뜻이 비슷한 한자

覺=悟(각오)	間=隔(간격)	康=健(강건)	牽=引(견인)
揭=揚(게양)	雇=傭(고용)	恭=敬(공경)	恐=怖(공포)
貢=獻(공헌)	貫=徹(관철)	貫=通(관통)	饑=饉(기근)
飢=餓(기아)	敦=篤(돈독)	勉=勵(면려)	滅=亡(멸망)
茂=盛(무성)	返=還(반환)	附=屬(부속)	扶=助(부조)
墳=墓(분묘)	釋=放(석방)	洗=濯(세탁)	尋=訪(심방)
哀=悼(애도)	連=繫(연계)	連=絡(연락)	英=特(영특)
憂=愁(우수)	怨=恨(원한)	隆=盛(융성)	隆=昌(융창)
仁=慈(인자)	慈=愛(자애)	淨=潔(정결)	終=了(종료)
俊=傑(준걸)	俊=秀(준수)	中=央(중앙)	倉=庫(창고)
菜=蔬(채소)	尺=度(척도)	淸=潔(청결)	淸=淨(청정)
層=階(층계)	捕=獲(포획)	畢=竟(필경)	恒=常(항상)
和=睦(화목)	皇=帝(황제)		

◎ **類義語** - 비슷한 뜻의 漢字語

共鳴(공명) - 首肯(수긍)	饑死(기사) - 餓死(아사)
交涉(교섭) - 折衷(절충)	驅迫(구박) - 虐待(학대)
九泉(구천) - 黃泉(황천)	背恩(배은) - 忘德(망덕)
寺院(사원) - 寺刹(사찰)	書簡(서간) - 書翰(서한)
世俗(세속) - 塵世(진세)	視野(시야) - 眼界(안계)視界
始祖(시조) - 鼻祖(비조)	領土(영토) - 版圖(판도)
殃禍(앙화) - 災禍(재화)災殃	五列(오열) - 間諜(간첩)
威脅(위협) - 脅迫(협박)	一毫(일호) - 秋毫(추호)
蒼空(창공) - 碧空(벽공)	天地(천지) - 乾坤(건곤)
滯留(체류) - 滯在(체재)	招待(초대) - 招請(초청)
寸土(촌토) - 尺土(척토)	漂泊(표박) - 流離(유리)
海外(해외) - 異域(이역)	戲弄(희롱) - 弄絡(농락)

◎ 反對字・相對字 - 뜻이 反對・相對되는 漢字

干↔戈(간과)　　乾↔坤(건곤)　　乾↔濕(건습)　　慶↔弔(경조)

經↔緯(경위)　　姑↔婦(고부)　　勤↔怠(근태)　　濃↔淡(농담)

旦↔夕(단석)　　貸↔借(대차)　　矛↔盾(모순)　　美↔醜(미추)

腹↔背(복배)　　夫↔妻(부처)　　浮↔沈(부침)　　盛↔衰(성쇠)

疏↔密(소밀)　　首↔尾(수미)　　需↔給(수급)　　昇↔降(승강)

伸↔縮(신축)　　深↔淺(심천)　　安↔危(안위)　　愛↔憎(애증)惡

哀↔歡(애환)　　抑↔揚(억양)　　榮↔辱(영욕)　　緩↔急(완급)

優↔劣(우열)　　隱↔現(은현)見,顯　任↔免(임면)　　雌↔雄(자웅)

長↔幼(장유)　　田↔畓(전답)　　早↔晩(조만)　　尊↔卑(존비)

存↔亡(존망)廢　縱↔橫(종횡)　　衆↔寡(중과)　　眞↔僞(진위)

贊↔反(찬반)　　添↔削(첨삭)　　晴↔曇(청담)雨　出↔沒(출몰)

親↔疎(친소)　　表↔裏(표리)　　彼↔我(피아)此　賢↔愚(현우)

好↔惡(호오)　　禍↔福(화복)　　厚↔薄(후박)

◎ 反對語・相對語 -뜻이 反對・相對되는 漢字語

可決(가결) - 否決(부결)	架空(가공) - 實在(실재)
加熱(가열) - 冷却(냉각)	却下(각하) - 受理(수리)
剛健(강건) - 柔弱(유약)	强硬(강경) - 柔和(유화)
開放(개방) - 閉鎖(폐쇄)	感情(감정) - 理性(이성)
個別(개별) - 全體(전체)	客觀(객관) - 主觀(주관)
客體(객체) - 主體(주체)	巨大(거대) - 微小(미소)
巨富(거부) - 極貧(극빈)	拒絶(거절) - 承諾(승낙)
建設(건설) - 破壞(파괴)	乾燥(건조) - 濕潤(습윤)
傑作(걸작) - 拙作(졸작)	儉約(검약) - 浪費(낭비)
輕減(경감) - 加重(가중)	經度(경도) - 緯度(위도)
輕率(경솔) - 愼重(신중)	輕視(경시) - 重視(중시)
高雅(고아) - 卑俗(비속)	固定(고정) - 流動(유동)
高調(고조) - 低調(저조)	供給(공급) - 需要(수요)
空想(공상) - 現實(현실)	過激(과격) - 穩健(온건)
官尊(관존) - 民卑(민비)	光明(광명) - 暗黑(암흑)
巧妙(교묘) - 拙劣(졸렬)	拘禁(구금) - 釋放(석방)

拘束(구속) - 放免(방면)	求心(구심) - 遠心(원심)
君子(군자) - 小人(소인)	屈服(굴복) - 抵抗(저항)
權利(권리) - 義務(의무)	僅少(근소) - 過多(과다)
急性(급성) - 慢性(만성)	急行(급행) - 緩行(완행)
肯定(긍정) - 否定(부정)	既決(기결) - 未決(미결)
奇拔(기발) - 平凡(평범)	奇數(기수) - 偶數(우수)
飢餓(기아) - 飽食(포식)	緊密(긴밀) - 疎遠(소원)
吉兆(길조) - 凶兆(흉조)	樂觀(낙관) - 悲觀(비관)
落第(낙제) - 及第(급제)	樂天(낙천) - 厭世(염세)
暖流(난류) - 寒流(한류)	濫讀(남독) - 精讀(정독)
濫用(남용) - 節約(절약)	朗讀(낭독) - 默讀(묵독)
內容(내용) - 形式(형식)	老鍊(노련) - 未熟(미숙)
濃厚(농후) - 稀薄(희박)	能動(능동) - 被動(피동)
多元(다원) - 一元(일원)	單純(단순) - 複雜(복잡)
單式(단식) - 複式(복식)	短縮(단축) - 延長(연장)
大乘(대승) - 小乘(소승)	對話(대화) - 獨白(독백)

都心(도심) - 郊外(교외)	獨創(독창) - 模倣(모방)
動機(동기) - 結果(결과)	登場(등장) - 退場(퇴장)
漠然(막연) - 確然(확연)	忘却(망각) - 記憶(기억)
滅亡(멸망) - 隆興(융흥)	埋沒(매몰) - 發掘(발굴)
名譽(명예) - 恥辱(치욕)	無能(무능) - 有能(유능)
物質(물질) - 精神(정신)	微官(미관) - 顯官(현관)
敏速(민속) - 遲鈍(지둔)	密集(밀집) - 散在(산재)
反抗(반항) - 服從(복종)	放心(방심) - 操心(조심)
背恩(배은) - 報恩(보은)	白髮(백발) - 紅顔(홍안)
凡人(범인) - 超人(초인)	別居(별거) - 同居(동거)
保守(보수) - 革新(혁신),進步	本業(본업) - 副業(부업)
富貴(부귀) - 貧賤(빈천)	富裕(부유) - 貧窮(빈궁)
否認(부인) - 是認(시인)	分析(분석) - 綜合(종합)
紛爭(분쟁) - 和解(화해)	不運(불운) - 幸運(행운)
非番(비번) - 當番(당번)	非凡(비범) - 平凡(평범)
悲哀(비애) - 歡喜(환희)	死後(사후) - 生前(생전)

削減(삭감) - 添加(첨가)	散文(산문) - 韻文(운문)
喪失(상실) - 獲得(획득)	詳述(상술) - 略述(약술)
生家(생가) - 養家(양가)	生食(생식) - 火食(화식)
先天(선천) - 後天(후천)	成熟(성숙) - 未熟(미숙)
消極(소극) - 積極(적극)	所得(소득) - 損失(손실)
疎遠(소원) - 親近(친근)	淑女(숙녀) - 紳士(신사)
順行(순행) - 逆行(역행)	靈魂(영혼) - 肉體(육체)
憂鬱(우울) - 明朗(명랑)	連敗(연패) - 連勝(연승)
偶然(우연) - 必然(필연)	恩惠(은혜) - 怨恨(원한)
依他(의타) - 自立(자립)	異端(이단) - 正統(정통)
人爲(인위) - 自然(자연)	立體(입체) - 平面(평면)
自動(자동) - 他動(타동)手動	自律(자율) - 他律(타율)
低俗(저속) - 高尙(고상)	敵對(적대) - 友好(우호)
絶對(절대) - 相對(상대)	漸進(점진) - 急進(급진)
靜肅(정숙) - 騷亂(소란)	正午(정오) - 子正(자정)
定着(정착) - 漂流(표류)	弔客(조객) - 賀客(하객)

直系(직계) - 傍系(방계)	眞實(진실) - 虛僞(허위)
質疑(질의) - 應答(응답)	斬新(참신) - 陳腐(진부)
淺學(천학) - 碩學(석학)	縮小(축소) - 擴大(확대)
快樂(쾌락) - 苦痛(고통)	快勝(쾌승) - 慘敗(참패)
好況(호황) - 不況(불황)	退化(퇴화) - 進化(진화)
敗北(패배) - 勝利(승리)	虐待(학대) - 優待(우대)
合法(합법) - 違法(위법)	好材(호재) - 惡材(악재)
好轉(호전) - 逆轉(역전)	興奮(흥분) - 安靜(안정)
興奮(흥분) - 鎭靜(진정)	加害者(가해자) - 被害者(피해자)
感情的(감정적) - 理性的(이성적)	開放的(개방적) - 閉鎖的(폐쇄적)
具體的(구체적) - 抽象的(추상적)	內在律(내재률) - 外在律(외재률)
大丈夫(대장부) - 拙丈夫(졸장부)	門外漢(문외한) - 專門家(전문가)
背日性(배일성) - 向日性(향일성)	不文律(불문률) - 成文律(성문률)
不法化(불법화) - 合法化(합법화)	相對的(상대적) - 絶對的(절대적)
唯物論(유물론) - 唯心論(유심론)	債權者(채권자) - 債務者(채무자)
革新派(혁신파) - 保守派(보수파)	

一字多音語字

降 : 내릴 강 : 降雨 昇降
　　항복할 항 : 降伏 投降

見 : 볼 견 : 見學
　　뵈울 현 : 謁見

奈 : 어찌 나 : 奈落(梵語)
　　어찌 내 : 奈何

丹 : 붉을 단 : 丹靑
　　꽃이름 란 : 牡丹(모란)

讀 : 읽을 독 : 讀書
　　구절 구 : 句讀 吏讀

復 : 다시 부 : 復活 復興
　　회복할 복 : 復權 回復

分 : 나눌 분 : 分離 兩分
　　푼 푼 : 五分 分錢
　　(길이나 동전 따위를 셈하는 단위)

殺 : 죽일 살 : 殺傷 打殺
　　빠를 쇄 : 殺到
　　감할 쇄 : 減殺

說 : 말씀 설 : 說敎
　　달랠 세 : 遊說
　　기쁠 열 : 悅樂

數 : 셈 수 : 數學
　　자주 삭 : 頻數 數尿症

識 : 알 식 : 知識
　　기록할 지 : 標識

於 : 어조사 어 : 於是乎
　　탄식할 오 : 於乎

更 : 다시 갱 : 更生 更年期
　　고칠 경 : 更張

契 : 맺을 계 : 契約
　　부족이름 글 : 契丹
　　사람이름 설 : 殷나라
　　　　　　　　왕조의 시조

內 : 안 내 : 內科 內外
　　여관(女官) 나 : 內人

糖 : 엿 당 : 糖尿 麥芽糖
　　사탕 탕 : 砂糖 雪糖

洞 : 골 동 : 洞窟 洞里
　　밝을 통 : 洞察

否 : 아닐 부 : 可否 否定
　　막힐 비 : 否塞 否運

不 : 아닐 불 : 不可 不利
　　아닐 부 : 不當 不正
　　(ㅈ, ㄷ음 위에서)

塞 : 변방 새 : 要塞
　　막힐 색 : 閉塞

省 : 살필 성 : 反省
　　덜 생 : 省略

宿 : 잘 숙 : 宿食
　　별자리 수 : 星宿

惡 : 악할 악 : 惡毒
　　미워할 오 : 憎惡

易 : 쉬울 이 : 容易
　　바꿀 역 : 交易

車 : 수레 거 : 自轉車
　　수레 차 : 汽車

金 : 쇠 금 : 金石
　　성 김 : 金君

茶 : 차 다 : 茶菓 茶室
　　<俗音 차> : 茶禮

度 : 법도 도 : 度量 制度
　　헤아릴 탁 : 度支部

樂 : 즐길 락 : 樂觀 樂園
　　풍류 악 : 樂器 樂隊
　　좋아할 요 : 樂山樂水

北 : 북녘 북 : 北方
　　달아날 배 : 敗北

寺 : 절 사 : 寺刹
　　관청 시 : 司僕寺
　　　　　　(사복시)

索 : 찾을 색 : 思索 索引
　　노(새끼줄) 삭 : 鐵索

率 : 거느릴 솔 : 統率
　　비율 률 : 成功率

拾 : 주울 습 : 收拾 拾得物
　　열 拾 : '十'의 변조를
　　　　　　막기 위해 씀

若 : 같을 약 : 若少
　　반야 야 : 般若經

刺 : 찌를 자 : 刺客
　　찌를 척 : 刺殺
　　수라 라 : 水刺

狀 : 문서 장 : 賞狀	著 : 나타날 저 : 著名	切 : 끊을 절 : 切開
모양 상 : 狀態	지을 저 : 著書	온통 체 : 一切
	붙을 착 : 到著(着)	
辰 : 별 진 : 壬辰年	則 : 곧 즉 : 然則	徵 : 부를 징 : 徵兵
때 신 : 生辰	법칙 칙 : 규칙	음률이름 치 : 徵音
參 : 참여할 참 : 同參	差 : 다를 차 : 差別	宅 : 집 택 : 家宅
석 삼 : '三'의 변조를	어긋날 치 : 參差	(俗音 댁) : 宅內
막기 위해 씀.		(남의 '집'을 높임)
布 : 베 포 : 布木	暴 : 사나울 폭 : 暴力 暴行	皮 : 가죽 피 : 皮革
펼 포 : 公布	모질 포 : 暴惡 橫暴	(俗音 비) : 鹿皮
보시 보 : 布施		
合 : 합할 합 : 合同	行 : 다닐 행 : 行進	畵 : 그림 화 : 畵廊
홉 홉 : 한 되의	행실 행 : 行實	그을 획 : 畵順
10분의1의 용량	항렬 항 : 行列	

틀리기 쉬운 漢字

佳: 佳景	假: 假面	干: 干戈	減: 加減	渴: 渴症
往: 往復	暇: 休暇	于: 于今	滅: 滅亡	謁: 拜謁
住: 住所				

綱: 綱領	槪: 槪觀	客: 客室	巨: 巨大	擧: 選擧
網: 漁網	慨: 憤慨	容: 美容	臣: 君臣	譽: 名譽

檢: 檢査	堅: 堅固	驚: 驚歎	經: 經歷	孤: 孤獨
儉: 儉素	緊: 緊密	警: 警告	徑: 直徑	派: 黨派
險: 探險				狐: 狐假虎威

苦: 苦痛	曲: 曲折	困: 困辱	功: 功勞	橋: 鐵橋
若: 若冠	典: 典據	囚: 囚衣	切: 切斷	僑: 僑胞
		因: 因果		矯: 矯正

郡: 郡廳	卷: 卷末	勸: 勸奬	級: 昇級	己: 利己
群: 群衆	券: 食券	觀: 觀覽	吸: 呼吸	已: 已往
		歡: 歡待		巳: 乙巳年

代: 代行	待: 待望	刀: 短刀	讀: 讀書	燈: 燈火
伐: 征伐	侍: 侍童	力: 努力	贖: 贖罪	證: 確證
			續: 繼續	

郎: 郎君	旅: 旅行	綠: 綠色	論: 討論	粟: 生栗
朗: 淸朗	施: 實施	緣: 因緣	倫: 倫理	粟: 粟豆
	旋: 周旋	錄: 記錄	輪: 輪禍	
		祿: 祿俸		

理: 事理	末: 末日	忘: 忘却	綿: 綿布	免: 放免
埋: 埋沒	未: 未熟	妄: 妄言	錦: 錦衣	兎: 養兎
		妾: 蓄妾		

眠: 睡眠	明: 明快	侮: 侮辱	暮: 暮春	微: 微風
眼: 眼鏡	朋: 朋友	悔: 悔改	墓: 墓碑	徵: 徵兵
			幕: 天幕	
			慕: 思慕	

密: 秘密	辯: 辯論	薄: 薄情	拍: 拍子	排: 排他
蜜: 蜜蜂	辨: 辨別	簿: 帳簿	泊: 宿泊	俳: 俳優

復: 復習 復興(부흥)	婦: 主婦	佛: 佛敎	貧: 貧富	唆: 敎唆 示唆
複: 複式	掃: 淸掃	拂: 支拂	貪: 貪慾	俊: 俊秀
士: 士族	師: 恩師	恕: 容恕	暑: 暴暑	宣: 宣傳
土: 土質	帥: 將帥	怒: 憤怒	署: 官署	宜: 便宜
姓: 姓名	俗: 風俗	遂: 遂行	熟: 未熟	崇: 崇拜
性: 性格	浴: 沐浴	逐: 逐客	熱: 發熱	宗: 宗家
矢: 弓矢	仰: 推仰	歷: 歷戰	延: 延期	葉: 落葉
失: 失望	抑: 抑制	曆: 陽曆	廷: 朝廷	棄: 棄權
僧: 高僧	與: 授與	烏: 烏石	晝: 晝夜	淸: 淸明
憎: 憎惡	輿: 輿論	鳥: 益鳥	書: 讀書	請: 要請
增: 增加	興: 興亡	島: 孤島	畵: 畵像 畵(획)順	晴: 晴天
釋: 解釋	哀: 悲哀	栽: 栽培	捕: 捕手	悔: 後悔
譯: 譯官	衷: 衷情	裁: 裁縫	浦: 浦口	梅: 梅花
澤: 恩澤	衰: 衰弱	載: 積載	補: 補充	侮: 侮辱
擇: 選擇	喪: 初喪	戴: 男負女戴	鋪: 店鋪	海: 海洋

穩: 穩健	遺: 遺言	泣: 泣訴	任: 信任	積: 積載
隱: 隱語	遣: 派遣	位: 位置	仕: 奉仕	績: 成績
滴: 硯滴	弟: 兄弟	燥: 乾燥	柱: 支柱	衆: 大衆
摘: 摘發	第: 第一	操: 操心	桂: 桂皮	象: 象牙 / 象形
陳: 陳列	津: 興味津津	且: 況且	撤: 撤收	枕: 枕木
陣: 陣地	律: 法律	旦: 旦夕	徹: 徹底	沈: 沈(침)滯 / 沈(심)淸
逐: 逐出	衝: 衝擊	他: 他人	彈: 彈丸	探: 探究
遂: 完遂	衡: 均衡	地: 地球	禪: 參禪	深: 深山
幣: 貨幣	抗: 反抗	項: 項目	旱: 旱害	鄕: 京鄕
弊: 弊端	坑: 坑道	頃: 頃刻	早: 早期	卿: 卿相
亨: 亨通	招: 招魂	濁: 淸濁	抱: 抱擁	險: 危險
享: 享樂	紹: 紹介	燭: 華燭	泡: 水泡	檢: 檢查
	昭: 昭明	獨: 獨立	胞: 細胞	儉: 儉素

刑: 私刑　　侯: 諸侯　　讓: 辭讓　　脫: 脫衣

形: 形式　　候: 氣候　　壤: 土壤　　稅: 納稅

刊: 刊行　　喉: 喉音　　壞: 崩壞　　悅: 喜悅

　　　　　　　　　　　懷: 懷抱　　說: 說得

　　　　　　　　　　　孃: 令孃　　　遊說(세)

　　　　　　　　　　　　　　　　　　說(열)樂

　　　　　　　　　　　　　　　　設: 施設

頭音法則

漢字語의 첫소리가 ㄴ·ㄹ일때 'ㅇ·ㄴ'으로 발음하는 것을 두음법칙이라 한다

尿(뇨) :	요-尿素肥料 뇨-糖尿病	尼(니) :	이-尼僧 니-比丘尼	泥(니) :	이-泥土 니-雲泥(구름과 진흙)
溺(닉) :	익-溺死 닉-耽溺	洛(락) :	낙-洛東江 락-京洛	蘭(란) :	난-蘭草 란-香蘭
欄(란) :	난-欄干 란-空欄	藍(람) :	남-藍色 람-甘藍	濫(람) :	남-濫發 람-氾(범)濫
拉(랍) :	납-拉致 랍-被拉	浪(랑) :	낭-浪說 랑-放浪	廊(랑) :	낭-廊下 랑-舍廊
凉(량) :	양-凉秋 량-淸凉里	諒(량) :	양-諒解 량-海諒	慮(려) :	여-慮外 려-憂慮
勵(려) :	여-勵行 려-獎勵	曆(력) :	역-曆書 력-陽曆	蓮(련) :	연-蓮根 련-水蓮
戀(련) :	연-戀情 련-悲戀	劣(렬) :	열-劣等 렬-拙劣	廉(렴) :	염-廉恥 렴-淸廉
嶺(령) :	영-嶺東 령-大關嶺	露(로) :	노-露出 로-白露	爐(로) :	노-爐邊 로-火爐
祿(록) :	녹-祿俸 록-國祿	弄(롱) :	농-弄談 롱-戱弄	雷(뢰) :	뇌-雷聲 뢰-地雷
陵(릉) :	능-陵墓 릉-丘陵	療(료) :	요-療養 료-治療	龍(룡) :	용-龍床 룡-靑龍
倫(륜) :	윤-倫理 륜-人倫	隆(륭) :	융-隆盛 륭-興隆	梨(리) :	이-梨大 리-山梨
裏(리) :	이-裏面 리-表裏	吏(리) :	이-吏讀 리-官吏	隣(린) :	인-隣近 린-交隣
臨(림) :	임-臨床 림-君臨				

略　　字

價(값　　　가)：価　　假(거짓　　가)：仮　　覺(깨달을　각)：覚
據(근거　　거)：拠　　擧(들　　　거)：挙　　儉(검소할　검)：倹
劍(칼　　　검)：剣　　堅(굳을　　견)：坚　　經(지날　　경)：経
輕(가벼울　경)：軽　　繼(이을　　계)：継　　關(관계할　관)：関
觀(볼　　　관)：観　　廣(넓을　　광)：広　　鑛(쇳돌　　광)：鉱
舊(예　　　구)：旧　　區(구분할　구)：区　　國(나라　　국)：国
勸(권할　　권)：勧　　權(권세　　권)：権,权　歸(돌아갈　귀)：帰
龜(거북　구, 귀)：亀　　氣(기운　　기)：気　　緊(긴할　　긴)：緊
斷(끊을　　단)：断　　單(홑　　　단)：単　　團(둥글　　단)：団
擔(멜　　　담)：担　　膽(쓸　　　개)：胆　　當(마땅　　당)：当
黨(무리　　당)：党　　對(대할　　대)：対　　圖(그림　　도)：図
獨(홀로　　독)：独　　讀(읽을　　독)：読　　燈(등　　　등)：灯
樂(즐길　　락)：楽　　亂(어지러울 란)：乱　　來(올　　　래)：来
兩(두　　　량)：両　　麗(고울　　려)：麗　　勵(힘쓸　　려)：励
獵(사냥　　렵)：猟　　靈(신령　　령)：霊　　禮(예도　　례)：礼
勞(일할　　로)：労　　爐(화로　　로)：炉　　龍(용　　　룡)：竜
樓(다락　　루)：楼　　萬(일만　　만)：万　　滿(찰　　　만)：満
灣(물구비　만)：湾　　蠻(오랑캐　만)：蛮　　賣(팔　　　매)：売
麥(보리　　맥)：麦　　發(필　　　발)：発　　變(변할　　변)：変
邊(가　　　변)：边　　倂(아우를　병)：併　　竝(나란히　병)：並
寶(보배　　보)：宝　　佛(부처　　불)：仏　　拂(떨칠　　불)：払
師(스승　　사)：师　　辭(말씀　　사)：辞　　絲(실　　　사)：糸
寫(베낄　　사)：写　　狀(형상　　상)：状　　雙(두　　　쌍)：双
釋(풀　　　석)：釈　　纖(가늘　　섬)：繊　　聲(소리　　성)：声
數(셈　　　수)：数　　獸(짐승　　수)：獣　　壽(목숨　　수)：寿

隨(따를 수):随	肅(엄숙할 숙):粛	實(열매 실):実
兒(아이 아):児	亞(버금 아):亜	惡(악할 악):悪
壓(누를 압):圧	壤(흙덩이 양):壌	樣(모양 양):様
餘(남을 여):余	與(줄 여):与	驛(역 역):駅
譯(번역할 역):訳	鹽(소금 염):塩	榮(영화 영):栄
豫(미리 예):予	譽(기릴 예):誉	藝(재주 예):芸
鬱(답답할 울):欝	圍(에워쌀 위):囲	應(응할 응):応
醫(의원 의):医	貳(두 이):弐	壹(한 일):壱
蠶(누에 잠):蚕	雜(섞일 잡):雑	壯(장할 장):壮
將(장수 장):将	獎(장려할 장):奨	裝(꾸밀 장):装
爭(다툴 쟁):争	轉(구를 전):転	傳(전할 전):伝
戰(싸울 전):戦	錢(돈 전):銭	點(점 점):点
齊(가지런할 제):斉	濟(건널 제):済	劑(약제 제):剤
證(증거 증):証	參(참여할 참):参	慘(참혹할 참):惨
處(곳 처):処	淺(얕을 천):浅	鐵(쇠 철):鉄
廳(관청 청):庁	聽(들을 청):聴	體(몸 체):体
總(다 총):総	蟲(벌레 충):虫	醉(취할 취):酔
齒(이 치):歯	稱(일컬을 칭):称	彈(탄알 탄):弾
擇(가릴 택):択	澤(못 택):沢	學(배울 학):学
解(풀 해):觧	虛(빌 허):虚	顯(나타날 현):顕
賢(어질 현):賢	螢(반딧불 형):蛍	號(이름 호):号
畵(그림 화):画	擴(넓힐 확):拡	懷(품을 회):懐
會(모일 회):会	興(일 흥):兴	

練 習 問 題

1. 漢字에 訓과 音을 쓰시오
2. 訓과 音에 漢字를 쓰시오
3. 漢字語에 讀音을 쓰시오
4. 讀音에 漢字語를 쓰시오

※ 한자에 훈과 음을 쓰시오

乞 [　　]	伊 [　　]	甫 [　　]
屯 [　　]	庄 [　　]	宋 [　　]
卞 [　　]	旨 [　　]	吳 [　　]
允 [　　]	冲 [　　]	沃 [　　]
尹 [　　]	后 [　　]	汪 [　　]
兀 [　　]	匈 [　　]	妖 [　　]
幻 [　　]	伽 [　　]	佑 [　　]
尼 [　　]	杆 [　　]	妊 [　　]
弁 [　　]	坑 [　　]	甸 [　　]
丕 [　　]	串 [　　]	呈 [　　]
汀 [　　]	狂 [　　]	址 [　　]
札 [　　]	玖 [　　]	兌 [　　]
台 [　　]	岐 [　　]	把 [　　]
艮 [　　]	沂 [　　]	阪 [　　]
价 [　　]	尿 [　　]	杓 [　　]
圭 [　　]	杜 [　　]	沆 [　　]
乭 [　　]	呂 [　　]	杏 [　　]
牟 [　　]	沔 [　　]	邢 [　　]
艾 [　　]	汶 [　　]	岬 [　　]
旭 [　　]	伴 [　　]	岡 [　　]

※ 한자에 훈과 음을 쓰시오

杰 [　　　] 芸 [　　　] 軌 [　　　]
炅 [　　　] 怡 [　　　] 奎 [　　　]
邱 [　　　] 俏 [　　　] 亮 [　　　]
糾 [　　　] 沮 [　　　] 玲 [　　　]
坴 [　　　] 芝 [　　　] 俛 [　　　]
拉 [　　　] 刹 [　　　] 侮 [　　　]
枚 [　　　] 采 [　　　] 茅 [　　　]
旻 [　　　] 炊 [　　　] 昴 [　　　]
旽 [　　　] 坡 [　　　] 珉 [　　　]
玟 [　　　] 坪 [　　　] 范 [　　　]
秉 [　　　] 抛 [　　　] 昞 [　　　]
阜 [　　　] 怖 [　　　] 昺 [　　　]
芬 [　　　] 泌 [　　　] 柄 [　　　]
泗 [　　　] 邯 [　　　] 炳 [　　　]
沼 [　　　] 昊 [　　　] 毘 [　　　]
邵 [　　　] 泓 [　　　] 毖 [　　　]
垂 [　　　] 柯 [　　　] 庠 [　　　]
押 [　　　] 迦 [　　　] 洙 [　　　]
芮 [　　　] 珏 [　　　] 洵 [　　　]
旺 [　　　] 姜 [　　　] 屍 [　　　]

※ 한자에 훈과 음을 쓰시오

柴 [　　] 峙 [　　] 匪 [　　]
彦 [　　] 胎 [　　] 唆 [　　]
姸 [　　] 扁 [　　] 陝 [　　]
衍 [　　] 虐 [　　] 珣 [　　]
盈 [　　] 炫 [　　] 荀 [　　]
歪 [　　] 型 [　　] 埃 [　　]
姚 [　　] 炯 [　　] 邕 [　　]
禹 [　　] 廻 [　　] 倭 [　　]
昱 [　　] 姬 [　　] 祐 [　　]
郁 [　　] 桀 [　　] 袁 [　　]
苑 [　　] 珪 [　　] 殷 [　　]
韋 [　　] 耆 [　　] 珥 [　　]
兪 [　　] 娩 [　　] 宰 [　　]
胤 [　　] 紊 [　　] 曹 [　　]
垠 [　　] 紡 [　　] 祚 [　　]
奏 [　　] 旁 [　　] 珠 [　　]
津 [　　] 俳 [　　] 准 [　　]
昶 [　　] 倂 [　　] 埈 [　　]
秒 [　　] 俸 [　　] 峻 [　　]
衷 [　　] 釜 [　　] 浚 [　　]

- 157 -

※ 한자에 훈과 음을 쓰시오

脂 [　　　]　淇 [　　　]　珽 [　　　]
秦 [　　　]　悼 [　　　]　旌 [　　　]
晋 [　　　]　惇 [　　　]　措 [　　　]
隻 [　　　]　崙 [　　　]　釣 [　　　]
陟 [　　　]　覓 [　　　]　彫 [　　　]
哨 [　　　]　冕 [　　　]　晙 [　　　]
託 [　　　]　舶 [　　　]　窒 [　　　]
耽 [　　　]　彬 [　　　]　斬 [　　　]
陝 [　　　]　赦 [　　　]　垛 [　　　]
峴 [　　　]　皐 [　　　]　釧 [　　　]
峽 [　　　]　晟 [　　　]　崔 [　　　]
祜 [　　　]　紹 [　　　]　偏 [　　　]
桓 [　　　]　巢 [　　　]　晧 [　　　]
晃 [　　　]　淳 [　　　]　扈 [　　　]
烋 [　　　]　紳 [　　　]　淮 [　　　]
崗 [　　　]　倻 [　　　]　軻 [　　　]
牽 [　　　]　莞 [　　　]　揭 [　　　]
皐 [　　　]　尉 [　　　]　雇 [　　　]
掘 [　　　]　翊 [　　　]　菓 [　　　]
圈 [　　　]　偵 [　　　]　款 [　　　]

※ 한자에 훈과 음을 쓰시오

琯 [ ]	晳 [ ]	焦 [ ]
傀 [ ]	貰 [ ]	軸 [ ]
絞 [ ]	隋 [ ]	彭 [ ]
揆 [ ]	舜 [ ]	馮 [ ]
棋 [ ]	殖 [ ]	弼 [ ]
琦 [ ]	湜 [ ]	皓 [ ]
琪 [ ]	腎 [ ]	欽 [ ]
湍 [ ]	握 [ ]	賈 [ ]
悳 [ ]	淵 [ ]	葛 [ ]
棟 [ ]	堯 [ ]	鉀 [ ]
萊 [ ]	媛 [ ]	塏 [ ]
硫 [ ]	渭 [ ]	隔 [ ]
帽 [ ]	庾 [ ]	窟 [ ]
閔 [ ]	鈗 [ ]	溺 [ ]
渤 [ ]	晶 [ ]	塘 [ ]
筏 [ ]	琮 [ ]	塗 [ ]
傅 [ ]	診 [ ]	頓 [ ]
傘 [ ]	敞 [ ]	董 [ ]
揷 [ ]	喆 [ ]	裸 [ ]
舒 [ ]	逮 [ ]	煉 [ ]

※ 한자에 훈과 음을 쓰시오

楞 [　　] 煜 [　　] 滑 [　　]
痲 [　　] 瑗 [　　] 滉 [　　]
貊 [　　] 楡 [　　] 甄 [　　]
搬 [　　] 滋 [　　] 槐 [　　]
鉢 [　　] 殿 [　　] 僑 [　　]
瑞 [　　] 艇 [　　] 兢 [　　]
瑄 [　　] 楨 [　　] 箕 [　　]
搜 [　　] 鼎 [　　] 漣 [　　]
瑟 [　　] 稙 [　　] 僚 [　　]
軾 [　　] 楚 [　　] 靺 [　　]
碍 [　　] 蜀 [　　] 網 [　　]
惹 [　　] 楸 [　　] 裵 [　　]
暎 [　　] 鄒 [　　] 閥 [　　]
瑛 [　　] 椿 [　　] 輔 [　　]
預 [　　] 雉 [　　] 飼 [　　]
鈺 [　　] 葡 [　　] 誓 [　　]
雍 [　　] 鉉 [　　] 碩 [　　]
傭 [　　] 嫌 [　　] 銖 [　　]
溶 [　　] 靴 [　　] 厭 [　　]
項 [　　] 煥 [　　] 睿 [　　]

※ 한자에 훈과 음을 쓰시오

熔 [　　] 瑾 [　　] 閱 [　　]
瑢 [　　] 鄧 [　　] 瑩 [　　]
熊 [　　] 輛 [　　] 蔚 [　　]
禎 [　　] 樑 [　　] 閨 [　　]
趙 [　　] 魯 [　　] 磁 [　　]
綜 [　　] 劉 [　　] 樟 [　　]
塵 [　　] 摩 [　　] 璋 [　　]
彰 [　　] 膜 [　　] 蔣 [　　]
遞 [　　] 魅 [　　] 鄭 [　　]
滯 [　　] 蔑 [　　] 駐 [　　]
聚 [　　] 潘 [　　] 稷 [　　]
誕 [　　] 賠 [　　] 震 [　　]
颱 [　　] 僻 [　　] 遮 [　　]
赫 [　　] 潛 [　　] 蔡 [　　]
酷 [　　] 蓬 [　　] 撤 [　　]
熏 [　　] 敷 [　　] 澈 [　　]
倣 [　　] 蔘 [　　] 締 [　　]
膠 [　　] 箱 [　　] 鋪 [　　]
歐 [　　] 奭 [　　] 澔 [　　]
槿 [　　] 璇 [　　] 嬅 [　　]

- 161 -

※ 한자에 훈과 음을 쓰시오

嬉 [　]	踰 [　]	戴 [　]
憾 [　]	融 [　]	膽 [　]
疆 [　]	凝 [　]	療 [　]
璟 [　]	諮 [　]	彌 [　]
冀 [　]	劑 [　]	磻 [　]
璣 [　]	輯 [　]	縫 [　]
燉 [　]	餐 [　]	薛 [　]
濂 [　]	諜 [　]	燮 [　]
盧 [　]	鮑 [　]	癌 [　]
遼 [　]	翰 [　]	襄 [　]
穆 [　]	衡 [　]	濬 [　]
錫 [　]	樺 [　]	駿 [　]
暹 [　]	勳 [　]	燦 [　]
闕 [　]	熹 [　]	璨 [　]
鴨 [　]	憙 [　]	趨 [　]
閤 [　]	鍵 [　]	濠 [　]
燁 [　]	購 [　]	壕 [　]
瀅 [　]	鞠 [　]	檜 [　]
墺 [　]	鍛 [　]	壎 [　]
擁 [　]	膽 [　]	徽 [　]

※ 한자에 훈과 음을 쓰시오

禧 [ ]	鎬 [ ]	孃 [ ]
義 [ ]	薰 [ ]	耀 [ ]
鞫 [ ]	疆 [ ]	艦 [ ]
闕 [ ]	瓊 [ ]	馨 [ ]
騏 [ ]	繫 [ ]	魔 [ ]
燾 [ ]	麒 [ ]	攝 [ ]
獵 [ ]	藤 [ ]	躍 [ ]
謬 [ ]	盧 [ ]	籠 [ ]
謨 [ ]	龐 [ ]	鑄 [ ]
馥 [ ]	鵬 [ ]	灘 [ ]
覆 [ ]	蟾 [ ]	鷺 [ ]
繕 [ ]	繩 [ ]	麟 [ ]
璿 [ ]	穩 [ ]	纖 [ ]
潘 [ ]	鏞 [ ]	竊 [ ]
甕 [ ]	疇 [ ]	瓚 [ ]
鎔 [ ]	蹴 [ ]	鷹 [ ]
魏 [ ]	霸 [ ]	灣 [ ]
鎰 [ ]	騰 [ ]	驥 [ ]
瞻 [ ]	礪 [ ]	鑽 [ ]
爀 [ ]	醴 [ ]	驪 [ ]
瀅 [ ]	蘆 [ ]	鬱 [ ]

※ 다음 훈과 음에 한자를 쓰시오

빌 걸[ ]	저 이[ ]	클 보[ ]
진칠 둔[ ]	전장 장[ ]	살 송[ ]
법 변[ ]	뜻 지[ ]	큰소리칠 오[ ]
맏 윤[ ]	화할 충[ ]	기름진 옥[ ]
다스릴 윤[ ]	임금 후[ ]	넓을 왕[ ]
높을 항[ ]	오랑캐 흉[ ]	요사할 요[ ]
헛보일 환[ ]	절 가[ ]	도울 우[ ]
여승 니[ ]	몽둥이 간[ ]	아이밸 임[ ]
고깔 변[ ]	구덩이 갱[ ]	경기 전[ ]
클 비[ ]	꿸 관[ ]	드릴 정[ ]
물가 정[ ]	미칠 광[ ]	터 지[ ]
편지 찰[ ]	옥돌 구[ ]	바꿀 태[ ]
별 태[ ]	갈림길 기[ ]	잡을 파[ ]
괘이름 간[ ]	물이름 기[ ]	언덕 판[ ]
클 개[ ]	오줌 뇨[ ]	북두자루 표[ ]
서옥 규[ ]	막을 두[ ]	넓을 항[ ]
이름 돌[ ]	법칙 려[ ]	살구 행[ ]
소울(성) 모[ ]	빠질 면[ ]	나라이름 형[ ]
쑥 애[ ]	더럽힐 문[ ]	곶 갑[ ]
아침해 욱[ ]	짝 반[ ]	산등성이 강[ ]

※ 다음 훈과 음에 한자를 쓰시오

뛰어날 걸[　] 향풀　운[　] 바퀴자국 궤[　]
빛날　경[　] 기쁠　이[　] 별　규[　]
언덕　구[　] 줄춤　일[　] 밝을　량[　]
얽힐　규[　] 막을　저[　] 옥소리 령[　]
집터　대[　] 지초　지[　] 구부릴 면[　]
끝　랍[　] 절　찰[　] 업신여길 모[　]
낱　매[　] 캘　채[　] 띠　모[　]
하늘　민[　] 불땔　취[　] 별이름 묘[　]
화할　민[　] 언덕　파[　] 옥돌　민[　]
옥돌　민[　] 들　평[　] 법　범[　]
잡을　병[　] 던질　포[　] 밝을　병[　]
언덕　부[　] 두려워할 포[　] 밝을　병[　]
향기　분[　] 스며흐를 필[　] 자루　병[　]
물이름 사[　] 조나라서울 한[　] 불꽃　병[　]
못　소[　] 하늘　호[　] 도울　비[　]
땅이름 소[　] 물깊을 홍[　] 삼갈　비[　]
드리울 수[　] 가지　가[　] 학교　상[　]
누를　압[　] 부처이름 가[　] 물가　수[　]
물가　예[　] 쌍옥　각[　] 참으로 순[　]
왕성할 왕[　] 강할　강[　] 주검　시[　]

※ 다음 훈과 음에 한자를 쓰시오

섶 시[ ]	언덕 치[ ]	비적 비[ ]
선비 언[ ]	아이밸 태[ ]	부추길 사[ ]
고울 연[ ]	작을 편[ ]	고을이름 섬[ ]
넓을 연[ ]	모질 학[ ]	옥이름 순[ ]
찰 영[ ]	밝을 현[ ]	풀이름 순[ ]
기울 왜[ ]	모형 형[ ]	티끌 애[ ]
예쁠 요[ ]	빛날 형[ ]	막힐 옹[ ]
하우씨 우[ ]	돌 회[ ]	왜나라 왜[ ]
햇빛밝을 욱[ ]	계집 희[ ]	복 우[ ]
성할 욱[ ]	횃대 걸[ ]	옷길 원[ ]
나라동산 원[ ]	홀 규[ ]	은나라 은[ ]
가죽 위[ ]	늙을 기[ ]	귀고리 이[ ]
그러할 유[ ]	낳을 만[ ]	재상 재[ ]
자손 윤[ ]	문란할 문[ ]	무리 조[ ]
지경 은[ ]	길쌈 방[ ]	복 조[ ]
아뢸 주[ ]	곁 방[ ]	구슬 주[ ]
나루 진[ ]	배우 배[ ]	비준 준[ ]
해길 창[ ]	아우를 병[ ]	높을 준[ ]
까끄라기 초[ ]	녹 봉[ ]	높을 준[ ]
속마음 충[ ]	가마 부[ ]	깊을 준[ ]

※ 다음 훈과 음에 한자를 쓰시오

기름   지[   ]물이름 기[   ]옥홀   정[   ]
진나라 진[   ]슬퍼할 도[   ]기   정[   ]
진나라 진[   ]도타울 돈[   ]둘   조[   ]
외짝   척[   ]산이름 류[   ]낚시   조[   ]
오를   척[   ]찾을   멱[   ]새길   조[   ]
망볼   초[   ]면류관 면[   ]밝을   준[   ]
부탁할 탁[   ]배   박[   ]막힐   질[   ]
즐길   탐[   ]빛날   빈[   ]벨   참[   ]
땅이름 합[   ]용서할 사[   ]사패자 채[   ]
고개   현[   ]은나라시조이름 설[   ]팔찌   천[   ]
골짜기 협[   ]밝을   성[   ]높을   최[   ]
복   호[   ]이을   소[   ]치우칠 편[   ]
굳셀   환[   ]새집   소[   ]밝을   호[   ]
밝을   황[   ]순박할 순[   ]뒤따를 호[   ]
아름다울 휴[   ]띠   신[   ]회수   회[   ]
언덕   강[   ]가야   야[   ]굴대   가[   ]
이끌   견[   ]빙그레할 완[   ]걸   게[   ]
언덕   고[   ]벼슬   위[   ]품팔   고[   ]
팔   굴[   ]도울   익[   ]과자   과[   ]
우리   권[   ]염탐할 정[   ]항목   관[   ]

※ 다음 훈과 음에 한자를 쓰시오

옥피리 관[　]　밝을　석[　]　탈　　　초[　]
허수아비 괴[　]　세놓을 세[　]　굴대　축[　]
목맬　　교[　]　수나라 수[　]　성　　　팽[　]
헤아릴 규[　]　순임금 순[　]　성　　　풍[　]
바둑　　기[　]　불릴　식[　]　도울　필[　]
옥이름 기[　]　물맑을 식[　]　흴　　　호[　]
아름다운옥 기[　]　콩팥　신[　]　공경할 흠[　]
여울　　단[　]　쥘　　악[　]　성　　　거[　]
큰　　　덕[　]　못　　연[　]　칡　　　갈[　]
마룻대 동[　]　요임금 요[　]　갑옷　갑[　]
명아주 래[　]　계집　원[　]　높은땅 개[　]
유황　　류[　]　물이름 위[　]　사이뜰 격[　]
모자　　모[　]　곳집　유[　]　굴　　　굴[　]
병　　　민[　]　창　　윤[　]　빠질　닉[　]
안개자욱할 발[　]　맑을　정[　]　못　　　당[　]
뗏목　　벌[　]　옥홀　종[　]　칠할　도[　]
스승　　부[　]　진찰할 진[　]　조아릴 돈[　]
우산　　산[　]　시원할 창[　]　바를　동[　]
꽂을　　삽[　]　밝을　철[　]　벗을　라[　]
펼　　　서[　]　잡을　체[　]　달굴　련[　]

※ 다음 훈과 음에 한자를 쓰시오

네모질 릉[ ]   빛날 욱[ ]   미끄러울 활[ ]
저릴 마[ ]   구슬 원[ ]   깊을 황[ ]
맥국 맥[ ]   느릅나무 유[ ]   질그릇 견[ ]
운반할 반[ ]   불을 자[ ]   느티나무 괴[ ]
바리때 발[ ]   전각 전[ ]   더부살이 교[ ]
상서 서[ ]   큰배 정[ ]   떨릴 긍[ ]
도리옥 선[ ]   단단한나무 정[ ]   키   기[ ]
찾을 수[ ]   솥   정[ ]   잔물결 련[ ]
큰거문고 슬[ ]   올벼 직[ ]   동료 료[ ]
수레가로나무 식[ ]   초나라 초[ ]   말갈 말[ ]
거리낄 애[ ]   애벌레 촉[ ]   그물 망[ ]
이끌 야[ ]   가래 추[ ]   옷길 배[ ]
비칠 영[ ]   추나라 추[ ]   문벌 벌[ ]
옥빛 영[ ]   참죽나무 춘[ ]   도울 보[ ]
맡길 예[ ]   꿩   치[ ]   기를 사[ ]
보배 옥[ ]   포도 포[ ]   맹세할 서[ ]
화할 옹[ ]   솥귀 현[ ]   클   석[ ]
품팔 고[ ]   싫어할 혐[ ]   저울눈 수[ ]
녹을 용[ ]   신   화[ ]   싫어할 염[ ]
삼갈 욱[ ]   빛날 한[ ]   슬기 예[ ]

※ 다음 훈과 음에 한자를 쓰시오

녹을 용[ ] 아름다운옥 근[ ] 볼 열[ ]
패옥소리 용[ ] 나라이름 등[ ] 옥돌 영[ ]
곰 웅[ ] 수레 량[ ] 제비쑥 울[ ]
상서로울 정[ ] 들보 량[ ] 화평할 은[ ]
추창할 조[ ] 노둔할 로[ ] 자석 자[ ]
모을 종[ ] 죽일 류[ ] 녹나무 상[ ]
티끌 진[ ] 문지를 마[ ] 홀 장[ ]
드러날 창[ ] 꺼풀 막[ ] 과장풀 장[ ]
갈마드일 체[ ] 매혹할 매[ ] 정나라 정[ ]
막힐 체[ ] 업신여길 멸[ ] 머무를 주[ ]
모을 취[ ] 쌀뜨물 반[ ] 피 직[ ]
낳을 탄[ ] 물어줄 배[ ] 우레 진[ ]
태풍 태[ ] 궁벽할 벽[ ] 가릴 차[ ]
빛날 혁[ ] 물이름 보[ ] 법 채[ ]
심할 혹[ ] 쑥 봉[ ] 걷을 철[ ]
불길 훈[ ] 펼 부[ ] 맑을 철[ ]
경계할 경[ ] 삼 삼[ ] 맺을 체[ ]
아교 교[ ] 상자 상[ ] 펼(가게) 포[ ]
토할 구[ ] 클 석[ ] 넓을 호[ ]
무궁화 근[ ] 옥 선[ ] 탐스러울 화[ ]

※ 다음 훈과 음에 한자를 쓰시오

아름다울 희[ ] 넘을   유[ ] 일   대[ ]
섭섭할 강[ ]   녹을   용[ ] 베낄   등[ ]
굳셀   강[ ]   엉길   응[ ] 병고칠 료[ ]
옥빛   경[ ]   물을   자[ ] 오랠   미[ ]
바랄   기[ ]   약제   제[ ] 반계   반[ ]
별이름 기[ ]   모을   집[ ] 꿰맬   봉[ ]
불빛   돈[ ]   밥   찬[ ] 설풀   설[ ]
경박할 렴[ ]   염탐할 첩[ ] 불꽃   섭[ ]
검은빛 로[ ]   절인물고기 포[ ] 암   암[ ]
멀   료[ ]   편지   한[ ] 도울   양[ ]
화목할 목[ ]   저울대 형[ ] 깊을   준[ ]
주석   석[ ]   벚나무 화[ ] 준마   준[ ]
햇살치밀 섬[ ] 공   훈[ ] 빛날   찬[ ]
막을   알[ ]   빛날   희[ ] 옥빛   찬[ ]
오리   압[ ]   기뻐할 희[ ] 달아날 추[ ]
마을   염[ ]   열쇠   건[ ] 해자   호[ ]
빛날   엽[ ]   살   구[ ] 해자   호[ ]
흐릴   예[ ]   기를   국[ ] 전나무 회[ ]
물가   어[ ]   쇠불릴 단[ ] 질나팔 훈[ ]
낄   옹[ ]   쏠개   담[ ] 아름다울 휘[ ]

※ 다음 훈과 음에 한자를 쓰시오

복 희[ ]	남비 호[ ]	아가씨 양[ ]
기운 희[ ]	향풀 훈[ ]	빛날 요[ ]
오랑캐이름 감[ ]	지경 강[ ]	큰배 항[ ]
대궐 궐[ ]	구슬 경[ ]	꽃다울 형[ ]
준마 기[ ]	맬 계[ ]	마귀 마[ ]
비칠 도[ ]	기린 기[ ]	잡을 섭[ ]
사냥 렵[ ]	등나무 등[ ]	뛸 약[ ]
그르칠 류[ ]	농막집 려[ ]	대바구니 롱[ ]
꾀 모[ ]	높은집 방[ ]	쇠불릴 주[ ]
향기 복[ ]	붕새 붕[ ]	여울 탄[ ]
덮을 복[ ]	두꺼비 섬[ ]	백로 로[ ]
기울 선[ ]	노끈 승[ ]	기린 린[ ]
구슬 선[ ]	편안할 온[ ]	가늘 섬[ ]
즙낼 심[ ]	쇠북 용[ ]	훔칠 절[ ]
독 옹[ ]	이랑 주[ ]	옥잔 찬[ ]
쇠녹일 용[ ]	찰 축[ ]	매 응[ ]
위나라 위[ ]	으뜸 패[ ]	물굽이 만[ ]
무게이름 일[ ]	오를 등[ ]	천리마 기[ ]
볼 첨[ ]	숫돌 려[ ]	뚫을 찬[ ]
불빛 혁[ ]	단술 례[ ]	나귀 려[ ]
물맑을 형[ ]	갈대 로[ ]	답답할 울[ ]

※ 한자어에 독음을 쓰시오

乞神 〔　　〕	亢旱 〔　　〕	名札 〔　　〕	艾服 〔　　〕
乞人 〔　　〕	幻覺 〔　　〕	書札 〔　　〕	艾艾 〔　　〕
門前乞食 〔　　〕	幻燈 〔　　〕	入札 〔　　〕	艾葉 〔　　〕
哀乞伏乞 〔　　〕	幻滅 〔　　〕	台命 〔　　〕	艾康 〔　　〕
屯監 〔　　〕	幻想 〔　　〕	台相 〔　　〕	旭光 〔　　〕
屯畓 〔　　〕	幻生 〔　　〕	天台宗 〔　　〕	旭旦 〔　　〕
屯田 〔　　〕	幻影 〔　　〕	艮時 〔　　〕	旭旭 〔　　〕
屯營 〔　　〕	尼僧 〔　　〕	艮坐坤向 〔　　〕	旭日 〔　　〕
美軍駐屯 〔　　〕	比丘尼 〔　　〕	艮止 〔　　〕	朝旭 〔　　〕
卞季良 〔　　〕	弁言 〔　　〕	价人 〔　　〕	晴旭 〔　　〕
卞急 〔　　〕	弁辰 〔　　〕	圭角 〔　　〕	伊洛 〔　　〕
卞射 〔　　〕	弁韓 〔　　〕	圭田 〔　　〕	伊昔 〔　　〕
允可 〔　　〕	丕基 〔　　〕	甲乭 〔　　〕	伊時 〔　　〕
允許 〔　　〕	丕業 〔　　〕	牟尼 〔　　〕	伊優 〔　　〕
允當 〔　　〕	丕子 〔　　〕	牟利 〔　　〕	旨甘 〔　　〕
判尹 〔　　〕	丕休 〔　　〕	牟首 〔　　〕	旨意 〔　　〕
亢羅 〔　　〕	江汀 〔　　〕	牟食 〔　　〕	旨蓄 〔　　〕
亢龍有悔 〔　　〕	沙汀 〔　　〕	牟然 〔　　〕	密旨 〔　　〕
亢鼻 〔　　〕	簡札 〔　　〕	艾年 〔　　〕	聖旨 〔　　〕
亢進 〔　　〕	開札 〔　　〕	艾老 〔　　〕	趣旨 〔　　〕

※ 한자어에 독음을 쓰시오.

冲年 〔　〕	坑殺 〔　〕	夜尿症 〔　〕	章甫 〔　〕
冲妙 〔　〕	坑陷 〔　〕	杜牧 〔　〕	宋學 〔　〕
冲寂 〔　〕	串童 〔　〕	杜門不出 〔　〕	唐宋 〔　〕
冲積物 〔　〕	串數 〔　〕	杜絶 〔　〕	吳越同舟 〔　〕
冲積土 〔　〕	長山串 〔　〕	呂覽 〔　〕	吳越之思 〔　〕
后宮 〔　〕	石串洞 〔　〕	呂氏春秋 〔　〕	吳音 〔　〕
后妃 〔　〕	狂犬 〔　〕	呂律 〔　〕	吳回 〔　〕
后土 〔　〕	狂犬病 〔　〕	呂后 〔　〕	沃野 〔　〕
王后 〔　〕	狂氣 〔　〕	沔水 〔　〕	沃壤 〔　〕
皇后 〔　〕	狂亂 〔　〕	沔川 〔　〕	沃沃 〔　〕
匈奴 〔　〕	狂言 〔　〕	汶汶 〔　〕	沃田 〔　〕
匈匈 〔　〕	發狂 〔　〕	汶水 〔　〕	門前沃畓 〔　〕
伽藍 〔　〕	岐路 〔　〕	伴送 〔　〕	肥沃 〔　〕
僧伽 〔　〕	多岐亡羊 〔　〕	伴隨 〔　〕	汪浪 〔　〕
阿伽 〔　〕	分岐點 〔　〕	伴吟 〔　〕	汪洋 〔　〕
欄杆 〔　〕	沂水 〔　〕	伴行 〔　〕	汪然 〔　〕
坑口 〔　〕	尿道 〔　〕	同伴 〔　〕	汪汪 〔　〕
坑內 〔　〕	尿精 〔　〕	相伴 〔　〕	妖鬼 〔　〕
坑道 〔　〕	尿血 〔　〕	甫甫 〔　〕	妖女 〔　〕
坑夫 〔　〕	排尿 〔　〕	杜甫 〔　〕	妖物 〔　〕

※ 한자어에 독음을 쓰시오.

妖婦 [ ]　基址 [ ]　岡陵 [ ]　淸旻 [ ]
妖邪 [ ]　史蹟址 [ ]　岡曲 [ ]　秋旻 [ ]
妖精 [ ]　寺址 [ ]　大邱 [ ]　旼旼 [ ]
保佑 [ ]　城址 [ ]　糾結 [ ]　秉公持平 [ ]
神佑 [ ]　餘址 [ ]　糾明 [ ]　秉權 [ ]
天佑神助 [ ]　遺址 [ ]　糾彈 [ ]　秉燭 [ ]
妊婦 [ ]　兌換 [ ]　糾合 [ ]　秉筆之任 [ ]
妊産婦 [ ]　兌換紙幣 [ ]　紛糾 [ ]　阜繁 [ ]
不妊 [ ]　把守 [ ]　垈地 [ ]　阜成 [ ]
避妊 [ ]　把持 [ ]　家垈 [ ]　高阜 [ ]
甸役 [ ]　阪路 [ ]　拉枯 [ ]　曲阜 [ ]
郊甸 [ ]　阪田 [ ]　拉殺 [ ]　大阜 [ ]
畿甸 [ ]　沈茫 [ ]　拉致 [ ]　芬芳 [ ]
侯甸 [ ]　杏林 [ ]　被拉 [ ]　芬芬 [ ]
呈納 [ ]　杏子木 [ ]　枚擧 [ ]　芬烈 [ ]
呈露 [ ]　杏花 [ ]　枚數 [ ]　芬香 [ ]
呈示 [ ]　杏花村 [ ]　枚陳 [ ]　芬華 [ ]
謹呈 [ ]　銀杏 [ ]　旻天 [ ]　淸芬 [ ]
贈呈 [ ]　岬角 [ ]　高旻 [ ]　泗上弟子 [ ]
贈呈本 [ ]　岬寺 [ ]　蒼旻 [ ]　泗水 [ ]

※ 한자어에 독음을 쓰시오.

沼上 〔　〕	芸夫 〔　〕	刹那 〔　〕	抛棄 〔　〕
沼池 〔　〕	芸芸 〔　〕	古刹 〔　〕	抛物線 〔　〕
沼澤 〔　〕	芸黃 〔　〕	名刹 〔　〕	怖懼 〔　〕
湖沼 〔　〕	怡色 〔　〕	寺刹 〔　〕	怖畏 〔　〕
垂範 〔　〕	怡顔 〔　〕	僧刹 〔　〕	恐怖 〔　〕
垂楊 〔　〕	怡悅 〔　〕	采毛 〔　〕	泌尿器 〔　〕
垂直 〔　〕	俏舞 〔　〕	采色 〔　〕	分泌 〔　〕
垂訓 〔　〕	八俏 〔　〕	采取 〔　〕	昊蒼 〔　〕
懸垂幕 〔　〕	沮止 〔　〕	文采 〔　〕	昊天 〔　〕
押署 〔　〕	沮澤 〔　〕	風采 〔　〕	昊天罔極 〔　〕
押留 〔　〕	沮敗 〔　〕	炊米 〔　〕	晴昊 〔　〕
押送 〔　〕	沮廢 〔　〕	炊婦 〔　〕	泓量 〔　〕
押收 〔　〕	沮害 〔　〕	炊事 〔　〕	柯葉 〔　〕
押韻 〔　〕	沮解 〔　〕	炊湯 〔　〕	柯條 〔　〕
押印 〔　〕	芝蘭 〔　〕	炊火 〔　〕	南柯一夢 〔　〕
芮芮 〔　〕	芝蘭之交 〔　〕	自炊 〔　〕	迦葉 〔　〕
旺盛 〔　〕	芝眉 〔　〕	坡仙 〔　〕	軌道 〔　〕
旺運 〔　〕	芝草 〔　〕	坡岸 〔　〕	軌範 〔　〕
興旺 〔　〕	靈芝 〔　〕	坪當 〔　〕	軌跡 〔　〕
芸閣 〔　〕	刹鬼 〔　〕	建坪 〔　〕	軌條 〔　〕

※ 한자어에 독음을 쓰시오.

奎文 〔　　〕	白茅 〔　　〕	變屍體 〔　　〕	禹步 〔　　〕
奎章 〔　　〕	黃茅 〔　　〕	柴木 〔　　〕	禹王 〔　　〕
奎章閣 〔　　〕	昴星 〔　　〕	柴草 〔　　〕	昱昱 〔　　〕
亮達 〔　　〕	昴宿 〔　　〕	柴炭 〔　　〕	郁烈 〔　　〕
亮月 〔　　〕	刻珉 〔　　〕	柴火 〔　　〕	郁文 〔　　〕
亮察 〔　　〕	范大成 〔　　〕	彦士 〔　　〕	郁郁 〔　　〕
亮許 〔　　〕	斗柄 〔　　〕	賢彦 〔　　〕	郁郁靑靑 〔　　〕
玲玲 〔　　〕	炳然 〔　　〕	姸麗 〔　　〕	苑樹 〔　　〕
俛焉 〔　　〕	炳映 〔　　〕	姸粧 〔　　〕	苑池 〔　　〕
俛首 〔　　〕	炳燭 〔　　〕	衍義 〔　　〕	文苑 〔　　〕
俛視 〔　　〕	毘補 〔　　〕	盈貫 〔　　〕	藝苑 〔　　〕
俛仰 〔　　〕	毘益 〔　　〕	盈滿 〔　　〕	韋帶 〔　　〕
俛仰亭 〔　　〕	懲毖錄 〔　　〕	盈餘 〔　　〕	韋柔 〔　　〕
侮慢 〔　　〕	庠校 〔　　〕	盈月 〔　　〕	韋應物 〔　　〕
侮言 〔　　〕	庠學 〔　　〕	盈積 〔　　〕	韋衣 〔　　〕
侮辱 〔　　〕	洙泗學 〔　　〕	盈虛 〔　　〕	韋編三絶 〔　　〕
受侮 〔　　〕	屍身 〔　　〕	歪曲 〔　　〕	愈愈 〔　　〕
茅舍 〔　　〕	屍體 〔　　〕	姚姚 〔　　〕	枝胤 〔　　〕
茅屋 〔　　〕	屍臭 〔　　〕	禹貢 〔　　〕	皇胤 〔　　〕
茅草 〔　　〕	檢屍 〔　　〕	禹門 〔　　〕	後胤 〔　　〕

※ 한자어에 독음을 쓰시오.

垠界 〔　〕	衷正 〔　〕	自虐 〔　〕	巡廻 〔　〕
垠際 〔　〕	苦衷 〔　〕	殘虐 〔　〕	姬妾 〔　〕
九垠 〔　〕	聖衷 〔　〕	暴虐 〔　〕	歌姬 〔　〕
絶垠 〔　〕	峙立 〔　〕	炫愧 〔　〕	舞姬 〔　〕
奏上 〔　〕	峙積 〔　〕	炫目 〔　〕	美姬 〔　〕
奏書 〔　〕	對峙 〔　〕	炫炫 〔　〕	侍姬 〔　〕
奏疏 〔　〕	胎敎 〔　〕	炫惑 〔　〕	桀惡 〔　〕
奏樂 〔　〕	胎氣 〔　〕	金型 〔　〕	珪章特達 〔　〕
奏請 〔　〕	胎夢 〔　〕	模型 〔　〕	珪幣 〔　〕
獨奏 〔　〕	胎盤 〔　〕	木型 〔　〕	耆年 〔　〕
津徑 〔　〕	胎兒 〔　〕	原型 〔　〕	耆老 〔　〕
津梁 〔　〕	胎中 〔　〕	類型 〔　〕	耆蒙 〔　〕
津岸 〔　〕	扁桃 〔　〕	典型 〔　〕	村耆 〔　〕
津涯 〔　〕	扁桃腺 〔　〕	炯朗 〔　〕	娩通 〔　〕
津液 〔　〕	扁柏 〔　〕	炯心 〔　〕	分娩 〔　〕
津津 〔　〕	扁舟 〔　〕	炯眼 〔　〕	紊亂 〔　〕
分秒 〔　〕	扁平 〔　〕	炯炯 〔　〕	紡績 〔　〕
衷曲 〔　〕	虐待 〔　〕	廻旋 〔　〕	紡織 〔　〕
衷誠 〔　〕	虐殺 〔　〕	廻風 〔　〕	俳優 〔　〕
衷心 〔　〕	虐政 〔　〕	廻避 〔　〕	倂記 〔　〕

※ 한자어에 독음을 쓰시오.

倂起 〔 〕	陝府鐵牛 〔 〕	宰相 〔 〕	峻峯 〔 〕
倂發 〔 〕	陝西 〔 〕	主宰 〔 〕	峻嚴 〔 〕
倂用 〔 〕	陝輸 〔 〕	天宰 〔 〕	峻險 〔 〕
倂合 〔 〕	荀氏八龍 〔 〕	曺植 〔 〕	高峻 〔 〕
倂行 〔 〕	荀子 〔 〕	曺操 〔 〕	險峻 〔 〕
俸給 〔 〕	埃及 〔 〕	祚慶 〔 〕	浚急 〔 〕
俸祿 〔 〕	埃滅 〔 〕	祚命 〔 〕	浚井 〔 〕
俸米 〔 〕	埃霧 〔 〕	祚胤 〔 〕	浚則 〔 〕
減俸 〔 〕	邕邕 〔 〕	福祚 〔 〕	浚湖 〔 〕
薄俸 〔 〕	倭館 〔 〕	天祚 〔 〕	脂粉 〔 〕
本俸 〔 〕	倭國 〔 〕	珠丹 〔 〕	脂肉 〔 〕
釜中生魚 〔 〕	倭女 〔 〕	珠露 〔 〕	樹脂 〔 〕
釜中魚 〔 〕	倭人 〔 〕	珠算 〔 〕	油脂 〔 〕
匪徒 〔 〕	倭將 〔 〕	珠玉 〔 〕	乳脂 〔 〕
匪石之心 〔 〕	倭敵 〔 〕	眞珠 〔 〕	秦鏡 〔 〕
匪賊 〔 〕	祐助 〔 〕	准士官 〔 〕	秦始皇 〔 〕
共匪 〔 〕	天祐 〔 〕	准將 〔 〕	晉鼓 〔 〕
唆弄 〔 〕	殷鑑 〔 〕	批准 〔 〕	晉文公 〔 〕
敎唆 〔 〕	殷起 〔 〕	認准 〔 〕	隻劍 〔 〕
示唆 〔 〕	玉珥 〔 〕	峻嶺 〔 〕	隻句 〔 〕

※ 한자어에 독음을 쓰시오.

隻手 [　　]	耽樂 [　　]	牽聯 [　　]	淇河 [　　]
隻身 [　　]	耽美主義 [　　]	牽連之親 [　　]	悼歌 [　　]
隻言 [　　]	耽耽 [　　]	牽牛 [　　]	哀悼 [　　]
隻字 [　　]	耽惑 [　　]	牽引 [　　]	追悼 [　　]
陟降 [　　]	深耽 [　　]	牽制 [　　]	惇大 [　　]
陟罰 [　　]	陜川 [　　]	皐皐 [　　]	惇德 [　　]
隻升 [　　]	峴底洞 [　　]	皐鼓 [　　]	惇信 [　　]
進陟 [　　]	阿峴洞 [　　]	皐蘭草 [　　]	惇惠 [　　]
哨兵 [　　]	峽谷 [　　]	皐復 [　　]	覓去 [　　]
哨船 [　　]	峽路 [　　]	掘檢 [　　]	覓得 [　　]
哨所 [　　]	峽水 [　　]	露天掘 [　　]	船載 [　　]
步哨 [　　]	峽農 [　　]	發掘 [　　]	巨舶 [　　]
前哨戰 [　　]	峽間 [　　]	採掘 [　　]	商舶 [　　]
託送 [　　]	海峽 [　　]	圈內 [　　]	船舶 [　　]
託言 [　　]	桓雄 [　　]	圈外 [　　]	彬彬 [　　]
結託 [　　]	桓桓 [　　]	與圈 [　　]	赦免 [　　]
供託 [　　]	晃朗 [　　]	共産圈 [　　]	赦罰 [　　]
寄託 [　　]	晃昱 [　　]	野圈 [　　]	特赦 [　　]
付託 [　　]	光晃 [　　]	成層圈 [　　]	紹介 [　　]
耽讀 [　　]	牽強附會 [　　]	淇水 [　　]	紹介所 [　　]

※ 한자어에 독음을 쓰시오.

紹介狀 〔　　〕	翊贊 〔　　〕	彫飾 〔　　〕	丘軻 〔　　〕
巢林一枝 〔　　〕	偵客 〔　　〕	窒酸 〔　　〕	孟軻 〔　　〕
巢幕燕 〔　　〕	偵察 〔　　〕	窒塞 〔　　〕	揭記 〔　　〕
卵巢 〔　　〕	偵察機 〔　　〕	窒素 〔　　〕	揭示 〔　　〕
淳潔 〔　　〕	偵探 〔　　〕	窒息 〔　　〕	揭揚 〔　　〕
淳朴 〔　　〕	探偵 〔　　〕	斬斷 〔　　〕	揭載 〔　　〕
淳白 〔　　〕	旌旗 〔　　〕	斬頭 〔　　〕	雇用 〔　　〕
淳風 〔　　〕	旌錄 〔　　〕	斬首 〔　　〕	解雇 〔　　〕
淳化 〔　　〕	旌門 〔　　〕	斬新 〔　　〕	菓子 〔　　〕
淳厚 〔　　〕	旌表 〔　　〕	斬罪 〔　　〕	茶菓 〔　　〕
紳士 〔　　〕	銘旌 〔　　〕	斬刑 〔　　〕	氷菓 〔　　〕
伽倻琴 〔　　〕	措辭 〔　　〕	崔致遠 〔　　〕	乳菓 〔　　〕
伽倻山 〔　　〕	措處 〔　　〕	偏見 〔　　〕	製菓 〔　　〕
莞島郡 〔　　〕	措置 〔　　〕	偏傾 〔　　〕	製菓店 〔　　〕
尉官 〔　　〕	釣臺 〔　　〕	偏母 〔　　〕	款待 〔　　〕
校尉 〔　　〕	釣船 〔　　〕	偏食 〔　　〕	落款 〔　　〕
大尉 〔　　〕	釣魚 〔　　〕	偏愛 〔　　〕	約款 〔　　〕
都尉 〔　　〕	彫刻 〔　　〕	偏頗 〔　　〕	定款 〔　　〕
少尉 〔　　〕	彫弓 〔　　〕	扈從 〔　　〕	借款 〔　　〕
中尉 〔　　〕	彫像 〔　　〕	淮南 〔　　〕	傀奇 〔　　〕

※ 한자어에 독음을 쓰시오.

傀然 〔　　〕	病棟 〔　　〕	陽傘 〔　　〕	生殖器 〔　　〕
絞死 〔　　〕	汗牛充棟 〔　　〕	雨傘 〔　　〕	養殖 〔　　〕
絞殺 〔　　〕	草萊 〔　　〕	揷入 〔　　〕	淸湜 〔　　〕
絞首臺 〔　　〕	硫酸 〔　　〕	揷紙 〔　　〕	腎經 〔　　〕
絞首刑 〔　　〕	硫黃 〔　　〕	揷畵 〔　　〕	腎不全 〔　　〕
揆度 〔　　〕	帽子 〔　　〕	揷話 〔　　〕	腎腸 〔　　〕
棋客 〔　　〕	禮帽 〔　　〕	舒緩 〔　　〕	腎臟 〔　　〕
棋局 〔　　〕	制帽 〔　　〕	舒情 〔　　〕	握力 〔　　〕
棋聖 〔　　〕	脫帽 〔　　〕	舒州 〔　　〕	握手 〔　　〕
棋院 〔　　〕	學帽 〔　　〕	舒遲 〔　　〕	掌握 〔　　〕
將棋 〔　　〕	閔傷 〔　　〕	明晳 〔　　〕	把握 〔　　〕
琦辭 〔　　〕	憂悶 〔　　〕	賞家 〔　　〕	淵深 〔　　〕
琦行 〔　　〕	渤海 〔　　〕	賞物 〔　　〕	淵源 〔　　〕
琪樹 〔　　〕	筏夫 〔　　〕	朔月賞 〔　　〕	淵泉 〔　　〕
湍流 〔　　〕	傅母 〔　　〕	傳賞 〔　　〕	淵澤 〔　　〕
湍水 〔　　〕	傅愛 〔　　〕	隋文帝 〔　　〕	淵海 〔　　〕
湍深 〔　　〕	師傅 〔　　〕	舜英 〔　　〕	堯舜 〔　　〕
湍中 〔　　〕	傘壽 〔　　〕	殖民 〔　　〕	堯舜之君 〔　　〕
棟幹 〔　　〕	傘下 〔　　〕	殖產 〔　　〕	堯天 〔　　〕
棟梁 〔　　〕	落下傘 〔　　〕	繁殖 〔　　〕	媛女 〔　　〕

※ 한자어에 독음을 쓰시오.

才媛 [ ]　焦心 [ ]　欽慕 [ ]　石窟 [ ]
渭城 [ ]　焦點 [ ]　欽仰 [ ]　土窟 [ ]
渭水 [ ]　焦燥 [ ]　欽定 [ ]　溺沒 [ ]
渭濁 [ ]　主軸 [ ]　賈島 [ ]　溺死 [ ]
庚積 [ ]　中軸 [ ]　賈人 [ ]　溺信 [ ]
晶光 [ ]　地軸 [ ]　賈船 [ ]　耽溺 [ ]
結晶 [ ]　車軸 [ ]　商賈 [ ]　塘池 [ ]
水晶 [ ]　天方地軸 [ ]　葛巾 [ ]　塗工 [ ]
紫水晶 [ ]　彭祖 [ ]　葛根 [ ]　塗料 [ ]
琼花 [ ]　馮氣 [ ]　葛布 [ ]　塗色 [ ]
診斷 [ ]　馮隆 [ ]　勝塏 [ ]　塗裝 [ ]
診脈 [ ]　馮河 [ ]　隔離 [ ]　塗炭 [ ]
檢診 [ ]　馮異 [ ]　隔世之感 [ ]　中塗 [ ]
誤診 [ ]　彌導 [ ]　隔月 [ ]　整頓 [ ]
往診 [ ]　彌成 [ ]　隔日 [ ]　董督 [ ]
聽診器 [ ]　保彌 [ ]　隔差 [ ]　董正 [ ]
高敞 [ ]　晧白 [ ]　間隔 [ ]　骨董 [ ]
寬敞 [ ]　晧齒 [ ]　窟居 [ ]　骨董品 [ ]
逮捕 [ ]　晧晧白髮 [ ]　窟穴 [ ]　裸身 [ ]
焦勞 [ ]　欽念 [ ]　洞窟 [ ]　裸體 [ ]

- 183 -

※ 한자어에 독음을 쓰시오.

裸體畵 〔　〕	瑞光 〔　〕	惹端 〔　〕	項項 〔　〕
赤裸裸 〔　〕	瑞氣 〔　〕	預金 〔　〕	煜煜 〔　〕
煉丹 〔　〕	瑞相 〔　〕	預貸 〔　〕	楡里木 〔　〕
煉獄 〔　〕	瑞玉 〔　〕	預備 〔　〕	楡錢 〔　〕
煉瓦 〔　〕	瑞鳥 〔　〕	預入 〔　〕	滋甚 〔　〕
煉乳 〔　〕	瑞兆 〔　〕	預置 〔　〕	滋液 〔　〕
煉肉 〔　〕	搜檢 〔　〕	預託 〔　〕	滋雨 〔　〕
煉炭 〔　〕	搜査 〔　〕	雍睦 〔　〕	殿閣 〔　〕
楞角 〔　〕	搜索 〔　〕	雍容 〔　〕	殿堂 〔　〕
痲藥 〔　〕	搜集 〔　〕	雍和 〔　〕	殿下 〔　〕
痲醉 〔　〕	搜所聞 〔　〕	傭兵 〔　〕	聖殿 〔　〕
九貊 〔　〕	瑟居 〔　〕	傭船 〔　〕	神殿 〔　〕
搬送 〔　〕	琴瑟 〔　〕	傭聘 〔　〕	勤政殿 〔　〕
搬入 〔　〕	伏軾 〔　〕	傭員 〔　〕	飛行艇 〔　〕
搬出 〔　〕	蘇軾 〔　〕	雇傭 〔　〕	小艇 〔　〕
運搬 〔　〕	碍子 〔　〕	日傭 〔　〕	水雷艇 〔　〕
沙鉢 〔　〕	拘碍 〔　〕	溶媒 〔　〕	快速艇 〔　〕
沙鉢通文 〔　〕	無碍 〔　〕	溶液 〔　〕	楨幹 〔　〕
周鉢 〔　〕	障碍 〔　〕	溶溶 〔　〕	鼎談 〔　〕
托鉢 〔　〕	惹起 〔　〕	溶解 〔　〕	鼎立 〔　〕

※ 한자어에 독음을 쓰시오.

苦楚 〔　　〕　製靴 〔　　〕　漣漣 〔　　〕　輔導 〔　　〕

四面楚歌 〔　　〕　渙發 〔　　〕　漣川郡 〔　　〕　輔佐 〔　　〕

酸楚 〔　　〕　滑降 〔　　〕　閣僚 〔　　〕　輔行 〔　　〕

蜀相 〔　　〕　滑石 〔　　〕　官僚 〔　　〕　飼料 〔　　〕

蜀漢 〔　　〕　滑空 〔　　〕　同僚 〔　　〕　飼養 〔　　〕

鄒馬 〔　　〕　滑走 〔　　〕　幕僚 〔　　〕　飼育 〔　　〕

椿堂 〔　　〕　圓滑 〔　　〕　網巾 〔　　〕　放飼 〔　　〕

椿府丈 〔　　〕　李滉 〔　　〕　網球 〔　　〕　誓文 〔　　〕

雉經 〔　　〕　甄拔 〔　　〕　網羅 〔　　〕　誓約 〔　　〕

雉岳山 〔　　〕　甄別 〔　　〕　漁網 〔　　〕　盟誓 〔　　〕

雉鷄 〔　　〕　槐木 〔　　〕　投網 〔　　〕　宣誓 〔　　〕

三鉉 〔　　〕　槐山郡 〔　　〕　一網打盡 〔　　〕　宣誓文 〔　　〕

嫌忌 〔　　〕　槐實 〔　　〕　褒襃 〔　　〕　碩士 〔　　〕

嫌惡 〔　　〕　僑民 〔　　〕　襃回 〔　　〕　碩座敎授 〔　　〕

嫌怨 〔　　〕　僑胞 〔　　〕　軍閥 〔　　〕　碩學 〔　　〕

嫌疑 〔　　〕　華僑 〔　　〕　門閥 〔　　〕　銖兩 〔　　〕

軍靴 〔　　〕　兢兢 〔　　〕　財閥 〔　　〕　厭忌 〔　　〕

短靴 〔　　〕　戰戰兢兢 〔　　〕　學閥 〔　　〕　厭世 〔　　〕

洋靴 〔　　〕　箕子 〔　　〕　派閥 〔　　〕　厭世主義 〔　　〕

長靴 〔　　〕　箕風 〔　　〕　輔國安民 〔　　〕　厭症 〔　　〕

※ 한자어에 독음을 쓰시오.

睿德 [ ]	彰顯 [ ]	誕日 [ ]	歐洲 [ ]
叡智 [ ]	表彰 [ ]	聖誕節 [ ]	嘔吐 [ ]
睿哲 [ ]	遞加 [ ]	颱風 [ ]	歐風 [ ]
熔巖 [ ]	遞減 [ ]	赫赫 [ ]	東歐 [ ]
熔解 [ ]	遞夫 [ ]	朴赫居世 [ ]	槿花 [ ]
熊女 [ ]	遞信 [ ]	酷毒 [ ]	鄧林 [ ]
熊虎之將 [ ]	遞增 [ ]	酷烈 [ ]	鄧小平 [ ]
禎祥 [ ]	驛遞 [ ]	酷使 [ ]	車輛 [ ]
趙光祖 [ ]	滯納 [ ]	酷暑 [ ]	上樑文 [ ]
綜括 [ ]	滯念 [ ]	酷寒 [ ]	魯鈍 [ ]
綜合 [ ]	滯留 [ ]	冷酷 [ ]	劉邦 [ ]
塵土 [ ]	滯拂 [ ]	熏燒 [ ]	劉備 [ ]
落塵 [ ]	延滯 [ ]	熏藥 [ ]	摩滅 [ ]
粉塵 [ ]	停滯 [ ]	熏風 [ ]	摩天樓 [ ]
塵肺症 [ ]	聚落 [ ]	膠固 [ ]	膜外 [ ]
集塵 [ ]	聚散 [ ]	膠沙 [ ]	腦膜炎 [ ]
風塵 [ ]	聚集 [ ]	膠着語 [ ]	角膜 [ ]
彰德 [ ]	聚合 [ ]	阿膠 [ ]	鼓膜 [ ]
彰明 [ ]	誕生 [ ]	歐美 [ ]	魅力 [ ]
彰彰 [ ]	誕辰 [ ]	歐陽修 [ ]	魅了 [ ]

※ 한자어에 독음을 쓰시오.

陵蔑 〔　　〕	山蔘 〔　　〕	磁器 〔　　〕	震幅 〔　　〕
潘沐 〔　　〕	水蔘 〔　　〕	磁石 〔　　〕	地震 〔　　〕
潘楊之好 〔　　〕	人蔘 〔　　〕	磁性 〔　　〕	遮光 〔　　〕
米潘 〔　　〕	紅蔘 〔　　〕	磁針 〔　　〕	遮斷 〔　　〕
賠償 〔　　〕	箱子 〔　　〕	樟腦 〔　　〕	遮壁 〔　　〕
損害賠償 〔　　〕	李範奭 〔　　〕	弄璋之慶 〔　　〕	遮陽 〔　　〕
僻境 〔　　〕	璇室 〔　　〕	蔣介石 〔　　〕	蔡侯紙 〔　　〕
僻性 〔　　〕	閱覽 〔　　〕	鄭夢周 〔　　〕	撤去 〔　　〕
僻字 〔　　〕	閱兵 〔　　〕	鄭重 〔　　〕	撤兵 〔　　〕
僻志 〔　　〕	檢閱 〔　　〕	駐屯 〔　　〕	撤廢 〔　　〕
僻村 〔　　〕	校閱 〔　　〕	駐美 〔　　〕	撤回 〔　　〕
僻鄕 〔　　〕	査閱 〔　　〕	駐在 〔　　〕	不撤晝夜 〔　　〕
尹潽善 〔　　〕	瑩鏡 〔　　〕	駐車 〔　　〕	鄭澈 〔　　〕
蓬島 〔　　〕	瑩澤 〔　　〕	常駐 〔　　〕	締結 〔　　〕
蓬頭亂髮 〔　　〕	蔚山 〔　　〕	稷神 〔　　〕	締交 〔　　〕
敷設 〔　　〕	蔚然 〔　　〕	社稷 〔　　〕	鋪道 〔　　〕
敷衍 〔　　〕	閭閻 〔　　〕	震怒 〔　　〕	鋪裝 〔　　〕
敷地 〔　　〕	南閶 〔　　〕	震度 〔　　〕	老鋪 〔　　〕
白蔘 〔　　〕	磁極 〔　　〕	震動 〔　　〕	典當鋪 〔　　〕
蔘鷄湯 〔　　〕	磁氣 〔　　〕	震天動地 〔　　〕	店鋪 〔　　〕

※ 한자어에 독음을 쓰시오.

紙物鋪 [　　]	朱錫 [　　]	凝結 [　　]	尸位素餐 [　　]
嬉樂 [　　]	暹羅 [　　]	凝固 [　　]	諜報 [　　]
嬉笑 [　　]	關塞 [　　]	凝視 [　　]	諜者 [　　]
嬉遊 [　　]	鴨脚樹 [　　]	凝縮 [　　]	間諜 [　　]
嬉嬉 [　　]	鴨綠江 [　　]	凝集力 [　　]	鮑叔牙 [　　]
憾情 [　　]	閻羅大王 [　　]	諮問 [　　]	鮑魚 [　　]
憾悔 [　　]	墺地利 [　　]	諮議 [　　]	鮑石亭 [　　]
遺憾 [　　]	擁立 [　　]	消化劑 [　　]	翰林 [　　]
自彊不息 [　　]	擁壁 [　　]	藥劑 [　　]	翰林院 [　　]
冀望 [　　]	擁衛 [　　]	營養劑 [　　]	翰墨 [　　]
冀願 [　　]	擁護 [　　]	調劑 [　　]	書翰 [　　]
濂溪 [　　]	抱擁 [　　]	清凉劑 [　　]	衡平 [　　]
盧生之夢 [　　]	踰月 [　　]	解熱劑 [　　]	均衡 [　　]
遼寧 [　　]	踰越 [　　]	輯錄 [　　]	度量衡 [　　]
遼東 [　　]	融液 [　　]	輯睦 [　　]	平衡 [　　]
穆如淸風 [　　]	融資 [　　]	編輯 [　　]	樺巾 [　　]
穆然 [　　]	融通 [　　]	特輯 [　　]	勳章 [　　]
和穆 [　　]	融合 [　　]	晩餐 [　　]	功勳 [　　]
錫鑛 [　　]	融解 [　　]	午餐 [　　]	武勳 [　　]
錫杖 [　　]	金融 [　　]	朝餐 [　　]	賞勳 [　　]

※ 한자어에 독음을 쓰시오.

首勳 〔　〕　嘗膽 〔　〕　磻溪 〔　〕　駿馬 〔　〕
報勳處 〔　〕　落膽 〔　〕　縫機 〔　〕　駿敏 〔　〕
熹微 〔　〕　熊膽 〔　〕　縫印 〔　〕　駿逸 〔　〕
朱熹 〔　〕　戴白 〔　〕　縫織 〔　〕　駿足 〔　〕
鍵關 〔　〕　男負女戴 〔　〕　裁縫 〔　〕　燦爛 〔　〕
鍵盤 〔　〕　不俱戴天 〔　〕　彌縫 〔　〕　燦然 〔　〕
鍵盤樂器 〔　〕　推戴 〔　〕　合縫 〔　〕　趨利 〔　〕
鍵閉 〔　〕　謄本 〔　〕　薛聰 〔　〕　趨勢 〔　〕
購讀 〔　〕　謄寫 〔　〕　燮理 〔　〕　趨進 〔　〕
購買 〔　〕　謄抄 〔　〕　燮理陰陽 〔　〕　趨向 〔　〕
購入 〔　〕　戶籍謄本 〔　〕　肝癌 〔　〕　濠橋 〔　〕
購販場 〔　〕　療法 〔　〕　大腸癌 〔　〕　濠洲 〔　〕
鞠養 〔　〕　療養 〔　〕　胃癌 〔　〕　待避壕 〔　〕
鞠育 〔　〕　醫療 〔　〕　乳房癌 〔　〕　防空壕 〔　〕
鍛鍊 〔　〕　診療 〔　〕　子宮癌 〔　〕　檜木 〔　〕
鍛鐵 〔　〕　治療 〔　〕　肺癌 〔　〕　檜風 〔　〕
體力鍛鍊 〔　〕　彌久 〔　〕　襄陽郡 〔　〕　檜皮 〔　〕
膽力 〔　〕　彌滿 〔　〕　濬潭 〔　〕　徽言 〔　〕
肝膽 〔　〕　彌望 〔　〕　濬川 〔　〕　徽音 〔　〕
膽石症 〔　〕　彌月 〔　〕　濬哲 〔　〕　徽章 〔　〕

※ 한자어에 독음을 쓰시오.

徽號 〔 〕	馥郁 〔 〕	鎔巖 〔 〕	疆土 〔 〕
羲農 〔 〕	芳馥 〔 〕	鎔解 〔 〕	繫留 〔 〕
羲皇 〔 〕	覆蓋 〔 〕	鎔接 〔 〕	繫束 〔 〕
伏羲 〔 〕	覆面 〔 〕	魏武 〔 〕	繫屬 〔 〕
王羲之 〔 〕	覆沙 〔 〕	魏書 〔 〕	繫泊 〔 〕
鞦韃 〔 〕	覆審 〔 〕	瞻望 〔 〕	藤架 〔 〕
闕內 〔 〕	覆土 〔 〕	瞻星臺 〔 〕	藤家具 〔 〕
宮闕 〔 〕	飜覆 〔 〕	瞻仰 〔 〕	葛藤 〔 〕
大闕 〔 〕	繕寫 〔 〕	汀瀅 〔 〕	常春藤 〔 〕
補闕 〔 〕	修繕 〔 〕	鎬京 〔 〕	廬落 〔 〕
燾育 〔 〕	營繕 〔 〕	鎬鎬 〔 〕	廬幕 〔 〕
獵官 〔 〕	補繕 〔 〕	薰氣 〔 〕	廬舍 〔 〕
獵奇 〔 〕	璿宮 〔 〕	薰陶 〔 〕	廬山 〔 〕
獵師 〔 〕	瀋陽 〔 〕	薰藥 〔 〕	草廬 〔 〕
獵銃 〔 〕	甕器 〔 〕	薰育 〔 〕	龐眉皓髮 〔 〕
謬見 〔 〕	甕城 〔 〕	薰風 〔 〕	龐錯 〔 〕
誤謬 〔 〕	甕天 〔 〕	薰化 〔 〕	龐統 〔 〕
謀訓 〔 〕	甕津郡 〔 〕	疆界 〔 〕	鵬圖 〔 〕
奇謨 〔 〕	瓦甕 〔 〕	疆內 〔 〕	鵬力 〔 〕
馥氣 〔 〕	鎔鑛爐 〔 〕	疆域 〔 〕	鵬飛 〔 〕

※ 한자어에 독음을 쓰시오.

鵬翼 〔　　〕	霸道 〔　　〕	艦隊 〔　　〕	躍動 〔　　〕
鵬程 〔　　〕	霸者 〔　　〕	艦上 〔　　〕	躍進 〔　　〕
蟾蛇酒 〔　　〕	連霸 〔　　〕	艦船 〔　　〕	跳躍 〔　　〕
蟾彩 〔　　〕	爭霸 〔　　〕	艦長 〔　　〕	飛躍 〔　　〕
繩繫 〔　　〕	騰極 〔　　〕	艦艇 〔　　〕	一躍 〔　　〕
繩察 〔　　〕	騰落 〔　　〕	艦砲 〔　　〕	活躍 〔　　〕
結繩 〔　　〕	騰馬 〔　　〕	馨氣 〔　　〕	籠球 〔　　〕
火繩 〔　　〕	急騰 〔　　〕	馨香 〔　　〕	籠羅 〔　　〕
捕繩 〔　　〕	上騰 〔　　〕	魔窟 〔　　〕	籠絡 〔　　〕
穩健 〔　　〕	暴騰 〔　　〕	魔鬼 〔　　〕	籠中鳥 〔　　〕
穩當 〔　　〕	礦石 〔　　〕	魔力 〔　　〕	籠城 〔　　〕
穩全 〔　　〕	磨礪 〔　　〕	魔法 〔　　〕	鑄工 〔　　〕
平穩 〔　　〕	醴酒 〔　　〕	魔術 〔　　〕	鑄物 〔　　〕
疇輩 〔　　〕	甘醴 〔　　〕	魔王 〔　　〕	鑄錢 〔　　〕
範疇 〔　　〕	蘆雪 〔　　〕	攝念 〔　　〕	鑄造 〔　　〕
蹴球 〔　　〕	蘆笛 〔　　〕	攝理 〔　　〕	鑄鐵 〔　　〕
蹴踏 〔　　〕	蘆田 〔　　〕	攝生 〔　　〕	鑄型 〔　　〕
一蹴 〔　　〕	蘆花 〔　　〕	攝政 〔　　〕	灘聲 〔　　〕
霸權 〔　　〕	耀耀 〔　　〕	攝取 〔　　〕	玄海灘 〔　　〕
霸氣 〔　　〕	耀翰 〔　　〕	攝行 〔　　〕	鷺約 〔　　〕

※ 한자어에 독음을 쓰시오.

鷺羽 〔   〕 竊視 〔   〕 海灣 〔   〕 驪龍之珠 〔   〕
白鷺 〔   〕 竊取 〔   〕 灣入 〔   〕 驪山 〔   〕
麟角 〔   〕 圭瓚 〔   〕 港灣 〔   〕 鬱金 〔   〕
麒麟 〔   〕 玉瓚 〔   〕 驥尾 〔   〕 鬱憤 〔   〕
纖毛 〔   〕 鷹犬 〔   〕 驥足 〔   〕 鬱積 〔   〕
纖眉 〔   〕 鷹師 〔   〕 鑽石 〔   〕 鬱寂 〔   〕
纖細 〔   〕 鷹視 〔   〕 鑽研 〔   〕 鬱蒼 〔   〕
纖維 〔   〕 鷹爪 〔   〕 驪歌 〔   〕 鬱火 〔   〕
竊盜 〔   〕 灣然

※ 독음에 한자어를 쓰시오.

걸신 [　]	항한 [　]	명찰 [　]	애복 [　]
걸인 [　]	환각 [　]	서찰 [　]	애애 [　]
문전걸식 [　]	환등 [　]	입찰 [　]	애엽 [　]
애걸복걸 [　]	환멸 [　]	태명 [　]	애강 [　]
둔감 [　]	환상 [　]	태상 [　]	욱광 [　]
둔답 [　]	환생 [　]	천태종 [　]	욱단 [　]
둔전 [　]	환영 [　]	간시 [　]	욱욱 [　]
둔영 [　]	이승 [　]	간좌곤향 [　]	욱일 [　]
미군주둔 [　]	비구니 [　]	간지 [　]	조욱 [　]
변계량 [　]	변언 [　]	개인 [　]	청욱 [　]
변급 [　]	변진 [　]	규각 [　]	이락 [　]
변사 [　]	변한 [　]	규전 [　]	이석 [　]
윤가 [　]	비기 [　]	갑돌 [　]	이시 [　]
윤허 [　]	비업 [　]	모니 [　]	이우 [　]
윤당 [　]	비자 [　]	모리 [　]	지감 [　]
판윤 [　]	비휴 [　]	모수 [　]	지의 [　]
항라 [　]	강정 [　]	모식 [　]	지축 [　]
항용유회 [　]	사정 [　]	모연 [　]	밀지 [　]
항비 [　]	간찰 [　]	애년 [　]	성지 [　]
항진 [　]	개찰 [　]	애노 [　]	취지 [　]

※ 독음에 한자어를 쓰시오.

충년 [　　]	갱살 [　　]	야뇨증 [　　]	장보 [　　]
충묘 [　　]	갱함 [　　]	두목 [　　]	송학 [　　]
충적 [　　]	관동 [　　]	두문불출 [　　]	당송 [　　]
충적물 [　　]	관삭 [　　]	두절 [　　]	오월동주 [　　]
충적토 [　　]	장산관 [　　]	여람 [　　]	오월지사 [　　]
후궁 [　　]	석관동 [　　]	여씨춘추 [　　]	오음 [　　]
후비 [　　]	광견 [　　]	여율 [　　]	오회 [　　]
후토 [　　]	광견병 [　　]	여후 [　　]	옥야 [　　]
왕후 [　　]	광기 [　　]	면수 [　　]	옥양 [　　]
황후 [　　]	광란 [　　]	면천 [　　]	옥옥 [　　]
흉노 [　　]	광언 [　　]	문문 [　　]	옥전 [　　]
흉흉 [　　]	발광 [　　]	문수 [　　]	문전옥답 [　　]
가람 [　　]	기로 [　　]	반송 [　　]	비옥 [　　]
승가 [　　]	다기망양 [　　]	반수 [　　]	왕랑 [　　]
아가 [　　]	분기점 [　　]	반음 [　　]	왕양 [　　]
난간 [　　]	기수 [　　]	반행 [　　]	왕연 [　　]
갱구 [　　]	요도 [　　]	동반 [　　]	왕왕 [　　]
갱내 [　　]	요정 [　　]	상반 [　　]	요귀 [　　]
갱도 [　　]	요혈 [　　]	보보 [　　]	요녀 [　　]
갱부 [　　]	배뇨 [　　]	두보 [　　]	요물 [　　]

※ 독음에 한자어를 쓰시오.

요부 [　　]	기지 [　　]	강릉 [　　]	청민 [　　]
요사 [　　]	사적지 [　　]	강곡 [　　]	추민 [　　]
요정 [　　]	사지 [　　]	대구 [　　]	민민 [　　]
보우 [　　]	성지 [　　]	규결 [　　]	병공지평 [　　]
신우 [　　]	여지 [　　]	규명 [　　]	병권 [　　]
천우신조 [　　]	유지 [　　]	규탄 [　　]	병촉 [　　]
임부 [　　]	태환 [　　]	규합 [　　]	병필지임 [　　]
임산부 [　　]	태환지폐 [　　]	분규 [　　]	부번 [　　]
불임 [　　]	파수 [　　]	대지 [　　]	부성 [　　]
피임 [　　]	파지 [　　]	가대 [　　]	고부 [　　]
전역 [　　]	판로 [　　]	납고 [　　]	곡부 [　　]
교전 [　　]	판전 [　　]	납살 [　　]	대부 [　　]
기전 [　　]	항망 [　　]	납치 [　　]	분방 [　　]
후전 [　　]	행림 [　　]	피랍 [　　]	분분 [　　]
정납 [　　]	행자목 [　　]	매거 [　　]	분열 [　　]
정로 [　　]	행화 [　　]	매수 [　　]	분향 [　　]
정시 [　　]	행화촌 [　　]	매진 [　　]	분화 [　　]
근정 [　　]	은행 [　　]	민천 [　　]	청분 [　　]
증정 [　　]	갑각 [　　]	고민 [　　]	사상제자 [　　]
증정본 [　　]	갑사 [　　]	창민 [　　]	사수 [　　]

※ 독음에 한자어를 쓰시오.

소상 [　　]	운부 [　　]	찰나 [　　]	포기 [　　]
소지 [　　]	운운 [　　]	고찰 [　　]	포물선 [　　]
소택 [　　]	운황 [　　]	명찰 [　　]	포구 [　　]
호소 [　　]	이색 [　　]	사찰 [　　]	포외 [　　]
수범 [　　]	이안 [　　]	승찰 [　　]	공포 [　　]
수양 [　　]	이열 [　　]	채모 [　　]	비뇨기 [　　]
수직 [　　]	일무 [　　]	채색 [　　]	분비 [　　]
수훈 [　　]	팔일 [　　]	채취 [　　]	호창 [　　]
현수막 [　　]	저지 [　　]	문채 [　　]	호천 [　　]
압서 [　　]	저택 [　　]	풍채 [　　]	호천망극 [　　]
압류 [　　]	저패 [　　]	취미 [　　]	청호 [　　]
압송 [　　]	저폐 [　　]	취부 [　　]	홍량 [　　]
압수 [　　]	저해 [　　]	취사 [　　]	가엽 [　　]
압운 [　　]	저해 [　　]	취탕 [　　]	가조 [　　]
압인 [　　]	지란 [　　]	취화 [　　]	남가일몽 [　　]
예예 [　　]	지란지교 [　　]	자취 [　　]	가섭 [　　]
왕성 [　　]	지미 [　　]	파선 [　　]	궤도 [　　]
왕운 [　　]	지초 [　　]	파안 [　　]	궤범 [　　]
흥왕 [　　]	영지 [　　]	평당 [　　]	궤적 [　　]
운각 [　　]	찰귀 [　　]	건평 [　　]	궤조 [　　]

※ 독음에 한자어를 쓰시오.

규문 [　　]	백모 [　　]	변시체 [　　]	우보 [　　]
규장 [　　]	황모 [　　]	시목 [　　]	우왕 [　　]
규장각 [　　]	묘성 [　　]	시초 [　　]	욱욱 [　　]
양달 [　　]	묘숙 [　　]	시탄 [　　]	욱렬 [　　]
양월 [　　]	각민 [　　]	시화 [　　]	욱문 [　　]
양찰 [　　]	범대성 [　　]	언사 [　　]	욱욱 [　　]
양허 [　　]	두병 [　　]	현언 [　　]	욱욱청청 [　　]
영령 [　　]	병연 [　　]	연려 [　　]	원수 [　　]
면언 [　　]	병영 [　　]	연장 [　　]	원지 [　　]
면수 [　　]	병촉 [　　]	연의 [　　]	문원 [　　]
면시 [　　]	비보 [　　]	영관 [　　]	예원 [　　]
면앙 [　　]	비익 [　　]	영만 [　　]	위대 [　　]
면앙정 [　　]	징비록 [　　]	영여 [　　]	위유 [　　]
모만 [　　]	상교 [　　]	영월 [　　]	위응물 [　　]
모언 [　　]	상학 [　　]	영적 [　　]	위의 [　　]
모욕 [　　]	수사학 [　　]	영허 [　　]	위편삼절 [　　]
수모 [　　]	시신 [　　]	왜곡 [　　]	유유 [　　]
모사 [　　]	시체 [　　]	요요 [　　]	지윤 [　　]
모옥 [　　]	시취 [　　]	우공 [　　]	황윤 [　　]
모초 [　　]	검시 [　　]	우문 [　　]	후윤 [　　]

※ 독음에 한자어를 쓰시오.

은계 [　　] 충정 [　　] 자학 [　　] 순회 [　　]
은제 [　　] 고충 [　　] 잔학 [　　] 희첩 [　　]
구은 [　　] 성충 [　　] 포학 [　　] 가희 [　　]
절은 [　　] 치립 [　　] 현괴 [　　] 무희 [　　]
주상 [　　] 치적 [　　] 현목 [　　] 미희 [　　]
주서 [　　] 대치 [　　] 현현 [　　] 시희 [　　]
주소 [　　] 태교 [　　] 현혹 [　　] 걸악 [　　]
주악 [　　] 태기 [　　] 금형 [　　] 규장특달
주청 [　　] 태몽 [　　] 모형 [　　] 규폐 [　　]
독주 [　　] 태반 [　　] 목형 [　　] 기년 [　　]
진경 [　　] 태아 [　　] 원형 [　　] 기로 [　　]
진량 [　　] 태중 [　　] 유형 [　　] 기몽 [　　]
진안 [　　] 편도 [　　] 전형 [　　] 촌기 [　　]
진애 [　　] 편도선 [　　] 형랑 [　　] 만통 [　　]
진액 [　　] 편백 [　　] 형심 [　　] 분만 [　　]
진진 [　　] 편주 [　　] 형안 [　　] 문란 [　　]
분초 [　　] 편평 [　　] 형형 [　　] 방적 [　　]
충곡 [　　] 학대 [　　] 회선 [　　] 방직 [　　]
충성 [　　] 학살 [　　] 회풍 [　　] 배우 [　　]
충심 [　　] 학정 [　　] 회피 [　　] 병기 [　　]

※ 독음에 한자어를 쓰시오.

병기 [ ]	섬부철우 [ ]	재상 [ ]	준봉 [ ]
병발 [ ]	섬서 [ ]	주재 [ ]	준엄 [ ]
병용 [ ]	섬수 [ ]	천재 [ ]	준험 [ ]
병합 [ ]	순쎄팔룡 [ ]	조식 [ ]	고준 [ ]
병행 [ ]	순자 [ ]	조조 [ ]	험준 [ ]
봉급 [ ]	애급 [ ]	조경 [ ]	준급 [ ]
봉록 [ ]	애멸 [ ]	조명 [ ]	준정 [ ]
봉미 [ ]	애무 [ ]	조윤 [ ]	준칙 [ ]
감봉 [ ]	옹옹 [ ]	복조 [ ]	준호 [ ]
박봉 [ ]	왜관 [ ]	천조 [ ]	지분 [ ]
본봉 [ ]	왜국 [ ]	주단 [ ]	지육 [ ]
부중생어 [ ]	왜녀 [ ]	주로 [ ]	수지 [ ]
부중어 [ ]	왜인 [ ]	주산 [ ]	유지 [ ]
비도 [ ]	왜장 [ ]	주옥 [ ]	유지 [ ]
비석지심 [ ]	왜적 [ ]	진주 [ ]	진경 [ ]
비적 [ ]	우조 [ ]	준사관 [ ]	진시황 [ ]
공비 [ ]	천우 [ ]	준장 [ ]	진고 [ ]
사롱 [ ]	은감 [ ]	비준 [ ]	진문공 [ ]
교사 [ ]	은기 [ ]	인준 [ ]	척검 [ ]
시사 [ ]	옥이 [ ]	준령 [ ]	척구 [ ]

※ 독음에 한자어를 쓰시오.

척수 [　　]	탐락 [　　]	견련 [　　]	기하 [　　]
척신 [　　]	탐미주의 [　　]	견련지친 [　　]	도가 [　　]
척언 [　　]	탐탐 [　　]	견우 [　　]	애도 [　　]
척자 [　　]	탐혹 [　　]	견인 [　　]	추도 [　　]
척강 [　　]	심탐 [　　]	견제 [　　]	돈대 [　　]
척벌 [　　]	합천 [　　]	고고 [　　]	돈덕 [　　]
척승 [　　]	현저동 [　　]	고고 [　　]	돈신 [　　]
진척 [　　]	아현동 [　　]	고란초 [　　]	돈혜 [　　]
초병 [　　]	협곡 [　　]	고복 [　　]	멱거 [　　]
초선 [　　]	협로 [　　]	굴검 [　　]	멱득 [　　]
초소 [　　]	협수 [　　]	노천굴 [　　]	선재 [　　]
보초 [　　]	협농 [　　]	발굴 [　　]	거박 [　　]
전초전 [　　]	협간 [　　]	채굴 [　　]	상박 [　　]
탁송 [　　]	해협 [　　]	권내 [　　]	선박 [　　]
탁언 [　　]	환웅 [　　]	권외 [　　]	빈빈 [　　]
결탁 [　　]	환환 [　　]	여권 [　　]	사면 [　　]
공탁 [　　]	황량 [　　]	공산권 [　　]	사벌 [　　]
기탁 [　　]	황욱 [　　]	야권 [　　]	특사 [　　]
부탁 [　　]	광황 [　　]	성층권 [　　]	소개 [　　]
탐독 [　　]	견강부회 [　　]	기수 [　　]	소개소 [　　]

※ 독음에 한자어를 쓰시오.

소개장 [　　]	익찬 [　　]	조식 [　　]	구가 [　　]
소림일지 [　　]	정객 [　　]	질산 [　　]	맹가 [　　]
소막연 [　　]	정찰 [　　]	질색 [　　]	게기 [　　]
난소 [　　]	정찰기 [　　]	질소 [　　]	게시 [　　]
순결 [　　]	정탐 [　　]	질식 [　　]	게양 [　　]
순박 [　　]	탐정 [　　]	참단 [　　]	게재 [　　]
순백 [　　]	정기 [　　]	참두 [　　]	고용 [　　]
순풍 [　　]	정록 [　　]	참수 [　　]	해고 [　　]
순화 [　　]	정문 [　　]	참신 [　　]	과자 [　　]
순후 [　　]	정표 [　　]	참죄 [　　]	다과 [　　]
신사 [　　]	명정 [　　]	참형 [　　]	빙과 [　　]
가야금 [　　]	조사 [　　]	최치원 [　　]	유과 [　　]
가야산 [　　]	조처 [　　]	편견 [　　]	제과 [　　]
완도군 [　　]	조치 [　　]	편경 [　　]	제과점 [　　]
위관 [　　]	조대 [　　]	편모 [　　]	관대 [　　]
교위 [　　]	조선 [　　]	편식 [　　]	낙관 [　　]
대위 [　　]	조어 [　　]	편애 [　　]	약관 [　　]
도위 [　　]	조각 [　　]	편파 [　　]	정관 [　　]
소위 [　　]	조궁 [　　]	호종 [　　]	차관 [　　]
중위 [　　]	조상 [　　]	회남 [　　]	괴기 [　　]

※ 독음에 한자어를 쓰시오.

괴연 [　　]	병동 [　　]	양산 [　　]	생식기 [　　]
교사 [　　]	한우충동 [　　]	우산 [　　]	양식 [　　]
교살 [　　]	초래 [　　]	삽입 [　　]	청식 [　　]
교수대 [　　]	유산 [　　]	삽지 [　　]	신경 [　　]
교수형 [　　]	유황 [　　]	삽화 [　　]	신부전 [　　]
규탁 [　　]	모자 [　　]	삽화 [　　]	신장 [　　]
기객 [　　]	예모 [　　]	서완 [　　]	신장 [　　]
기국 [　　]	제모 [　　]	서정 [　　]	악력 [　　]
기성 [　　]	탈모 [　　]	서주 [　　]	악수 [　　]
기원 [　　]	학모 [　　]	서지 [　　]	장악 [　　]
장기 [　　]	민상 [　　]	명석 [　　]	파악 [　　]
기사 [　　]	우민 [　　]	세가 [　　]	연심 [　　]
기행 [　　]	발해 [　　]	세물 [　　]	연원 [　　]
기수 [　　]	벌부 [　　]	삭월세 [　　]	연천 [　　]
단류 [　　]	부모 [　　]	전세 [　　]	연택 [　　]
단수 [　　]	부애 [　　]	수문제 [　　]	연해 [　　]
단심 [　　]	사부 [　　]	순영 [　　]	요순 [　　]
단중 [　　]	산수 [　　]	식민 [　　]	요순지군 [　　]
동간 [　　]	산하 [　　]	식산 [　　]	요천 [　　]
동량 [　　]	낙하산 [　　]	번식 [　　]	원녀 [　　]

※ 독음에 한자어를 쓰시오.

재원 [ ]	초심 [ ]	흠모 [ ]	석굴 [ ]
위성 [ ]	초점 [ ]	흠앙 [ ]	토굴 [ ]
위수 [ ]	초조 [ ]	흠정 [ ]	익몰 [ ]
위탁 [ ]	주축 [ ]	가도 [ ]	익사 [ ]
유적 [ ]	중축 [ ]	고인 [ ]	익신 [ ]
정광 [ ]	지축 [ ]	고선 [ ]	탐닉 [ ]
결정 [ ]	차축 [ ]	상고 [ ]	당지 [ ]
수정 [ ]	천방지축 [ ]	갈건 [ ]	도공 [ ]
자수정 [ ]	팽조 [ ]	갈근 [ ]	도료 [ ]
종화 [ ]	풍기 [ ]	갈포 [ ]	도색 [ ]
진단 [ ]	풍륭 [ ]	승개 [ ]	도장 [ ]
진맥 [ ]	풍하 [ ]	격리 [ ]	도탄 [ ]
검진 [ ]	풍이 [ ]	격세지감 [ ]	중도 [ ]
오진 [ ]	필도 [ ]	격월 [ ]	정돈 [ ]
왕진 [ ]	필성 [ ]	격일 [ ]	동독 [ ]
청진기 [ ]	보필 [ ]	격차 [ ]	동정 [ ]
고창 [ ]	호백 [ ]	간격 [ ]	골동 [ ]
관창 [ ]	호치 [ ]	굴거 [ ]	골동품 [ ]
체포 [ ]	호호백발 [ ]	굴혈 [ ]	나신 [ ]
초로 [ ]	흠념 [ ]	동굴 [ ]	나체 [ ]

※ 독음에 한자어를 쓰시오.

나체화 [　　]	서광 [　　]	야단 [　　]	욱욱 [　　]
적나라 [　　]	서기 [　　]	예금 [　　]	욱욱 [　　]
연단 [　　]	서상 [　　]	예대 [　　]	유리목 [　　]
연옥 [　　]	서옥 [　　]	예비 [　　]	유전 [　　]
연와 [　　]	서조 [　　]	예입 [　　]	자심 [　　]
연유 [　　]	서조 [　　]	예치 [　　]	자액 [　　]
연육 [　　]	수검 [　　]	예탁 [　　]	자우 [　　]
연탄 [　　]	수사 [　　]	옹목 [　　]	전각 [　　]
능각 [　　]	수색 [　　]	옹용 [　　]	전당 [　　]
마약 [　　]	수집 [　　]	옹화 [　　]	전하 [　　]
마취 [　　]	수소문 [　　]	용병 [　　]	성전 [　　]
구맥 [　　]	슬거 [　　]	용선 [　　]	신전 [　　]
반송 [　　]	금슬 [　　]	용빙 [　　]	근정전 [　　]
반입 [　　]	복식 [　　]	용원 [　　]	비행정 [　　]
반출 [　　]	소식 [　　]	고용 [　　]	소정 [　　]
운반 [　　]	애자 [　　]	일용 [　　]	수뢰정 [　　]
사발 [　　]	구애 [　　]	용매 [　　]	쾌속정 [　　]
사발통문 [　　]	무애 [　　]	용액 [　　]	정간 [　　]
주발 [　　]	장애 [　　]	용용 [　　]	정담 [　　]
탁발 [　　]	야기 [　　]	용해 [　　]	정립 [　　]

※ 독음에 한자어를 쓰시오.

고초 [　　] 제화 [　　] 연련 [　　] 보도 [　　]
사면초가 [　　] 환발 [　　] 연천군 [　　] 보좌 [　　]
산초 [　　] 활강 [　　] 각료 [　　] 보행 [　　]
촉상 [　　] 활석 [　　] 관료 [　　] 사료 [　　]
촉한 [　　] 활공 [　　] 동료 [　　] 사양 [　　]
추마 [　　] 활주 [　　] 막료 [　　] 사육 [　　]
춘당 [　　] 원활 [　　] 망건 [　　] 방사 [　　]
춘부장 [　　] 이황 [　　] 망구 [　　] 서문 [　　]
치경 [　　] 견발 [　　] 망라 [　　] 서약 [　　]
치악산 [　　] 견별 [　　] 어망 [　　] 맹서 [　　]
치계 [　　] 괴목 [　　] 투망 [　　] 선서 [　　]
삼현 [　　] 괴산군 [　　] 일망타진 [　　] 선서문 [　　]
혐기 [　　] 괴실 [　　] 배배 [　　] 석사 [　　]
혐오 [　　] 교민 [　　] 배회 [　　] 석좌교수 [　　]
혐원 [　　] 교포 [　　] 군벌 [　　] 석학 [　　]
혐의 [　　] 화교 [　　] 문벌 [　　] 수량 [　　]
군화 [　　] 긍긍 [　　] 재벌 [　　] 염기 [　　]
단화 [　　] 전전긍긍 [　　] 학벌 [　　] 염세 [　　]
양화 [　　] 기자 [　　] 파벌 [　　] 염세주의 [　　]
장화 [　　] 기풍 [　　] 보국안민 [　　] 염증 [　　]

※ 독음에 한자어를 쓰시오.

예덕 [ ]	창현 [ ]	탄일 [ ]	구주 [ ]
예지 [ ]	표창 [ ]	성탄절 [ ]	구토 [ ]
예철 [ ]	체가 [ ]	태풍 [ ]	구풍 [ ]
용암 [ ]	체감 [ ]	혁혁 [ ]	동구 [ ]
용해 [ ]	체부 [ ]	박혁거세 [ ]	근화 [ ]
웅녀 [ ]	체신 [ ]	혹독 [ ]	등림 [ ]
웅호지장 [ ]	체증 [ ]	혹렬 [ ]	등소평 [ ]
정상 [ ]	역체 [ ]	혹사 [ ]	차량 [ ]
조광조 [ ]	체납 [ ]	혹서 [ ]	상량문 [ ]
종괄 [ ]	체념 [ ]	혹한 [ ]	노둔 [ ]
종합 [ ]	체류 [ ]	냉혹 [ ]	유방 [ ]
진토 [ ]	체불 [ ]	훈소 [ ]	유비 [ ]
낙진 [ ]	연체 [ ]	훈약 [ ]	마멸 [ ]
분진 [ ]	정체 [ ]	훈풍 [ ]	마천루 [ ]
진폐증 [ ]	취락 [ ]	교고 [ ]	막외 [ ]
집진 [ ]	취산 [ ]	교사 [ ]	뇌막염 [ ]
풍진 [ ]	취집 [ ]	교착어 [ ]	각막 [ ]
창덕 [ ]	취합 [ ]	아교 [ ]	고막 [ ]
창명 [ ]	탄생 [ ]	구미 [ ]	매력 [ ]
창창 [ ]	탄신 [ ]	구양수 [ ]	매료 [ ]

※ 독음에 한자어를 쓰시오.

능멸 [ ]	산삼 [ ]	자기 [ ]	진폭 [ ]
반목 [ ]	수삼 [ ]	자석 [ ]	지진 [ ]
반양지호 [ ]	인삼 [ ]	자성 [ ]	차광 [ ]
미반 [ ]	홍삼 [ ]	자침 [ ]	차단 [ ]
배상 [ ]	상자 [ ]	장뇌 [ ]	차벽 [ ]
손해배상 [ ]	이범석 [ ]	농장지경 [ ]	차양 [ ]
벽경 [ ]	선실 [ ]	장개석 [ ]	채후지 [ ]
벽성 [ ]	열람 [ ]	정몽주 [ ]	철거 [ ]
벽자 [ ]	열병 [ ]	정중 [ ]	철병 [ ]
벽지 [ ]	검열 [ ]	주둔 [ ]	철폐 [ ]
벽촌 [ ]	교열 [ ]	주미 [ ]	철회 [ ]
벽향 [ ]	사열 [ ]	주재 [ ]	불철주야 [ ]
윤보선 [ ]	영경 [ ]	주차 [ ]	정철 [ ]
봉도 [ ]	영택 [ ]	상주 [ ]	체결 [ ]
봉두난발 [ ]	울산 [ ]	직신 [ ]	체교 [ ]
부설 [ ]	울연 [ ]	사직 [ ]	포도 [ ]
부연 [ ]	은은 [ ]	진노 [ ]	포장 [ ]
부지 [ ]	남은 [ ]	진도 [ ]	노포 [ ]
백삼 [ ]	자극 [ ]	진동 [ ]	전당포 [ ]
삼계탕 [ ]	자기 [ ]	진천동지 [ ]	점포 [ ]

※ 독음에 한자어를 쓰시오.

지물포 [　　]	주석 [　　]	응결 [　　]	시위소찬 [　　]
희락 [　　]	섬라 [　　]	응고 [　　]	첩보 [　　]
희소 [　　]	알색 [　　]	응시 [　　]	첩자 [　　]
희유 [　　]	압각수 [　　]	응축 [　　]	간첩 [　　]
희희 [　　]	압록강 [　　]	응집력 [　　]	포숙아 [　　]
감정 [　　]	염라대왕 [　　]	자문 [　　]	포어 [　　]
감회 [　　]	오지리 [　　]	자의 [　　]	포석정 [　　]
유감 [　　]	옹립 [　　]	소화제 [　　]	한림 [　　]
자강불식 [　　]	옹벽 [　　]	약제 [　　]	한림원 [　　]
기망 [　　]	옹위 [　　]	영양제 [　　]	한묵 [　　]
기원 [　　]	옹호 [　　]	조제 [　　]	서한 [　　]
염계 [　　]	포옹 [　　]	청량제 [　　]	형평 [　　]
노생지몽 [　　]	유월 [　　]	해열제 [　　]	균형 [　　]
요녕 [　　]	유월 [　　]	집록 [　　]	도량형 [　　]
요동 [　　]	융액 [　　]	집목 [　　]	평형 [　　]
목여청풍 [　　]	융자 [　　]	편집 [　　]	화건 [　　]
목연 [　　]	융통 [　　]	특집 [　　]	훈장 [　　]
화목 [　　]	융합 [　　]	만찬 [　　]	공훈 [　　]
석광 [　　]	융해 [　　]	오찬 [　　]	무훈 [　　]
석장 [　　]	금융 [　　]	조찬 [　　]	상훈 [　　]

※ 독음에 한자어를 쓰시오.

수훈 [　　]	상담 [　　]	반계 [　　]	준마 [　　]
보훈처 [　　]	낙담 [　　]	봉기 [　　]	준민 [　　]
희미 [　　]	웅담 [　　]	봉인 [　　]	준일 [　　]
주희 [　　]	대백 [　　]	봉직 [　　]	준족 [　　]
건관 [　　]	남부여대 [　　]	재봉 [　　]	찬란 [　　]
건반 [　　]	불구대천 [　　]	미봉 [　　]	찬연 [　　]
건반악기 [　　]	추대 [　　]	합봉 [　　]	추리 [　　]
건폐 [　　]	등본 [　　]	설총 [　　]	추세 [　　]
구독 [　　]	등사 [　　]	섭리 [　　]	추진 [　　]
구매 [　　]	등초 [　　]	섭리음양 [　　]	추향 [　　]
구입 [　　]	호적등본 [　　]	간암 [　　]	호교 [　　]
구판장 [　　]	요법 [　　]	대장암 [　　]	호주 [　　]
국양 [　　]	요양 [　　]	위암 [　　]	대피호 [　　]
국육 [　　]	의료 [　　]	유방암 [　　]	방공호 [　　]
단련 [　　]	진료 [　　]	자궁암 [　　]	회목 [　　]
단철 [　　]	치료 [　　]	폐암 [　　]	회풍 [　　]
체력단련 [　　]	미구 [　　]	양양군 [　　]	회피 [　　]
담력 [　　]	미만 [　　]	준담 [　　]	휘언 [　　]
간담 [　　]	미망 [　　]	준천 [　　]	휘음 [　　]
담석증 [　　]	미월 [　　]	준철 [　　]	휘장 [　　]

※ 독음에 한자어를 쓰시오.

휘호 [ ]	복욱 [ ]	용암 [ ]	강토 [ ]
희농 [ ]	방복 [ ]	용해 [ ]	계류 [ ]
희황 [ ]	복개 [ ]	용접 [ ]	계속 [ ]
복희 [ ]	복면 [ ]	위무 [ ]	계속 [ ]
왕희지 [ ]	복사 [ ]	위서 [ ]	계박 [ ]
말갈 [ ]	복심 [ ]	첨망 [ ]	등가 [ ]
궐내 [ ]	복토 [ ]	첨성대 [ ]	등가구 [ ]
궁궐 [ ]	번복 [ ]	첨앙 [ ]	갈등 [ ]
대궐 [ ]	선사 [ ]	정형 [ ]	상춘등 [ ]
보궐 [ ]	수선 [ ]	호경 [ ]	여락 [ ]
도육 [ ]	영선 [ ]	호호 [ ]	여막 [ ]
엽관 [ ]	보선 [ ]	훈기 [ ]	여사 [ ]
엽기 [ ]	선궁 [ ]	훈도 [ ]	여산 [ ]
엽사 [ ]	심양 [ ]	훈약 [ ]	초려 [ ]
엽총 [ ]	옹기 [ ]	훈육 [ ]	방미호발 [ ]
유견 [ ]	옹성 [ ]	훈풍 [ ]	방착 [ ]
오류 [ ]	옹천 [ ]	훈화 [ ]	방통 [ ]
모훈 [ ]	옹진군 [ ]	강계 [ ]	붕도 [ ]
기모 [ ]	와옹 [ ]	강내 [ ]	붕력 [ ]
복기 [ ]	용광로 [ ]	강역 [ ]	붕비 [ ]

※ 독음에 한자어를 쓰시오.

붕익 [　　] 패도 [　　] 함대 [　　] 약동 [　　]
붕정 [　　] 패자 [　　] 함상 [　　] 약진 [　　]
섬사주 [　　] 연패 [　　] 함선 [　　] 도약 [　　]
섬채 [　　] 쟁패 [　　] 함장 [　　] 비약 [　　]
승계 [　　] 등극 [　　] 함정 [　　] 일약 [　　]
승찰 [　　] 등락 [　　] 함포 [　　] 활약 [　　]
결승 [　　] 등마 [　　] 형기 [　　] 농구 [　　]
화승 [　　] 급등 [　　] 형향 [　　] 농라 [　　]
포승 [　　] 상등 [　　] 마굴 [　　] 농락 [　　]
온건 [　　] 폭등 [　　] 마귀 [　　] 농중조 [　　]
온당 [　　] 여석 [　　] 마력 [　　] 농성 [　　]
온전 [　　] 마려 [　　] 마법 [　　] 주공 [　　]
평온 [　　] 예주 [　　] 마술 [　　] 주물 [　　]
주배 [　　] 감례 [　　] 마왕 [　　] 주전 [　　]
범주 [　　] 노설 [　　] 섭념 [　　] 주조 [　　]
축구 [　　] 노적 [　　] 섭리 [　　] 주철 [　　]
축답 [　　] 노전 [　　] 섭생 [　　] 주형 [　　]
일축 [　　] 노화 [　　] 섭정 [　　] 탄성 [　　]
패권 [　　] 요요 [　　] 섭취 [　　] 현해탄 [　　]
패기 [　　] 요한 [　　] 섭행 [　　] 노약 [　　]

※ 독음에 한자어를 쓰시오.

노우 〔　　〕 절시 〔　　〕 해만 〔　　〕 여룡지주 〔　　〕
백로 〔　　〕 절취 〔　　〕 만입 〔　　〕 여산 〔　　〕
인각 〔　　〕 규찬 〔　　〕 항만 〔　　〕 울금 〔　　〕
기린 〔　　〕 옥찬 〔　　〕 기미 〔　　〕 울분 〔　　〕
섬모 〔　　〕 응견 〔　　〕 기족 〔　　〕 울적 〔　　〕
섬미 〔　　〕 응사 〔　　〕 찬석 〔　　〕 울적 〔　　〕
섬세 〔　　〕 응시 〔　　〕 찬연 〔　　〕 울창 〔　　〕
섬유 〔　　〕 응조 〔　　〕 여가 〔　　〕 울화 〔　　〕
절도 〔　　〕 만연

2급
해답편

2級 해답

※한자에 훈과 음을 쓰시오

빌 걸. 진칠 둔. 법 변. 맏 윤. 다스릴 윤. 높을 항. 헛보일 환. 여승 니. 고깔 변. 클 비. 물가 정. 편지 찰. 별 태. 쾌이름 간. 클 개. 서옥 규. 이름 돌. 소울(성) 모. 쑥 애. 아침해 욱. 저 이. 전장 장. 뜻 지. 화할 충. 임금 후. 오랑캐 흉. 절 가. 몽둥이 간. 구덩이 갱. 꿸 관. 미칠 광. 옥돌 구. 갈림길 기. 물이름 기. 오줌 뇨. 막을 두. 법칙 려. 빠질 면. 더럽힐 문. 짝 반. 클 보. 살 송. 큰소리칠 오. 기름질 옥. 넓은 황. 요사할 요. 도울 우. 아이밸 임. 경기 전. 드릴 정. 터 지. 바꿀 태. 잡을 파. 언덕 판. 북두자루 표. 넓을 항. 살구 행. 나라이름 형. 곶 갑. 산등성 강. 뛰어날 걸. 빛날 경. 언덕 구. 얽힐 규. 집터 대. 끌 랍. 낱 매. 하늘 민. 화할 민. 옥돌 민. 잡을 병. 언덕 부. 향기 분. 물이름 사. 못 소. 땅이름 소. 드리울 수. 누를 압. 물가 예. 왕성할 왕. 향풀 운. 기쁠 이. 줄춤 일. 막을 저. 지초 지. 절 찰. 캘 채. 불땔 치. 언덕 파. 들 평. 던질 포. 두려워할 포. 스며흐를 필. 조나라서울 한. 하늘 호. 물깊을 홍. 가지 가. 부처이름 가. 쌍옥 각. 강할 강. 바퀴자국 궤. 별 규. 밝을 량. 옥소리 령. 구부릴 면. 업신여길 면. 띠 모. 별이름 묘. 옥돌 민. 법 범. 밝을 병. 밝을 병. 자루 병. 불꽃 병. 도울 비. 삼갈 비. 학교 상. 물가 수. 참으로 순. 주검 시. 섶 시. 선비 언. 고울 연. 넓을 연. 찰 영. 기울 왜. 예쁠 요. 하우씨 우. 햇빛밝을 욱. 성할 욱. 나라동산 욱. 가죽 위. 그러할 유. 자손 윤. 지경 은. 아뢸 주. 나루 진. 해길 창. 까끄라기 초. 속마음 충. 언덕 치. 아이밸 태. 작을 편. 모질 학. 밝을 현. 모형 형. 빛날 형. 돌 회. 계집 희. 횃대 걸. 홀 규. 늙을 기. 낳을 만. 문란할 문. 길쌈 방. 곁 방. 배우 배. 아우를 병. 녹 봉. 가마 부. 비적 비. 부추길 사. 고을이름 사. 옥이름 순. 풀이름 순. 티끌 애. 막힐 옹. 왜나라 왜. 복 우. 옷길 원. 은나라 은. 귀고리 이. 재상 재. 무리 조. 복 조. 구슬 주. 비준 준. 높을 준. 높을 준. 깊을 준. 기름 지. 진나라 진. 진나라 진. 외짝 척. 오를 척. 망볼 초. 부탁할 탁. 즐길 탐. 땅이름 합. 고개 현. 골짜기 협. 복 호. 굳셀 환. 밝을 황. 아름다울 휴. 언덕 강. 이끌 견. 언덕 고. 팔 굴. 우리 권. 물이름 기. 슬퍼할 도. 도타울 돈. 산이름 륜. 찾을 역. 연류관 면. 배 박. 빛날 빈. 용서할 사. 은나라시조이름 설. 밝을 성. 이을 소. 새집 소. 순박할 순. 띠 신. 가야 야. 빙그레할 완. 벼슬 위. 도울 익. 염탐할 정. 옥홀 정. 기 정. 둘 조. 낚시 조. 새길 조. 밝을 준. 막힐 질. 벨 참. 사패자 채. 팔찌 천. 높을 최. 치우칠 편. 밝을 호. 뒤따를 호. 회수 회. 굴대 가. 걸 게. 품팔 고. 과자 과. 항목 관. 옥피리 관. 허수아비 괴. 목맬 교. 헤아릴 규. 바둑 기. 옥이름 기. 아름다운옥 기. 여울 단. 큰 덕. 마룻대 동. 명아주 래. 유황 류. 모자 모. 병 민. 안개자욱할 발. 뗏목 벌. 스승 부. 우산 산. 꽂을 삽. 펼 서. 밝을 석. 세놓을 세. 수나라 수. 순임금 순. 불릴 식. 물맑을 식. 콩팥 신. 쥘 악. 못 연. 요임금 요. 계집 원. 물이름 위. 곳집 유. 창 윤. 맑을 정. 옥홀 종. 진찰할 진. 시원할 창. 밝을 철. 잡을 체. 탈 초. 굴대 축. 성 팽. 성 풍. 도울 필. 휠 호. 공경할 흠. 성 거. 칡 갈. 갑옷 갑. 높은땅 개. 사이뜰 격. 굴 굴. 빠질 닉. 못 당. 칠할 도. 조아릴 돈. 바를 동. 벗을 라. 달굴 련. 네모질 릉. 저릴 마. 맥국 맥. 운반할 반. 바리때 발. 상서 서. 도리옥 선. 찾을 수. 큰거문고 슬. 수레가로나무 식. 거리낄 애. 이끌 야. 비칠 영. 옥빛 영. 맡길 예. 보배 옥. 화할 옹. 품팔 고. 녹을 용. 삼갈 욱. 빛날 욱. 구슬 원. 느릅나무 유. 불울 자. 전각 전. 큰배 정. 단단한나무 정. 솥 정. 올벼 직. 초나라 초. 애벌레 촉. 가래 추. 추나라 추. 참죽나무 춘. 꿩 치. 포도 포. 솥귀 현. 싫어할 혐. 신 화. 빛날 한. 미끄러울 활. 깊을 황. 질그릇 견. 느티나무 괴. 더부살이 교. 떨릴 긍. 키 기. 잔물결 련. 동료 료. 말갈 말. 그물 망. 옷길 배. 문벌 벌. 도울 보. 기를 사. 맹세할 서. 클 석. 저울눈 수. 싫어할 염. 슬기 예. 녹을 용. 패옥소리 용. 곰 웅. 상서로울 정. 추창할 조. 모을 종. 티끌 진. 드러날 창. 갈마드일 체. 막힐 체. 모을 취. 낳을 탄. 태풍 태. 빛날 혁. 심할 혹. 불길 훈. 경계할 경. 아교 교. 토할 구. 무궁화 근. 아름다운옥 근. 나라이름 등. 수레 량. 들보 량. 노둔할 로. 죽일 륙. 문지를 마. 꺼풀 막. 매혹할 매. 업신여길 멸. 쌀뜨물 반. 물어줄 배. 궁벽할 벽. 물이름 보. 쑥 봉. 펼 부. 삼 삼. 상자 상. 클 석. 옥 선. 불 열. 옥돌 영. 제비쑥 울. 화평할 은. 자석 자. 녹나무 장. 훌 장. 과장풀 장. 정나라 정. 머무를 주. 피 직. 우레 진. 가릴 차. 법 채. 걷을 철. 맑을 철. 맺을 체. 펼(가게) 포. 넓을 호. 탐스러울 화. 아름다울 희. 섭섭할 강. 굳셀 강. 옥빛 경. 바람 기. 별이름 기. 불빛 돈. 경박할 렴. 검은빛 로. 멀 료. 화목할 목. 주석 석. 햇살치밀 성. 막을 알. 오리 압. 마을 염. 빛날 엽. 흐릴 예. 물가 어. 낄 옹. 남을 유. 녹을 용. 엉길 응. 물을 자. 약제 제. 모을 집. 밥 찬. 염탐할 첩. 절인물고기 포. 편지 한. 저울대 형. 벗나무 화. 공 훈. 빛날 희. 기뻐할 희. 열쇠 건. 살 구. 기를 국. 쇠불릴 단. 쓸개 담. 일 대. 베낄 등. 병고칠 료. 오랠 미. 반계 반. 꿰맬 봉. 설풀 설. 불꽃 섭. 암 암. 도울 양. 깊을 준. 준마 준. 빛날 찬. 옥빛 찬. 달아날 추. 해자 호. 해자 호. 전나무 회. 질나팔 훈. 아름다울 휘. 복 희. 기운 희. 오랑캐이름 갈. 대궐 궐. 준마 기. 비칠 도. 사냥 렵. 그르칠 류. 꾀 모. 향기 복. 덮을 복. 기울 선. 구슬 선. 즙낼 심. 독 옹. 쇠녹일 용. 위나라 위. 무게이름 일. 볼 첨. 불빛 혁. 물맑을 형. 남비 호. 향풀 훈. 지경 강. 구슬 경. 맬 계. 기린 기. 등나무 등. 농막집 려. 높은집 방. 붕새 붕. 두꺼비 섬. 노끈 승. 편안할 온. 쇠북 용. 이랑 주. 찰 축. 으뜸 패. 오를 등. 숫돌 려. 단술 례. 갈대 로. 아가씨 양. 빛날 요. 큰배 항. 꽃다울 형. 마귀 마. 잡을 섭. 뛸 약. 대바구니 롱. 쇠불릴 주. 여울 탄. 백로 로. 기린 린. 가늘 섬. 훔칠 절. 옥잔 찬. 매 응. 물굽이 만. 천리마 기. 뚫을 찬. 나귀 려. 답답할 울.

※ 훈과 음에 한자를 쓰시오

乞. 屯. 卞. 允. 尹. 兄. 幻. 尼. 弁. 丕. 汀. 札. 台. 艮. 价. 圭. 丞. 牟. 艾. 旭. 伊. 庄. 旨. 冲. 后. 匈. 伽. 杆. 坑. 串. 狂. 玖. 岐. 沂. 尿. 杜. 呂. 沔. 汶. 伴. 甫. 宋. 吳. 沃. 汪. 妖. 佑. 妊. 甸. 呈. 址. 兌. 把. 阪. 杓. 沈. 杏. 邢. 岬. 岡. 杰. 昃. 邱. 糾. 垈. 拉. 枚. 旻. 旼. 珉. 秉. 阜. 芬. 泗. 沼. 邵. 垂. 押. 芮. 旺. 芸. 怡. 佾. 沮. 芝. 刹. 采. 炊. 坡. 坪. 抛. 怖. 泌. 邯. 昊. 泓. 柯. 迦. 珏. 姜. 軌. 奎. 亮. 玲. 俛.

侮. 茅. 昴. 珉. 范. 昞. 昺. 柄. 炳. 毖. 泌. 庇. 洙. 洵. 屍. 柴. 彦. 姸. 衍. 盈. 歪.
姚. 禹. 昱. 郁. 苑. 韋. 俞. 胤. 垠. 奏. 津. 昶. 秒. 衷. 峙. 胎. 扁. 虐. 炫. 型. 炯.
廻. 姬. 桀. 珪. 耆. 娩. 紊. 紡. 旁. 俳. 倂. 俸. 釜. 匪. 唆. 陝. 珣. 荀. 埃. 邕. 倭.
祐. 袁. 殷. 珥. 宰. 曺. 祚. 珠. 准. 埈. 峻. 浚. 脂. 秦. 晉. 隼. 陟. 哨. 託. 耽. 陜.
峴. 峽. 祜. 桓. 晃. 烋. 崗. 牽. 皐. 掘. 圈. 淇. 悼. 惇. 崙. 覓. 冕. 舶. 彬. 赦. 庶.
晟. 紹. 巢. 淳. 紳. 倻. 莞. 尉. 翊. 偵. 珽. 旌. 措. 釣. 彫. 晙. 窒. 斬. 埰. 釧. 崔.
偏. 晧. 扈. 准. 軻. 揭. 雇. 菓. 款. 琯. 傀. 絞. 揆. 棋. 琦. 琪. 湍. 悳. 棟. 萊. 硫.
帽. 閔. 渤. 筏. 傅. 傘. 揷. 舒. 晳. 貰. 隋. 舜. 殖. 湜. 腎. 握. 淵. 堯. 媛. 渭. 庾.
鈗. 晶. 琮. 診. 敝. 喆. 逮. 焦. 軸. 彭. 馮. 弼. 皓. 欽. 賈. 葛. 鉀. 塏. 隔. 窟. 溺.
塘. 塗. 頓. 董. 裸. 煉. 楞. 痳. 貊. 搬. 鉢. 瑞. 瑄. 搜. 瑟. 軾. 碍. 惹. 暎. 瑛. 預.
鈺. 雍. 傭. 溶. 項. 煜. 瑗. 楡. 滋. 殿. 艇. 楨. 鼎. 稙. 楚. 蜀. 楸. 鄒. 椿. 雉. 萄.
鉉. 嫌. 靴. 煥. 滑. 滉. 甄. 槐. 僑. 競. 箕. 漣. 僚. 靺. 網. 裵. 閥. 飼. 誓. 碩.
銖. 厭. 睿. 熔. 瑢. 熊. 禎. 趙. 綜. 塵. 彰. 遞. 滯. 聚. 誕. 颱. 赫. 酷. 熏. 徹. 膠.
歐. 槿. 瑾. 鄧. 輛. 樑. 魯. 劉. 摩. 膜. 魅. 蔑. 潘. 賠. 僻. 潛. 蓬. 敷. 蔘. 箱. 爽.
璇. 閱. 瑩. 蔚. 閭. 磁. 樟. 璋. 蔣. 鄭. 駐. 稷. 震. 遮. 蔡. 撤. 澈. 締. 鋪. 澔. 嬅.
嬉. 憶. 彊. 璟. 冀. 璣. 燉. 濂. 盧. 遼. 穆. 錫. 暹. 閼. 鴨. 閣. 樺. 濊. 壅. 擁. 踰.
融. 凝. 諮. 劑. 輯. 餐. 諜. 鮑. 翰. 衡. 樺. 勳. 燻. 憙. 鍵. 購. 鞠. 鍛. 膽. 戴. 膡.
療. 彌. 磻. 縫. 薛. 燮. 癌. 襄. 澯. 駿. 燦. 璨. 鞠. 濠. 壕. 檜. 壎. 徽. 禧. 羲. 鞫.
闕. 騎. 燾. 獵. 謬. 謨. 馥. 覆. 繕. 璿. 瀋. 甕. 鎔. 魏. 鎰. 瞻. 燐. 瀅. 鎬. 薰. 疆.
瓊. 繫. 麒. 藤. 廬. 龐. 鵬. 蟾. 繩. 穩. 鏞. 疇. 蹴. 覇. 騰. 礪. 醴. 蘆. 孃. 耀. 艦.
馨. 魔. 攝. 躍. 籠. 鑄. 灘. 鷲. 麟. 纖. 竊. 瓚. 鷹. 灣. 驥. 鑽. 驪. 鬱.

※ 한자어에 독음을 쓰시오

걸신. 걸인. 문전걸식. 애걸복걸. 둔감. 둔답. 둔전. 둔영. 미군주둔. 변계량. 변급. 변사. 윤가. 윤허. 윤당. 판윤. 항라. 항룡유회. 항비. 항진. 항한. 환각. 환등. 환멸. 환상. 환생. 환영. 니승. 비구니. 변언 변진. 변한. 비기. 비업. 비자. 비휴. 강정. 사정. 간찰. 개찰. 명찰. 서찰. 입찰. 태명. 태상. 천태종. 간시. 간좌곤향. 간지. 개인. 규각. 규전. 갑돌. 모니. 모리. 모수. 모식. 모연. 애년. 애노. 애복. 애애. 애엽. 애강. 욱광. 욱단. 욱욱. 욱일. 조욱. 청욱. 이락. 이석. 이시. 이우. 지감. 지의. 지축. 밀지. 성지. 취지. 충년. 충묘. 충적. 충적물. 충적토. 후궁. 후비. 후토. 왕후. 황후. 흉노. 흉흉. 가람. 승가. 아가. 난간. 갱구. 갱내. 갱도. 갱부. 갱살. 갱함. 관동. 관삭. 장산곶. 석관동. 광견. 광견병. 광기. 광란. 광언. 발광. 기로. 다기망양. 분기점. 기수. 요도. 요정. 요혈. 배뇨. 야뇨증. 두목. 두문불출. 두절. 여람. 여씨춘추. 여율. 여후. 면수. 면천. 문문. 문수. 반송. 반수. 반음. 반행. 동반. 상반. 보보. 두보. 장보. 송학. 당송. 오월동주. 오월지사. 오음. 오회. 옥야. 옥양. 옥옥. 옥전. 문전옥답. 비옥. 왕랑. 왕양. 왕연. 왕왕. 요귀. 요녀. 요물. 요부. 요사. 요정. 보우. 신우. 천우신조. 임부. 임산부. 불임. 피임. 전역. 교전. 기전. 후전. 정납. 정로. 정시. 근정.

증정. 증정본. 기지. 사적지. 사지. 성지. 여지. 유지. 태환. 태환지폐. 파수. 파지. 판로. 판전. 항만. 행림. 행자목. 행화. 행화촌. 은행. 갑각. 갑사. 강릉. 강곡. 대구. 규결. 규명. 규탄. 규합. 분규. 대지. 가대. 납고. 납살. 납치. 피랍. 매거. 매수. 매진. 민천. 고민. 창민. 청민. 추민. 민민. 병공지평. 병권. 병촉. 병필지임. 부번. 부성. 고부. 곡부. 대부. 분방. 분분. 분열. 분향. 분화. 청분. 사상제자. 사수. 소상. 소지. 소택. 호소. 수범. 수양. 수직. 수훈. 현수막. 압서. 압류. 압송. 압수. 압운. 압인. 예예. 왕성. 왕운. 홍왕. 운각. 운부. 운운. 운황. 이색. 이안. 이열. 일무. 팔일. 저지. 저택. 저패. 저폐. 저해. 저해. 지란. 지란지교. 지미. 지초. 영지. 찰귀. 찰나. 고찰. 명찰. 사찰. 승찰. 채모. 채색. 채취. 문채. 풍채. 취미. 취부. 취사. 취탕. 취화. 자취. 파선. 파안. 평당. 건평. 포기. 포물선. 포구. 포외. 공포. 비뇨기. 분비. 호창. 호천. 호천망극. 청호. 홍량. 가엽. 가조. 남가일몽. 가섭. 궤도. 궤범. 궤적. 궤조. 규문. 규장. 규장각. 양달. 양월. 양찰. 양허. 영령. 연언. 면수. 면시. 면앙. 면앙정. 모만. 모언. 모욕. 수모. 모사. 모옥. 모초. 백모. 황모. 묘성. 묘수. 각민. 범대성. 두병. 병연. 병영. 병촉. 비보. 비익. 징비록. 상교. 상학. 수사학. 시신. 시체. 시취. 검시. 변시체. 시목. 시초. 시탄. 시화. 언사. 현언. 연려. 연장. 연화. 연문. 연연. 연의. 영관. 영만. 영여. 영월. 영적. 영허. 왜곡. 요요. 우공. 우문. 우보. 우왕. 욱욱. 욱렬. 욱운. 욱욱. 욱욱청청. 원수. 원지. 문원. 예원. 위대. 위유. 위응물. 위의. 위편삼절. 유유. 지윤. 황윤. 후윤. 은계. 은제. 구은. 절은. 주상. 주서. 주소. 주악. 주청. 독주. 진경. 진량. 진안. 진애. 진액. 진진. 분초. 충곡. 충성. 충심. 충정. 고충. 성충. 치립. 치적. 대치. 태교. 태기. 태몽. 태반. 태아. 태중. 편도. 편도선. 편백. 편주. 편평. 학대. 학살. 학정. 자학. 잔학. 포학. 현괴. 현목. 현현. 현혹. 금형. 모형. 목형. 원형. 유형. 전형. 형랑. 형심. 형안. 형형. 회선. 회풍. 회피. 순회. 희첩. 가희. 무희. 미희. 시희. 걸악. 규장특달. 규폐. 기년. 기로. 기몽. 촌기. 만통. 분만. 문란. 방적. 방직. 배우. 병기. 병기. 병발. 병용. 병합. 병행. 봉급. 봉록. 봉미. 감봉. 박봉. 본봉. 부중생어. 부중어. 비도. 비석지심. 비적. 공비. 사롱. 교사. 시사. 섬부철우. 섬서. 섬수. 순씨팔룡. 순자. 애급. 애멸. 애무. 옹옹. 왜관. 왜국. 왜녀. 왜인. 왜장. 왜적. 우조. 천우. 은감. 은기. 옥이. 재상. 주재. 천재. 조식. 조조. 조경. 조명. 조윤. 복조. 천조. 주단. 주로. 주산. 주옥. 진주. 준사관. 준장. 비준. 인준. 준령. 준봉. 준엄. 준험. 고준. 험준. 준급. 준정. 준칙. 준호. 지분. 지육. 수지. 유지. 유지. 진경. 진시황. 진고. 진문공. 척검. 척구. 척수. 척신. 척언. 척자. 척강. 척벌. 척승. 진척. 초병. 초선. 초소. 보초. 전초전. 탁송. 탁언. 결탁. 공탁. 기탁. 부탁. 탐독. 탐락. 탐미주의. 탐탐. 탐혹. 심탐. 합천. 현저동. 아현동. 협곡. 협로. 협수. 협농. 협간. 해협. 환웅. 환환. 황랑. 황욱. 광황. 견강부회. 견련. 견련지친. 견우. 견인. 견제. 고고. 고고. 고란초. 고복. 굴검. 노천굴. 발굴. 채굴. 권내. 권외. 여권. 공산권. 야권. 성층권. 기수. 기하. 도가. 애도. 추도. 돈대. 돈덕. 돈신. 돈혜. 멱거. 멱득. 박재. 거박. 상박. 선박. 빈빈. 사면. 사벌. 특사. 소개. 소개소. 소개장. 소림일지. 소막연. 난소. 순결. 순박. 순백. 순풍. 순화. 순후.

신사. 가야금. 가야산. 완도군. 위관. 교위. 대위. 도위. 소위. 중위. 익찬. 정객. 정찰. 정찰기. 정탐. 탐정. 정기. 정록. 정문. 정표. 명정. 조사. 조처. 조치. 조대. 조선. 조어. 조각. 조궁. 조상. 조식. 질산. 질색. 질소. 질식. 참단. 참두. 참수. 참신. 참죄. 참형. 최치원. 편견. 편경. 편모. 편식. 편애. 편파. 호종. 회남. 구가. 맹가. 게기. 게시. 게양. 게재. 고용. 해고. 과자. 다과. 빙과. 유과. 제과. 제과점. 관대. 낙관. 약관. 정관. 차관. 괴기. 괴연. 교사. 교살. 교수대. 교수형. 규탄. 기객. 기국. 기성. 기원. 장기. 기사. 기행. 기수. 단류. 단수. 단심. 단중. 동간. 동량. 병동. 한우충동. 초래. 유산. 유황. 모자. 예모. 제모. 탈모. 학모. 민상. 우민. 발해. 벌부. 부모. 부애. 사부. 산수. 산하. 낙하산. 양산. 우산. 삽입. 삽지. 삽화. 삽화. 서완. 서정. 서주. 서지. 명석. 세가. 세물. 삭월세. 전세. 수문제. 순영. 식민. 식산. 번식. 생식기. 양식. 청식. 신경. 신부전. 신장. 신장. 악력. 악수. 장악. 파악. 연심. 연원. 연천. 연택. 연해. 요순. 요순지군. 요천. 원녀. 재원. 위성. 위수. 위탁. 유적. 정광. 결정. 수정. 자수정. 종화. 진단. 진맥. 검진. 오진. 왕진. 청진기. 고창. 관창. 체포. 초로. 초심. 초점. 초조. 주축. 중축. 지축. 차축. 천방지축. 팽조. 빙기. 빙륭. 빙하. 풍이. 필도. 필성. 보필. 호백. 호치. 호호백발. 흠념. 흠모. 흠앙. 흠정. 가도. 고인. 고선. 상고. 갈건. 갈근. 갈포. 갈화. 승개. 격리. 격세지감. 격월. 격일. 격차. 간격. 굴거. 굴철. 동굴. 석굴. 토굴. 익몰. 익사. 익신. 탐닉. 당지. 도공. 도료. 도색. 도장. 도탄. 중도. 정돈. 동독. 동정. 골동. 골동품. 나신. 나체. 나체화. 적나라. 연단. 연옥. 연와. 연유. 연육. 연탄. 능각. 마약. 마취. 구맥. 반송. 반입. 반출. 운반. 사발. 사발통문. 주발. 탁발. 서광. 서기. 서상. 서옥. 서조. 서조. 수검. 수사. 수색. 수집. 수소문. 슬거. 슬슬. 금슬. 복식. 소식. 애자. 구애. 무애. 장애. 야기. 야단. 예금. 예대. 예비. 예입. 예치. 예탁. 옹목. 옹용. 옹화. 용병. 용선. 용빙. 용원. 고용. 일용. 용매. 용액. 용용. 용해. 욱욱. 욱욱. 유리목. 유전. 자심. 자액. 자우. 전각. 전당. 전하. 성전. 신전. 근정전. 비행정. 소정. 수뢰정. 쾌속정. 정간. 정담. 정립. 고초. 사면초가. 산초. 촉상. 촉한. 추마. 춘당. 춘부장. 치경. 치악산. 치계. 삼현. 혐기. 혐오. 혐원. 혐의. 군화. 단화. 양화. 장화. 제화. 환발. 활강. 활석. 활공. 활주. 원활. 이황. 견발. 견별. 괴목. 괴산군. 괴실. 교민. 교포. 화교. 긍긍. 전전긍긍. 기자. 기풍. 연련. 연천군. 각료. 관료. 동료. 막료. 망건. 망구. 망라. 어망. 투망. 일망타진. 배배. 배회. 군벌. 문벌. 재벌. 학벌. 파벌. 보국안민. 보도. 보좌. 보행. 사료. 사양. 사육. 방사. 서문. 서약. 맹서. 선서. 선서문. 석사. 석좌교수. 석학. 수량. 염기. 염세. 염세주의. 염증. 예덕. 예지. 예철. 용암. 용해. 웅녀. 웅호지장. 정상. 조광조. 종괄. 종합. 진토. 낙진. 분진. 진폐증. 집진. 풍진. 창덕. 창명. 창창. 창현. 표창. 체가. 체감. 체부. 체신. 체증. 역체. 체납. 체념. 체류. 체불. 연체. 정체. 취락. 취산. 취집. 취합. 탄생. 탄신. 탄일. 성탄절. 태풍. 혁혁. 박혁거세. 혹독. 혹렬. 혹사. 혹서. 혹한. 냉혹. 훈소. 훈약. 훈풍. 교고. 교사. 교착어. 아교. 구미. 구양수. 구주. 구토. 구풍. 동구. 근화. 등림. 등소평. 차량. 상량문. 노둔. 유방. 유비. 다멸. 마천루. 막외. 뇌막염. 각막. 고막. 매력. 매료. 매혹. 멸시. 멸여. 경멸.

능멸. 반목. 반양지호. 미반. 배상. 손해배상. 벽경. 벽성. 벽자. 벽지. 벽촌. 벽향. 윤보선. 봉도. 봉두난발. 부설. 부연. 부지. 백삼. 삼계탕. 산삼. 수삼. 인삼. 홍삼. 상자. 이범석. 선실. 열람. 열병. 검열. 교열. 사열. 영경. 영택. 울산. 울연. 은은. 남은. 자극. 자기. 자기. 자석. 자성. 자침. 장뇌. 농장지경. 장개석. 정몽주. 정중. 주둔. 쥬이. 주재. 주차. 상주. 직신. 사직. 진노. 진도. 진동. 진천동지. 진폭. 지진. 차광. 차단. 차벽. 차양. 채후지. 철거. 철병. 철폐. 철회. 불철주야. 정철. 체결. 체교. 포도. 포장. 노포. 전당포. 점포. 지물포. 희락. 희소. 희유. 희희. 감정. 감회. 유감. 자강불식. 기망. 기원. 염계. 노생지몽. 요녕. 요동. 목여청풍. 목연. 화목. 석광. 석장. 주석. 섬라. 알색. 압각수. 압록강. 염라대왕. 오지리. 옹립. 옹벽. 옹위. 옹호. 포옹. 유월. 유월. 융액. 융자. 융통. 융합. 융해. 금융. 응결. 응고. 응시. 응축. 응집력. 자문. 자의. 소화제. 약제. 영양제. 조제. 청량제. 해열제. 집록. 집목. 편집. 특집. 만찬. 오찬. 조찬. 시위소찬. 첩보. 첩자. 간첩. 포숙아. 포어. 포석정. 한림. 한림원. 한묵. 서한. 형평. 균형. 도량형. 평형. 화건. 훈장. 공훈. 무훈. 상훈. 수훈. 보훈처. 희미. 주희. 건관. 건반. 건반악기. 건폐. 구독. 구매. 구입. 구판장. 국양. 국육. 단련. 단철. 체력단련. 담력. 간담. 담석증. 상담. 낙담. 웅담. 대백. 남부여대. 불구대천. 추대. 등본. 등사. 등초. 호적등본. 요법. 요양. 의료. 진료. 치료. 미구. 미만. 미망. 미월. 반계. 봉기. 봉인. 봉직. 재봉. 미봉. 합봉. 설총. 섭리. 섭리음양. 간암. 대장암. 위암. 유방암. 자궁암. 폐암. 양양군. 준담. 준천. 준철. 준마. 준민. 준일. 준족. 찬란. 찬연. 추리. 추세. 추진. 추향. 호교. 호주. 대피호. 방공호. 회목. 회풍. 회피. 휘언. 휘음. 휘장. 휘호. 희농. 희황. 복희. 왕희지. 말갈. 궐내. 궁궐. 대궐. 보궐. 도육. 엽관. 엽기. 엽사. 엽총. 유견. 오류. 모훈. 기모. 복기. 복욱. 방복. 복개. 복면. 복사. 복심. 복토. 번복. 선사. 수선. 영선. 보선. 선궁. 심양. 옹기. 옹성. 옹천. 옹진군. 와옹. 용광로. 용암. 용해. 용접. 위무. 위서. 첨망. 첨성대. 첨앙. 정형. 호경. 호호. 훈기. 훈도. 훈약. 훈육. 훈풍. 훈화. 강계. 강내. 강역. 강토. 계류. 계속. 계속. 계박. 등가. 등가구. 갈등. 상춘등. 여락. 여막. 여사. 여산. 초려. 방미호발. 방착. 방통. 붕도. 붕력. 붕비. 붕익. 붕정. 섬사주. 섬채. 승계. 승찰. 결승. 화승. 포승. 온건. 온당. 온전. 평온. 주배. 범주. 축구. 축답. 일축. 패권. 패기. 패도. 패자. 연패. 쟁패. 등극. 등락. 등마. 급등. 상등. 폭등. 여석. 마려. 예주. 감례. 노설. 노적. 노전. 노화. 요요. 요한. 함대. 함상. 함선. 함장. 함정. 함포. 형기. 형향. 마굴. 마귀. 마력. 마법. 마술. 마왕. 섭념. 섭리. 섭생. 섭정. 섭취. 섭행. 약동. 약진. 도약. 비약. 일약. 활약. 농구. 농라. 농락. 농중조. 농성. 주공. 주물. 주전. 주조. 주철. 주형. 탄성. 현해탄. 노약. 노우. 백로. 인각. 기린. 섬모. 섬미. 섬세. 섬유. 절도. 절시. 절취. 규찬. 옥찬. 응견. 응사. 응시. 응조. 만연. 해만. 만입. 항만. 기미. 기족. 찬석. 찬연. 여가. 여룡지주. 여산. 울금. 울분. 울적. 울적. 울창. 울화

※ 독음에 한자어를 쓰시오

乞神. 乞人. 門前乞食. 哀乞伏乞. 屯監. 屯畓. 屯田. 屯營. 美軍駐屯. 卞季良. 卞急. 卞可. 允可. 允許. 允當. 判尹. 兀羅. 兀龍有悔. 兀鼻. 兀進. 兀早. 幻覺. 幻燈. 幻滅. 幻想. 幻生. 幻影. 尼僧. 比丘尼. 弁言. 弁辰. 弁韓. 丕基. 丕業. 丕子. 丕休. 江汀. 沙汀. 簡札. 開札. 名札. 書札. 入札. 台命. 台相. 天台宗. 艮時. 艮坐坤向. 艮止. 价人. 圭角. 圭田. 甲乭. 牟尼. 牟利. 牟首. 牟食. 牟然. 艾年. 艾老. 艾服. 艾艾. 艾葉. 艾康. 旭光. 旭旦. 旭旭. 旭日. 朝旭. 晴旭. 伊洛. 伊昔. 伊時. 伊優. 旨甘. 旨意. 旨蓄. 密旨. 聖旨. 趣旨. 沖年. 沖妙. 沖寂. 沖積物. 沖積土. 后宮. 后妃. 后土. 王后. 皇后. 匈奴. 匈匈. 伽藍. 僧伽. 阿伽. 欄杆. 坑口. 坑內. 坑道. 坑夫. 坑殺. 坑陷. 串童. 串數. 長山串. 石串洞. 狂犬. 狂犬病. 狂氣. 狂亂. 狂言. 發狂. 岐路. 多岐亡羊. 分岐點. 沂水. 尿道. 尿精. 尿血. 排尿. 夜尿症. 杜牧. 杜門不出. 杜絶. 呂覽. 呂氏春秋. 呂律. 呂后. 沔水. 沔川. 汶汶. 汶水. 伴送. 伴隨. 伴吟. 伴行. 同伴. 相伴. 甫甫. 杜甫. 章甫. 宋學. 唐宋. 吳越同舟. 吳越之思. 吳音. 吳回. 沃野. 沃壤. 沃沃. 沃田. 門前沃畓. 肥沃. 汪浪. 汪洋. 汪然. 汪汪. 妖鬼. 妖女. 妖物. 妖婦. 妖邪. 妖精. 保佑. 神佑. 天佑神助. 妊婦. 妊産婦. 不妊. 避妊. 甸役. 郊甸. 畿甸. 侯甸. 呈納. 呈露. 呈示. 謹呈. 贈呈. 贈呈本. 基址. 史蹟址. 寺址. 城址. 餘址. 遺址. 兌換. 兌換紙幣. 把守. 把持. 坂路. 阪田. 沆茫. 杏林. 杏子木. 杏花. 杏花村. 銀杏. 岬角. 岬寺. 岡陵. 岡曲. 大邱. 糾結. 糾明. 糾彈. 糾合. 紛糾. 坌地. 家坌. 拉枯. 拉殺. 拉致. 被拉. 枚擧. 枚數. 枚陳. 旻天. 高旻. 蒼旻. 淸旻. 秋旻. 旻旻. 秉公持平. 秉權. 秉燭. 秉筆之任. 阜繁. 阜成. 高阜. 曲阜. 大阜. 芬芳. 芬芬. 芬烈. 芬香. 芬華. 淸芬. 泗上弟子. 泗水. 沼上. 沼池. 沼澤. 湖沼. 垂範. 垂楊. 垂直. 垂訓. 懸垂幕. 押署. 押留. 押送. 押收. 押韻. 押印. 芮芮. 旺盛. 旺運. 興旺. 芸閣. 芸夫. 芸芸. 芸黃. 怡色. 怡顔. 怡悅. 佾舞. 八佾. 沮止. 沮澤. 沮敗. 沮廢. 沮害. 沮解. 芝蘭. 芝蘭之交. 芝眉. 芝草. 靈芝. 刹鬼. 刹那. 古刹. 名刹. 寺刹. 僧刹. 采毛. 采色. 采取. 文采. 風采. 炊米. 炊婦. 炊事. 炊湯. 炊火. 自炊. 坡仙. 坡岸. 坪當. 建坪. 抛棄. 抛物線. 怖懼. 怖畏. 恐怖. 泌尿器. 分泌. 昊蒼. 昊天. 昊天罔極. 晴昊. 泓量. 柯葉. 柯條. 南柯一夢. 迦葉. 軌道. 軌範. 軌跡. 軌條. 奎文. 奎章. 奎章閣. 亮達. 亮月. 亮察. 亮許. 玲玲. 俉焉. 俉首. 俉視. 俉仰. 俉仰亭. 侮慢. 侮言. 侮辱. 受侮. 茅舍. 茅屋. 茅草. 白茅. 黃茅. 昴星. 昴宿. 刻珉. 范大成. 斗柄. 炳然. 炳映. 炳燭. 毘補. 毘盆. 懲毖錄. 庠校. 庠學. 洙泗學. 屍身. 屍體. 屍臭. 檢屍. 變屍體. 柴木. 柴草. 柴炭. 柴火. 彦士. 賢彦. 姸麗. 姸粧. 姸華. 衍文. 衍衍. 衍義. 盈貫. 盈滿. 盈餘. 盈月. 盈積. 盈虛. 歪曲. 姚姚. 禹貢. 禹門. 禹步. 禹王. 昱昱. 郁烈. 郁文. 郁郁. 郁郁靑靑. 苑樹. 苑池. 文苑. 藝苑. 韋帶. 韋柔. 韋應物. 韋衣. 韋編三絶. 兪兪. 枝胤. 皇胤. 後胤. 垠界. 垠際. 九垠. 絶垠. 奏上. 奏書. 奏疏. 奏樂. 奏請. 獨奏. 津徑. 津梁. 津岸. 津涯. 津液. 津津. 分秒. 衷曲. 衷誠. 衷心. 衷正. 苦衷. 聖衷. 峙立. 峙積. 對峙. 胎敎. 胎氣. 胎夢. 胎盤. 胎兒. 胎中. 扁桃. 扁桃腺. 扁柏. 扁舟. 扁平. 虐待. 虐殺. 虐政. 自虐. 殘虐. 暴虐. 炫怪. 炫目. 炫炫. 炫惑. 金型. 模型. 木型. 原型. 類型. 典型. 炯朗. 炯心. 炯眼. 炯炯.

廻旋. 廻風. 廻避. 巡廻. 姬妾. 歌姬. 舞姬. 美姬. 侍姬. 桀惡. 珪章特達. 珪幣. 耆年. 耆老. 耆蒙. 村耆. 娩痛. 分娩. 紊亂. 紡績. 紡織. 俳優. 倂記. 倂起. 倂發. 倂用. 倂合. 倂行. 俸給. 俸祿. 俸米. 減俸. 薄俸. 本俸. 釜中生魚. 釜中魚. 匪徒. 匪石之心. 匪賊. 共匪. 唆弄. 敎唆. 示唆. 陝府鐵牛. 陝西. 陝輸. 荀氏八龍. 荀子. 埃及. 埃滅. 埃霧. 邕邕. 倭館. 倭國. 倭女. 倭人. 倭將. 倭敵. 祐助. 天祐. 殷鑑. 殷起. 玉珥. 宰相. 主宰. 天宰. 曹植. 曹操. 祚慶. 祚命. 祚胤. 福祚. 天祚. 珠丹. 珠露. 珠算. 珠玉. 眞珠. 准士官. 准將. 批准. 認准. 峻嶺. 峻峰. 峻嚴. 峻險. 高峻. 險峻. 浚急. 浚井. 浚則. 浚湖. 脂粉. 脂肉. 樹脂. 油脂. 乳脂. 秦鏡. 秦始皇. 晉鼓. 晉文公. 隻劍. 隻句. 隻手. 隻身. 隻言. 隻字. 陟降. 陟罰. 陟升. 進陟. 哨兵. 哨船. 哨所. 步哨. 前哨戰. 託送. 託言. 結託. 供託. 寄託. 付託. 耽讀. 耽樂. 耽美主義. 耽耽. 耽惑. 深耽. 陜川. 峴底洞. 阿峴洞. 峽谷. 峽路. 峽水. 峽農. 峽間. 海峽. 桓雄. 桓桓. 晃朗. 晃昱. 光晃. 牽强附會. 牽聯. 牽連之親. 牽牛. 牽引. 牽制. 皐皐. 皐鼓. 皐蘭草. 皐復. 掘檢. 露天掘. 發掘. 採掘. 圈內. 圈外. 與圈. 共産圈. 野圈. 成層圈. 淇水. 淇河. 悼歌. 哀悼. 追悼. 惇大. 惇德. 惇信. 惇惠. 覓去. 覓得. 舶載. 巨舶. 商舶. 船舶. 彬彬. 赦免. 赦罰. 特赦. 紹介. 紹介所. 紹介狀. 巢林一枝. 巢幕燕. 卵巢. 淳潔. 淳朴. 淳白. 淳風. 淳化. 淳厚. 紳士. 伽倻琴. 伽倻山. 莞島郡. 尉官. 校尉. 大尉. 都尉. 少尉. 中尉. 翊贊. 偵客. 偵察. 偵察機. 偵探. 探偵. 旌旗. 旌錄. 旌門. 旌表. 銘旌. 措辭. 措處. 措置. 釣臺. 釣船. 釣魚. 彫刻. 彫弓. 彫像. 彫飾. 窒酸. 窒塞. 窒素. 窒息. 斬斷. 斬頭. 斬首. 斬新. 斬罪. 斬刑. 崔致遠. 偏見. 偏傾. 偏母. 偏食. 偏愛. 偏頗. 扈從. 淮南. 丘軻. 孟軻. 揭記. 揭示. 揭揚. 揭載. 雇用. 解雇. 菓子. 茶菓. 氷菓. 乳菓. 製菓. 製菓店. 款待. 落款. 約款. 定款. 借款. 傀奇. 傀然. 絞死. 絞殺. 絞首臺. 絞首刑. 揆度. 棋客. 棋局. 棋聖. 棋院. 將棋. 琦辭. 琦行. 琪樹. 湍流. 湍水. 湍深. 湍中. 棟幹. 棟梁. 病棟. 汗牛充棟. 草萊. 硫酸. 硫黃. 帽子. 禮帽. 制帽. 脫帽. 學帽. 閔傷. 憂閔. 渤海. 筏夫. 傅母. 傅愛. 師傅. 傘壽. 傘下. 落下傘. 陽傘. 雨傘. 揷入. 揷紙. 揷畵. 揷話. 舒緩. 抒情. 舒州. 舒遲. 明晳. 貰家. 貰物. 朔月貰. 傳貰. 隋文帝. 舜英. 殖民. 殖産. 繁殖. 生殖器. 養殖. 淸湜. 腎經. 腎不全. 腎腸. 腎臟. 握力. 握手. 掌握. 把握. 淵深. 淵源. 淵泉. 淵澤. 淵海. 堯舜. 堯舜之君. 堯天. 媛女. 才媛. 渭城. 渭水. 渭濁. 庚積. 晶光. 結晶. 水晶. 紫水晶. 琮花. 診斷. 診脈. 檢診. 誤診. 往診. 聽診器. 高敞. 寬敞. 逮捕. 焦勞. 焦心. 焦點. 焦燥. 主軸. 中軸. 地軸. 車軸. 天方地軸. 彭祖. 馮氣. 馮隆. 馮河. 馮異. 弼導. 弼成. 保弼. 皓白. 皓齒. 皓皓白髮. 欽念. 欽慕. 欽仰. 欽定. 賈島. 賈人. 賈船. 商賈. 葛巾. 葛根. 葛布. 葛花. 勝塏. 隔離. 隔世之感. 隔月. 隔日. 隔差. 間隔. 窟居. 掘穴. 洞窟. 石窟. 土窟. 溺沒. 溺死. 溺信. 耽溺. 塘池. 塗工. 塗料. 塗色. 塗裝. 塗炭. 中塗. 整頓. 董督. 董正. 骨董. 骨董品. 裸身. 裸體. 裸體畵. 赤裸裸. 煉丹. 煉獄. 煉瓦. 煉乳. 煉肉. 煉炭. 楞角. 痲藥. 痲醉. 九貊. 搬送. 搬入. 搬出. 運搬. 沙鉢. 沙鉢通文. 周鉢. 托鉢. 瑞光. 瑞氣. 瑞相. 瑞玉. 瑞鳥. 瑞兆. 搜檢. 搜査. 搜索. 搜集. 搜所聞. 瑟居. 瑟瑟. 琴瑟. 伏軾. 蘇軾. 碍子. 拘碍. 無碍. 障碍. 惹起. 惹端. 預金. 預貸. 預備. 預入. 預置. 預託. 雍睦. 雍容. 雍和. 傭兵. 傭船. 傭

聘. 傭員. 雇傭. 日傭. 溶媒. 溶液. 溶溶. 溶解. 項項. 煜煜. 榆里木. 楡錢. 滋甚. 滋液. 滋雨. 殿閣. 殿堂. 殿下. 聖殿. 神殿. 勤政殿. 飛行艇. 小艇. 水雷艇. 快速艇. 楨幹. 鼎談. 鼎立. 苦楚. 四面楚歌. 酸楚. 蜀相. 蜀漢. 鄒馬. 椿堂. 椿府丈. 雉經. 雉岳山. 雉鷄. 三鉉. 嫌忌. 嫌惡. 嫌怨. 嫌疑. 軍靴. 短靴. 洋靴. 長靴. 製靴. 煥發. 滑降. 滑石. 滑空. 滑走. 圓滑. 李滉. 甄拔. 甄別. 槐木. 槐山郡. 槐實. 僑民. 僑胞. 華僑. 兢兢. 戰戰兢兢. 箕子. 箕風. 漣連. 漣川郡. 閣僚. 官僚. 同僚. 幕僚. 網巾. 網球. 網羅. 漁網. 投網. 一網打盡. 褒襃. 襃回. 軍閥. 門閥. 財閥. 學閥. 派閥. 輔國安民. 輔導. 輔佐. 輔行. 飼料. 飼養. 飼育. 放飼. 誓文. 誓約. 盟誓. 宣誓. 宣誓文. 碩士. 碩座敎授. 碩學. 銖兩. 厭忌. 厭世. 厭世主義. 厭症. 睿德. 叡智. 睿哲. 熔巖. 熔解. 熊女. 熊虎之將. 楨祥. 趙光祖. 綜括. 綜合. 塵土. 落塵. 粉塵. 塵肺症. 集塵. 風塵. 彰德. 彰明. 彰彰. 彰顯. 表彰. 遞加. 遞減. 遞夫. 遞信. 遞增. 驛遞. 滯納. 滯念. 滯留. 滯拂. 延滯. 停滯. 聚落. 聚散. 聚集. 聚合. 誕生. 誕辰. 誕日. 聖誕節. 颱風. 赫赫. 朴赫居世. 酷毒. 酷烈. 酷使. 酷暑. 酷寒. 冷酷. 熏燒. 熏藥. 熏風. 膠固. 膠沙. 膠着語. 阿膠. 歐美. 歐陽修. 歐洲. 嘔吐. 歐風. 東歐. 槿花. 鄧林. 鄧小平. 車輛. 上樑文. 魯鈍. 劉邦. 劉備. 摩滅. 摩天樓. 膜外. 腦膜炎. 角膜. 鼓膜. 魅力. 魅了. 魅惑. 蔑視. 蔑如. 輕蔑. 陵蔑. 潘沐. 潘楊之好. 米潘. 賠償. 損害賠償. 僻境. 僻性. 僻字. 僻志. 僻村. 僻鄕. 尹潽善. 蓬島. 蓬頭亂髮. 敷設. 敷衍. 敷地. 白蔘. 蔘鷄湯. 山蔘. 水蔘. 人蔘. 紅蔘. 箱子. 李範奭. 璇室. 閱覽. 閱兵. 檢閱. 校閱. 査閱. 瑩鏡. 瑩澤. 蔚山. 蔚然. 閻閻. 南閻. 磁極. 磁氣. 磁器. 磁石. 磁性. 磁針. 樟腦. 弄璋之慶. 蔣介石. 鄭夢周. 鄭重. 駐屯. 駐美. 駐在. 駐車. 常駐. 稷神. 社稷. 震怒. 震度. 震動. 震天動地. 震幅. 地震. 遮光. 遮斷. 遮壁. 遮陽. 蔡侯紙. 撤去. 撤兵. 撤廢. 撤回. 不撤晝夜. 鄭澈. 締結. 締交. 鋪道. 鋪裝. 老鋪. 典當鋪. 店鋪. 紙物鋪. 嬉落. 嬉笑. 嬉遊. 嬉嬉. 憾情. 憾悔. 遺憾. 自彊不息. 冀望. 冀願. 濂溪. 盧生之夢. 遼寧. 遼東. 穆如淸風. 穆然. 和穆. 錫鑛. 錫杖. 朱錫. 暹羅. 關塞. 鴨脚樹. 鴨綠江. 閻羅大王. 墺地利. 擁立. 擁壁. 擁衛. 擁護. 抱擁. 踰月. 踰越. 融液. 融資. 融通. 融合. 融解. 金融. 凝結. 凝固. 凝視. 凝縮. 凝集力. 諮問. 諮議. 消化劑. 藥劑. 營養劑. 調劑. 淸凉劑. 解熱劑. 輯錄. 輯睦. 編輯. 特輯. 晩餐. 午餐. 朝餐. 尸位素餐. 諜報. 諜者. 間諜. 鮑叔牙. 鮑魚. 鮑石亭. 翰林. 翰林院. 翰墨. 書翰. 衡平. 均衡. 度量衡. 平衡. 樺巾. 勳章. 功勳. 武勳. 賞勳. 首勳. 報勳處. 熹微. 朱熹. 鍵關. 鍵盤. 鍵盤樂器. 鍵閉. 購讀. 購買. 購入. 購販場. 鞠養. 鞠育. 鍛鍊. 鍛鐵. 體力鍛鍊. 膽力. 肝膽. 膽石症. 嘗膽. 落膽. 熊膽. 戴白. 男負女戴. 不俱戴天. 推戴. 謄本. 謄寫. 謄抄. 戶籍謄本. 療法. 療養. 醫療. 診療. 治療. 彌久. 彌滿. 彌望. 彌月. 磻溪. 縫機. 縫印. 縫織. 裁縫. 彌縫. 合縫. 薛聰. 攝理. 攝理陰陽. 肝癌. 大腸癌. 胃癌. 乳房癌. 子宮癌. 肺癌. 襄陽郡. 濬潭. 濬川. 濬哲. 駿馬. 駿敏. 駿逸. 駿足. 燦爛. 燦然. 趨利. 趨勢. 趨進. 趨向. 濠橋. 濠洲. 待避壕. 防空壕. 檜木. 檜風. 檜皮. 徽言. 徽音. 徽章. 徽號. 羲農. 羲皇. 伏羲. 王羲之. 鞠鞫. 闕內. 宮闕. 大闕. 補闕. 鬻育. 獵官. 獵奇. 獵師. 獵銃. 謬見. 誤謬. 謨訓. 奇謨. 馥氣. 馥郁. 芳馥. 覆蓋. 覆面. 覆沙. 覆審. 覆土. 飜覆. 繕寫. 修繕. 營繕. 補繕. 璿宮.

瀋陽. 甕器. 甕城. 甕天. 甕津郡. 瓦甕. 鎔鑛爐. 鎔巖. 鎔解. 鎔接. 魏武. 魏書. 瞻望. 瞻星臺. 瞻仰. 汀瀅. 鎬京. 鎬鎬. 薰氣. 薰陶. 薰蕘. 薰育. 薰風. 薰化. 疆界. 疆內. 疆域. 疆土. 繫留. 繫束. 繫屬. 繫泊. 藤家. 藤家具. 葛藤. 常春藤. 蘆落. 蘆幕. 蘆舍. 蘆山. 草蘆. 龐眉皓髮. 龐錯. 龐統. 鵬圖. 鵬力. 鵬飛. 鵬翼. 鵬程. 蟾蛇酒. 蟾彩. 縋繫. 繩察. 結繩. 火繩. 捕繩. 穩健. 穩當. 穩全. 平穩. 疇輩. 範疇. 蹴球. 蹴踏. 一蹴. 霸權. 霸氣. 霸道. 霸者. 連霸. 爭霸. 騰極. 騰落. 騰馬. 急騰. 上騰. 暴騰. 礪石. 磨礪. 醴酒. 甘醴. 蘆雪. 蘆笛. 蘆田. 蘆花. 耀耀. 耀翰. 艦隊. 艦上. 艦船. 艦長. 艦艇. 艦砲. 馨氣. 馨香. 魔窟. 魔鬼. 魔力. 魔法. 魔術. 魔王. 攝念. 攝理. 攝生. 攝政. 攝取. 攝行. 躍動. 躍進. 跳躍. 飛躍. 一躍. 活躍. 籠球. 籠羅. 籠絡. 籠中鳥. 籠城. 鑄工. 鑄物. 鑄錢. 鑄造. 鑄鐵. 鑄型. 灘聲. 玄海灘. 鷺約. 鷺羽. 白鷺. 麟角. 麒麟. 纖毛. 纖眉. 纖細. 纖維. 竊盜. 竊視. 竊取. 圭瓚. 玉瓚. 鷹犬. 鷹師. 鷹視. 鷹爪. 灣然. 海灣. 灣入. 港灣. 驥尾. 驥足. 鑽石. 鑽研. 驪歌. 驪龍之珠. 驪山. 鬱金. 鬱憤. 鬱積. 鬱寂. 鬱蒼. 鬱火

●도서출판 지능,신기교육(도서총판 보람도서) 유치원, 어린이집, 학원 전문 학습교재 ●
한글/숫자/받아쓰기/영어/주산/암산/서예/한자/속셈/보습/웅변/글짓기/글쓰기/논술/속독
전화 02-856-4983 / 070-7750-7130 휴대폰 010-5250-7130 팩스 02-856-4984

◆ 주산 / 암산 / 수리셈 시리즈	◆ 한글 / 숫자 / 받아쓰기	◆ 한자 / 중국어
주산짱암산짱+기초(개정판)	병아리반의 가나다라 상, 중, 하, 총정리	급수검정한자교본 8급
주산짱암산짱+주산 10급~1급		급수검정한자교본 7급
주산짱암산짱+암산 10급~1급	병아리반의 하나둘셋 상, 중, 하, 총정리	급수검정한자교본 6급
주산짱암산짱+암산 단급	한글지도 I, II, III	급수검정한자교본 5급
뉴주산수리셈 1~10단계	똘이의 글마당 상, 중, 하	급수검정한자교본 4급
주산급수평가예상문제집 10급~1급	똘이의 셈마당 상, 중, 하	급수검정한자교본 4급2
	한글쓰기 1~3단계	
주산급수평가예상문제집 단급 A,B단계	글셈합본 아름드리 하나~여섯	급수검정한자교본 3급
	영재 국어 글동산 1~5단계	급수검정한자교본 3급2
주산짱암산짱+호산문제집	영재 수학 셈동산 1~3단계	급수검정한자교본 2급
주산짱암산짱+학습장	내친구 한글아 상, 중 하	급수검정한자교본 1급
수리셈 주산입문 1, 2	내친구 한글아 완성편	
수리셈 주산연습문제집 12급~1급, 단급	한글깨우침 1~6단계	비테에 한자여행 1~6
	수셈깨우침 1~6단계	급수한자자격 기출예상문제집 8급
수리셈 암산연습문제집 9급~1급, 단급	참똑똑한 한글달인 1~6단계	급수한자자격 기출예상문제집 7급
	참똑똑한 수학달인 1~6단계	급수한자자격 기출예상문제집 6급
검정시험통합 주산암산문제집 12급~1급	비테에 한글 1~8단계	급수한자자격 기출예상문제집 5급
	비테에 수학 1~8단계	
주산수리셈 보충교재 1, 2	비테에 종합커리큘럼 1~6단계	급수한자자격 기출예상문제집 준5급
주산암산경기대회연습문제집 유치부, 1학년, 2학년, 고학년	원활동교실 1~6단계	급수한자자격 기출예상문제집 5급
	꿈초롱별초롱 한글쓰기 초, 중, 고	급수한자자격 기출예상문제집 준4급
주산수리셈 기초 1단계, 2단계		급수한자자격 기출예상문제집 4급
주산수리셈 영문판 1~10단계	지혜모아 한글 1~5단계	급수한자자격 기출예상문제집 준3급
주산 실무지도서	해님이 우리글 1~6단계, 마무리	
주산 실기연습문제집	달님이 수놀이 1~6단계, 마무리	급수한자자격 기출예상문제집 3급
주산교육과 두뇌건강		급수한자자격 기출예상문제집 준2급
주판 13주(칼라), 23주	받아쓰기 짱 1~4단계	
교사용주판 11종	한글 받아쓰기 짱 1~4	급수한자자격 기출예상문제집 2급
◆ 연산 / 보수 / 속셈 문제	◆ 글쓰기 / 논술 / 속독	급수한자자격 기출예상문제집 준1급
(연산) 기초속셈문제 저학년(1~3학년), 고학년(4~6학년)	알짜 글쓰기 1~12단계	급수한자자격 기출예상문제집 1급
	동화속의 논술여행 A~D 각 1~5	중국어 간체자 필기본
숫자(속셈)공부		◆ 동요 / 동시
숫자공부1(지능정복1단계)	동화속의 논술여행 A~D세트 (각 세트 5권)	이주일의 동시 1~6학년
숫자공부2(지능정복2단계)	글쓰기왕국 기초, 초급, 중급, 고급 각 1~9	우리 옛시조 감상
지능속셈정복3~12단계		해맑은 아이들의 동시
하나둘셋 (속셈문제 1단계)	브레인 두뇌속독	
속셈문제연습 2~13단계	정속독 실기1, 2, 응용 1,2,3	
지능 시계공부	독서뱅크3	

단계별 학습 교재 세트는 낱권도 판매 가능
유치원, 학교, 학원, 방과후, 공부방 등 단체 공동구매 및 다량 주문시 특별할인판매
표지 및 정가는 홈페이지 쇼핑몰에서 확인하실 수 있습니다.
BORAMBOOK.CO.KR / boram@borambook.co.kr

지능, 신기교육 주산문제	푸른잔디 연간 프로그램	푸른잔디 월간 프로그램
숫자와주판의 만남 상(11급수준)	러닝 투게더 병아리반 (언어인지 10권/수리탐구 10권)	아이러브 시리즈 A단계 한글 20권, 수학 20권
숫자와주판의 만남 하(10급수준)	러닝 투게더 영아반 (언어인지 10권/수리탐구 10권)	아이러브 시리즈 B단계 한글 20권, 수학 20권
숫자와주판의 만남 숙달1단계(7급)	러닝 투게더 유아반 (언어인지 10권/수리탐구 10권)	아이러브 시리즈 C단계 한글 20권, 수학 20권
숫자와주판의 만남 숙달2단계(6급)	러닝 투게더 유치반 (언어인지 10권/수리탐구 10권)	아이러브 시리즈 D단계 한글 20권, 수학 20권
기초주산교본 상(9급)	베이스 캠프 기초반 놀이캠프 4권/미술캠프 2권/ 퍼즐(대-4종/소-4종)/ 그림카드 38장	
기초주산교본 하(9급)		기타 / 단행본
정통주산문제연습장 7급(8절)		피카소는 내친구 1~5단계
정통주산문제연습장 6급(8절)	베이스 캠프 병아리반 의사소통 10권/수리탐구 10권/ 예술경험 2권/과학탐구 2권/ 그림카드 48장	창의 또래마당 1~4
정통주산문제연습장 5급(8절)		미술은 내친구 1~6단계
정통주산문제연습장 4급(8절)		미술이 좋아요 1,2,3
◆ 영어 첫걸음 / 회화 / 영문법	베이스 캠프 영아반 의사소통 12권/수리탐구 12권/ 예술경험 2권/과학탐구 2권/ 그림카드 64장	미술이 신나요 1,2,3
영어회화 1~2		손유희로 꾸며본 성경이야기
어린이영어 첫걸음, 1, 2, 3단계		손유희 성경이야기 Tape
패스 기초 영문법	베이스 캠프 유아반 의사소통 10권/수리탐구 10권/ 예술경험 2권/8급 한자 2권	손유희 창작구연동화
영어를 한글같이		손유희 창작구연동화 Tape
발음첫걸음 1~2		말거리 365 웅변원고
별님이 영어 1, 2, 3단계	베이스 캠프 유치반 의사소통 12권/수리탐구 12권/ 예술경험 2권/8급한자 2권	천재여 일어나라
상상大로		컴퓨터 한자사전 (CD포함)
수학에 퐁당 1~5	푸른잔디 단계별 프로그램	미용학 사전
한글에 퐁당 1~5	스토리텔링 학습으로 배우는 한글캠프 1~7권, 1학년	헤어 어드벤처
한글 쓰기에 퐁당 1~5	스토리텔링 학습으로 배우는 수학캠프 1~7권, 1학년	세계를 품은 아이
상상大로 월간학습프로그램		사전 (졸업선물)
월간 한글 배움배움 4세, 5세, 6세, 7세 (3월~2월) 매월 8개씩 카드 포함	푸른한글 1~7단계	초등학교 새국어사전(양장본)
	푸른수학 1~7단계	초등학교 새국어사전(칼라판)
	봉봉 드로잉북 1~6권	초등학교 새영어사전
월간 수학 배움배움 4세, 5세, 6세, 7세 (3월~2월) 매월 8개씩 카드 포함	푸른잔디 미술	도감 (졸업선물)
	러닝 투게더 미술 초급 4권	숲체험현장(동,식물,곤충도감)
	러닝 투게더 미술 중급 4권	아! 꽃이다
상상大로 나만의 동화책 만들기	러닝 투게더 미술 고급 4권	아! 공룡이다
(생일) 오늘은 내가 주인공		화훼 학습자료
(생일) 오늘이 내 생일이야	푸른잔디 가베	어린이 동물도감
(생일) 오늘도 사랑받고 있는 나	러닝 투게더 프뢰벨의 가베 A단계 10권	어린이 동식물도감
(종업) 안녕? 내 친구		- 기타 단행본 안내 -
(종업) 즐거운 원생활	러닝 투게더 프뢰벨의 가베 B단계 10권	반딧불이, 한결미디어 등 각종출판사 약 1,000종
(종업) 행복한 친구들	러닝 투게더 프뢰벨의 가베 C단계 10권	
※ 아이들의 사진과 글이 담긴 특별한 동화책입니다.	러닝 투게더 프뢰벨의 가베 D단계 10권	